高等学校“十三五” 规划教材

应用文写作

主　编　张　丹　王　远　曹雪立
副主编　郭沁荣　张婷凯　卫欣玲

北　京
冶金工业出版社
2019

内容简介

本书以培养学生应用文写作能力的综合性和实践性为目标，坚持“实用性和实践性相结合，经典性与创新性相结合”的原则，把培养学生“树立公文写作思维，解决职场实际问题”放在突出的位置上，以党政机关公文、事务文书、日用文书、社交文书、传播文书、司法文书、科技文书等文种的文体知识和写作训练作为主要教学内容，同时根据理论与案例相印证、理论知识与实践操作相呼应、书本知识与拓展知识相融合的编写思路，通过案例分析、写作训练培养学生在职业生涯及日常生活中应用文的写作能力，使学生具备未来职业生涯的可持续发展能力。

本书案例选择更加贴近学生的校园生活和职场工作需要，写作要点简明清晰、例文规范完整，与学生生活、职业发展紧密联系。

本书可作为高等院校应用文写作的教材及培训机构的培训教材，也可供相关人员参考。

图书在版编目(CIP)数据

应用文写作/张丹，王远，曹雪立主编.—北京：冶金工业出版社，2019.12

高等学校“十三五”规划教材

ISBN 978-7-5024-8270-1

Ⅰ.①应… Ⅱ.①张… ②王… ③曹… Ⅲ.①汉语—应用文—写作—高等学校—教材 Ⅳ.①H152.3

中国版本图书馆 CIP 数据核字(2019)第 292837 号

出 版 人　陈玉千
地　　址　北京市东城区嵩祝院北巷 39 号　邮编　100009　电话　(010)64027926
网　　址　www.cnmip.com.cn　电子信箱　yjcbs@cnmip.com.cn
责任编辑　俞跃春　杜婷婷　美术编辑　彭子赫　版式设计　禹　蕊
责任校对　石　静　责任印制　李玉山
ISBN 978-7-5024-8270-1
冶金工业出版社出版发行；各地新华书店经销；三河市双峰印刷装订有限公司印刷
2019 年 12 月第 1 版，2019 年 12 月第 1 次印刷
787mm×1092mm　1/16；17.25 印张；418 千字；269 页
46.00 元

冶金工业出版社　投稿电话　(010)64027932　投稿信箱　tougao@cnmip.com.cn
冶金工业出版社营销中心　电话　(010)64044283　传真　(010)64027893
冶金工业出版社天猫旗舰店　yjgycbs.tmall.com
（本书如有印装质量问题，本社营销中心负责退换）

前　言

教材是教学过程的重要载体，是学生学习知识、提高实践能力的重要渠道。“应用文写作”是一门培养应用文写作能力的实践性课程，具有综合性和实用性强的特征。本书把培养学生“适应特定场景情境的能力”和“自主动手写作的能力”放在突出的位置，主要讲解日常生活及工作中出现频率较高的党政机关公文。通过学习与训练，学生能够准确理解各类应用文体的性质、特点及写作要求，明确掌握、区分易混淆应用文体的不同；能针对相应工作要求，及时、准确、有效地进行公文处理以及一般应用文写作；会准确书写各种相关业务文书并进行应用文的创编；全面提高学生借助应用文写作解决实际问题的能力，实现培养应用型人才的目标。

本书根据高等教育教学的需要，按照实用性原则，旨在培养学生的实际写作与动手能力，以满足社会对高素质应用写作人才的需求。在编写过程中，作者在以下几个方面进行了努力与创新。

（1）适应时代需求。此次编写以“统筹规划、优化结构、锤炼精品、积极创新”为原则，修改和完善教材章节、体例，加大与各专业的结合互动。

（2）体例独具一格。减少理论部分，增加案例、实践、联系；增选高等学校学生在学校经常使用、在职场频繁使用的文种进行教学；尝试将写和说结合，增加一定量的语言表达练习。

（3）加强语言训练。增加思维训练和口语表达部分，通过应用文写作教学增强学生的写作和表达能力，进而增强学生的职业核心竞争力，发挥好应用文写作教程作为高等学校通识教育的作用，为人才培养、为专业课建设服务。

（4）更换经典例文。在文体规范的前提下，大部分例文为近年所写，并与专业相近，便于将写作知识与社会热点相结合，与专业建设相结合。

（5）体现教学创新。在教材编写过程中，所有参编人员认真阅读大量资料，融合自己的教学经验以及国家的相关文件和规定，奉献最新知识与成果，通过大量最新例文和经典案例，很好地体现了学科的最新发展和时代特色。

本书由内蒙古商贸职业学院张丹、河南牧业经济学院王远、陆军装甲兵学院曹雪立担任主编，大连职业技术学院郭沁荣、内蒙古机电职业技术学院张婷凯、陕西交通职业技术学院卫欣玲担任副主编。全书由张丹、王远、曹雪立统编定稿，具体编写分工如下：项目2、项目8由张丹编写；项目1、项目6由王远编写；项目5、项目7由曹雪立编写；项目4由郭沁荣编写；项目3的任务3.1至任务3.3由张婷凯编写，任务3.4至任务3.7由卫欣玲编写。

本书在编写过程中，作者参考了有关文献资料和例文及训练素材，在此对原作者一并表示感谢！

由于编者水平所限，书中不妥之处，恳请读者批评指正。

作 者
2019年8月

目　　录

项目1　应用文概述

任务1.1　应用文的含义、分类及特点

【目标要求】

知识目标

(1) 认识什么是应用文;

(2) 理解应用文的含义;

(3) 熟悉应用文的分类;

(4) 掌握应用文的特点。

能力目标

能辨别应用文与非应用文的异同。

素质要求

培养应用文的文体意识和写作意识。

【案例分析】

给各村中小学生家长的一封信

尊敬的各位家长:

你们好!为了改变我县学校不合理的校点布局,进一步改善办学条件,明显提高办学效益,合理配置教育资源,我县将有效利用各方面条件,逐步推进寄宿制办学。

我们会加大资金投入,完善学校的各项设施。将资金投入到建立新的教学用房、学生宿舍楼、学校食堂等学校公共设施,保证学生学习的环境。我们会推进教育资源配置方式的改革,统筹规划学校布局。一是从实际出发,将农村校点多、规模小的有限资源进行优化配置;二是着力调整中小学布局,建立一批试点学校,形成富有特色的实践模式,如联村办寄宿制学校、民族寄宿制学校、边境形象学校等。

创办寄宿制学校,意味着孩子们要去更远的地方读书,由于交通不便等原因加重家长们的担忧。

我们将努力把寄宿制学校办成群众满意,家长放心,学生“进得来、留得住、学得好”的学校,希望广大家长朋友能够共同关心和支持我县寄宿制学校建设,共同为孩子们营造一个良好的教学环境。

××县教育局

××××年×月××日

【知识提要】

1.1.1 应用文的含义

“应用文”一词，最早出现于宋代，但在宋代并没有把应用文作为专用的文体概念。清代学者刘熙载在其《艺概·文概》中使用了“应用文”这一术语。后来，徐望之在《尺牍通论》中对应用文包含的文种做出了界定。20世纪20年代以后，陈子展的《应用文作法讲话》（1931）是应用文著作中有代表性的一部，他从社会上经常使用的文体中，选出公牍文、电报文、书启文、庆吊文、联语文、契据文、广告文、规章文、题署文九种进行了论述。这本著作对后来的应用文写作教学和研究有较大的影响。

新中国成立后，“应用文”这一概念被广泛使用。对应用文的界定是：应用文是国家机关、企事业单位、社会团体和人民群众在日常工作、学习、生活中，处理公私事务时所使用的具有某种惯用格式和直接实用价值的文章。

这里有几点值得注意：一是应用文的主体包括单位和个人，即个人与个人之间、单位与单位之间、个人与单位之间往来之文字；二是既可以用于处理公务活动中的事务，也包括用于人们的生活、交际等，而且对公私事务的作用是直接的，而不是间接的；三是有特定形式或惯用格式，这些格式为社会所遵循、使用；四是既包括文章，也包括零星文字材料等，形式多样。

1.1.2 应用文的分类

应用文种类繁多，可以从不同的角度划分成不同的类别。

（1）公务文书。公务文书，简称公文。人们通常说的公务文书有广义和狭义两种含义。广义的公文指法定机关、社会团体、企事业单位在公务活动中形成的、具有规范格式的文书材料，其中包括行政公文、事务文书、各类专用文书等；狭义的公文专指党政机关公文。

（2）事务文书。事务文书是机关、团体、企事业单位为反映事实情况、解决问题、处理日常事务而普遍使用的文书，它具有很强的实用性、事务性和某种惯用格式。从广义上说，事务文书也是一种公务文书，目的是处理公务和传递信息，使用“事务文书”这一名称，是相对于正式公文而言的。如计划、总结、调查报告、述职报告、简报、规章制度等。

（3）专用文书。专用文书是指在一定的业务范围内，按照特殊需要而专门使用的文书。如传播文书、社交文书、财经文书、司法文书、科技文书、外交文书等。

（4）日用文书。日用文书是指机关、团体、企事业单位和个人在日常生活、工作和学习中所使用的，具有一定规范体式，能起交流思想、沟通感情、传递信息等作用的应用文书。如书信、日记、条据、启事、声明、海报、证明信、介绍信、对联等。

1.1.3 应用文的特点

就全部应用文而言，其特点有两个：一个是实用性；另一个是惯用格式。为了更具体地说明应用文的这两种特点，将其具体化为以下几点予以介绍。

(1) 价值的直接实用性。应用文的主要工具是文字。只有文字的成熟或成熟的文字，才使应用文的产生有了不可缺少的客观条件。从历史上看，应用文的载体是竹简、缣帛、钟鼎和纸张。欧阳修《与陈员外书》云：“古之书具，唯有铅刀、竹木。而削札为刺，止于达名姓；寓书于简，止于舒心意，为问好。”我们的先辈无论大事小事，必先“率民以事神，先鬼而后礼”，从而形成了以神、鬼、上天、祖先为精神依托的神权政治统治模式，而掌握刀笔并把神事活动的情况记录下来，也便成了我们最早的应用文，这些刻在龟甲和兽骨上的应用文，从一开始就体现出其异乎显著的实用性。

直接实用性是应用文区别于其他文章的根本属性。与其他文章相比，理论文章重在析理，给人以知识；文学作品重在给人以审美愉悦，以陶冶读者性情为主；而应用文不同，它重在为人们处理公私事务服务，作为临民治事的工具，它的功能是通过直接的实用价值体现出来的。

应用文的直接实用性体现的是多方面的。在内容上，应用文应有很强的目的性和针对性，要能反映社会生活实际，切实解决公私事务；在形式上，应用文的结构、格式、语言等要为直接实用性服务，语言要浅切、易懂、规范，讲求准确无误、直观明了；在时效上，应用文要讲求内容的单一性和强烈的时效性，一切从提高工作效率出发，要迅速及时，以免延误时机，影响工作，造成损失。

(2) 材料的完全真实性。应用写作以“应”付生活，“用”于事务为目的，它必须以事实为依据，不允许虚构、虚拟、合理想象、移花接木、张冠李戴。这一点与文学作品不同，文学作品也讲求真实，但文学作品的真实更强调艺术的真实，允许艺术的虚构，其“真实”是文学的真实，是相对的，它来源于生活但又高于生活。

应用文材料的真实，是一种完全的真实。要做到完全的真实，至少要做到“三真”：一是选用的材料本身必须是真实的，是符合客观实际和社会生活现实的。二是写作时使用材料的方式是得当的，反映给阅读者即受众的材料必须是真实可靠、准确无误的；有的材料是真实的，是生活中发生的，但使用是不得当的，如移花接木、张冠李戴。三是材料的选用与事实核心或实质是一致的，即材料的取舍与应用文主旨之间的关系是紧密的，材料必须充分地支撑观点，材料的实质与表达主旨之间不能出现悖反。

(3) 写作格式的模式性。写作格式的固定是应用文的显著特点。它的形成，一方面是因为约定俗成，是历史留传、人们习以为常、共同遵守的，任何人不可随意违反它的固定格式，否则就是不伦不类的，就达不到应用文的写作目的。当然随着社会的发展和进步，一些陈旧的，约束人们的精神，甚至是反映封建尊卑压迫关系的繁文缛节的格式，要敢于突破，敢于创新。日常应用类应用文的格式主要是约定俗成的。另一方面是法规使成，即国家相关法规对文件的格式进行规范，公文的格式就是法定使成的。

(4) 行文目的特定性。文学作品的对象模糊不清，作家在写作时确立的读者对象是宽泛的，并没有特定的读者。而应用文则不同，它的对象是十分明确的，写给谁看的，行文者一清二楚。一般的书信类自不必说，就是海报、启事也是以其特定的读者为写作对象的。就写作目的而言，日常应用文也是明确的，它就某一个事件为其主要内容，发文所希望达到什么样的结果也是明确的。因此日常应用文写给谁、写些什么、达到怎样的效果，事先是已知道的。

(5) 有较强的时效性。应用文总是针对工作学习或生活中所出现的具体事情而写的。

往往是问题已摆在眼前或即将发生，必须想办法处理或解决时才使用的。如开会要先写通知，请假要先写请假条，入党入团要先写申请书等。强调这种及时性是日常应用文的基本特征。

(6) 语言要朴实、简明、准确。应用文不是文学作品，语言一般要求朴实、简明、准确，说明清楚而不书面化；表达准确让人一看就懂；不拖泥带水，要条理清晰。一般应用文无须做什么修饰，也要少用形容词或描述性的句子，更不可用什么比拟或夸张等修辞方法。

应用文是人类在长期的社会实践活动中形成的一种文体，是人们传递信息、处理事务、交流感情的工具，有的应用文还用来作为凭证和依据。随着社会的发展，人们在工作和生活中的交往越来越频繁，事情也越来越复杂，因此应用文的功能也就越来越多了。

【规范例文】

【例文1-1】

××××××学院关于2019年学生普通话水平测试报名的通知

各学院：

2019年学生普通话水平测试工作即将开始，请通知本学院要参加测试的学生按照以下要求做好准备。报名形式为网上报名，请报名的学生仔细阅读报名流程，按照步骤操作。

一、网上报名时间

××职业技术学院：2019年10月8日（上午9：00）—12日（下午3：00）

二、网上报名流程

1. 考生登录“××语言文字网”。

2. 单击网站两侧的“普通话水平测试考试报名”图标。

3. 阅读“普通话报名照片修改办法”。

4. 单击“我要报名”按钮。

5. 选择“××市”。

6. 选择“××市普通话水平测试中心”。

7. 单击“报名”。

8. 准确、完整地填写个人信息（必须留联系电话），按照要求上传合格的照片（像素比为390×567，格式为.jpg或.jpeg），照片不合格按放弃报名处理。

9. 单击“确定”按钮即可。

三、缴费及信息确认

1. 缴费：2019年10月16日—19日到办公楼407房间缴纳相关费用并领取教材。没有及时缴纳费用的考生，按放弃报名处理。

2. 核对考生报名信息：缴费后，仔细核对本人报名信息，学校统一将最终的确认表反馈回××市测试中心，反馈后信息不能更改，所以务必请本人来确认。

四、发准考证及培训

2019年10月30日下午1：10到一教东一阶领取准考证，学生本人核对准考证上的个人信息并参加考前培训。

五、考试时间和地点

1. 考试时间：2019 年 11 月 10 日（周六），本人的考试时间以准考证上的为准。

2. 考试地点：××××××学院一教 515。

3. 咨询电话：××××××××　联系人：张老师、姜老师。

基础教学部

2019 年 9 月 13 日

【评析】

这是一则通知，格式科学规范，内容清晰明白，语言简洁朴实，体现了公文写作的规范性、时效性、平实性等特点。

【例文 1-2】

借　条

今借到张三先生人民币伍仟元整，2019 年 5 月 30 日前归还。

此据

借款人：李四（手签）2019 年 2 月 1 日

【评析】

这是一张个人之间的借款条，借条中涉及的钱数一般使用汉字大写格式，一定要写清楚归还日期。最后的借款人要手写签名。

【课堂训练】

（1）什么是应用文？

（2）应用文有哪些特点？

【实训平台】

★问题诊断

下面是一段自我介绍，请指出不妥之处。

大学期间我有刻苦钻研的精神，生活上我乐于与同学老师沟通，努力地协调人际关系，生活态度乐观。在社团活动中，积极参与，有较强的团队合作精神。兼职工作中，具备诚实守信，工作积极，力求更好的品格，及时做好领导分配的工作任务，以及答应别人的事。同时我坚信“人的能力是有限的，努力是无限的”，只要能吃苦，有耐心，有恒心，同时具备乐观的态度，没有做不好的事。初出茅庐可能没有太多的工作经验，但是我有坚定的信念，敢于面对困难与及时抓住机遇，并勇于挑战，勇于创新的精神，我相信自己的能力，因为我年轻。

★思维训练

（1）应用文的语言有什么特点？

（2）应用文材料应该有什么要求？

★情景模拟

学院开学典礼请你以老生代表的身份对新同学表示欢迎，就此拟写一篇讲话稿。

【写作训练】

试写一段自我介绍。

【知识链接】

应用文写作的发展

应用文的发展经历了七个阶段：原始社会是应用文的孕育时期；从奴隶社会到秦统一中国以前的战国时期，可以称为应用文的发端时期；秦汉时期是应用文的发展时期；魏晋南北朝时期称为应用文的成熟时期；隋、唐、宋时期是应用文发展的高峰时期，出现了一些新的文体，如唐代皇帝下行的应用文称作册、制、敕；元、明、清实时代称为应用文的稳定时期；五四运动前夕至当代是应用文重大变革时期。应用文在发展的过程中形成了自己本身固有的发展的一般规律：（1）公、私应用文体发展齐头并进、相辅相成。（2）历代应用文文体及相关制度都是在基本沿承前代的基础上，或消或长，有所变更。（3）应用文体裁的发展演变存在着名同实异或实同名异的现象。（4）中国古代公务应用文发展过程中还呈现出体裁由简到繁又由繁到简的发展规律。刘勰在《文心雕龙·时序》一文中曾指出："文变染乎世情，兴废系乎时序。"此言道出了文体变化的规律性。应用写作学中的文体变化是随着社会的变化而变化的，其兴衰亦与时代的兴衰相关。从原始社会到今日的高科技知识经济社会，应用文写作从"上古结绳始"，经过龟板、骨片、竹简、陶瓷、青铜刻文记事，到布帛、纸笔书写，再到键盘输入和光盘储存，文种从单一到繁多。人类从茹毛饮血的原始社会到信息网络化的现代社会，应用文的每一次变化与发展，都是与时代的进步、科技的发展、社会体制的不断创新、变化紧密相连的。

应用文作为一种实用性文体，其历史源远流长。1935 年，叶圣陶先生初次把应用文作为一种文体归入中学语文课本，应用文写作进入了缓慢发展的阶段。从 20 世纪 80 年代初到 90 年代末，应用文进入迅猛发展阶段。21 世纪将是应用文焕发出璀璨光彩的光辉时代。应用文写作将进入一个全新的历程，这和它所承载的神圣使命是密不可分的。应用文在现代社会发挥着不可估量的作用。应用文写作所反映和解决的是实际问题，是直接的社会生活现实。它总是用其特有的行政的或惯用的规范方式实现其特定的制文目的，指导社会实践正常、有序地进行，推动社会稳步向前发展。加入 WTO，中国经济将和世界经济接轨，现代应用文作为交往协作的权威工具，如何与不同地区、不同国家进行经济沟通与衔接，将是我们面临的重大任务。因此，认识现代应用文的发展趋势、加强应用文写作的学科建设尤为重要。应用文的每一次变化与发展，都是与时代的进步、科技的发展、社会体制的不断创新紧密相连。当今世界各国政治体制尽管不同、文化各异，但在科学技术迅猛发展、世界经济一体化日渐明显的今天，应用文写作的发展趋势却大致相似，这主要表现在以下几个方面。

第一，专业化和知识化的发展趋势。随着社会的进步、科学技术的发展，专业分工日趋具体和精细。而应用文的发展，是随着社会进步的需求而发展的。社会分工日趋专业化，必然要求应用文写作专业化，以适应社会发展的需要，满足社会发展的需求，并促进社会更加有序、有效地发展。而当今世界，知识经济的浪潮已从大洋彼岸汹涌地扑向祖国大陆，知识化的发展趋势不可阻挡。在世界范围内，知识已成为发展经济的最重要的、最直接的资源，知识产业成为知识经济的支柱。作为应用文写作者和应用文写作的授权组织，再也不能背上传统知识的沉重包袱，必须适应知识经济发展的新形势。

第二，计算机写作和格式规范化的发展趋势。科学技术的发展，导致了计算机的诞生。由于计算机具有模拟分析问题、处理事务和计算等能力，所以被看作是人脑的延伸。目前悄然兴起的计算机写作热，是写作史上的一次深刻革命。在写作手段上，计算机对应用文有最直接的影响。从其载体上来看，应用文的载体由绳子演进为龟甲，变为竹片、木片、陶瓷、铜铁，最后演变为纸张，延续了几千年。在信息化社会的今天，应用文的载体因计算机的存在而不再仅仅依附于纸笔，这不仅节省了大量的社会资源，而且改善了因造纸带来的环境污染问题。

第三，快节奏和高效率的发展趋势。应用文作为一种具有极强实用性的文体，它的时效性容不得半点马虎。特别是当今社会，时间就是金钱，时间就是效率，时间就是生命的观念日益深入人心，传统的应用文写作和传递已经有了根本性的改变。但这并不表明应用文功能的削弱，反而是转换成另一种形式，发挥着更大的作用。

第四，社会化和民众化的发展趋势。应用文的社会化，除了要和社会教化联系起来外，更重要的是规范社会成员的行为，使之符合社会整体的利益，既保护每个社会成员的个体利益，又使社会结构适时得以合理的调整和维护。可以说，在法制社会，应用文的社会发展趋势越来越明显，越来越显示其维系社会稳定、和谐发展的强大作用。

第五，积极参与和干预社会生活的发展趋势。应用文的领导、指导、规范等特有的功能，已直接或间接地干预了社会的政治、经济、军事、外交、文化等。由于文种的不同，干预的程度也不同。

第六，语言表述多语化的发展趋势。多语化是国家生存发展的需要，经济全球化的发展趋势，使得应用文的表述也向着多语化的方向发展。多语化是应用文自身发展的需要。从应用文写作的发展历史来看，应用文起源于人类的社会活动，并在社会生产、社会管理、社会生活中，随着物质文明、精神文明、政治文明的发展而不断发展。

第七，主体内容经济化的发展趋势。应用文写作内容经济化的发展趋势，是由经济全球化的本质决定的。依据应用文的功能，它既要反映经济发展全球的实况，又要促进、推动、规范经济全球化的发展。

第八，立足本国、涉足世界的国际化发展趋势。中国的语言文字简称为中文，是我国应用文的主要载体。在我国，官方的应用文一律采用中文，而企业、商业等亦是以中文为主。为了改革开放，走向世界，在广告、产品说明文等方面，已出现双语化的趋势，但不论怎样，中文的主导作用是牢固的。

任务 1.2　应用文的主旨与材料

【目标要求】

知识目标

(1) 理解主旨的含义与作用；

(2) 知晓材料的含义与作用;

(3) 学会材料的处理方法。

能力目标

(1) 能准确概括应用文的主旨;

(2) 能恰当运用应用文的材料。

素质要求

养成积累材料的好习惯。

【案例分析】

下面是转载网上的一封经典的辞职信，对于该信的内容你是怎样看的？你会写辞职申请吗？

亲爱的老板：

昨天外面下了一场雨，这让我想起我国著名诗人汪国真的诗句：“总有些这样的时候，正是为了爱，才悄悄躲开，躲开的是身影，躲不开的，却是那份，默默地情怀……”

领导你看，他写得多好啊，我一边读他的诗，一边吃冷面，结果醋都没放就吃完了。领导你说，要是我们也能一直这么好，该多好啊。

可是天有不测风云呀，我要走啦，我要挥挥手地走，不带走一片云彩。领导你看这是不是也很有诗意呢。

回想当初，我第一眼看到你时，就被你深深吸引了，你坐在老板桌后面，像一台英国产的大笨钟般庞大结实。你说要来工作就要先爱这个公司，因为爱公司才会爱工作。我也没怎么明白，反正爱不爱的都是耍嘴皮子扯淡，你能给我多少钱才是正经，你说是吧。

你报了个天杀的低价，按照这个工资数，我能在一月内把它均匀地花在每天的三包康师傅方便面上，还能多出一元钱，买个鸡蛋什么的滋补滋补。你见我不乐意，就说爱字当头，工资无价。我呢当时也正缺钱，想爱就爱吧，反正爱上你这个中国台湾人开的公司，也算是给海峡两岸的安定团结做出一份90年代酷e族应有的贡献。

在你的公司里每天早上不但要打卡，还要排好队听你训话。但见你在队伍前面唾沫四溅，很快地板就湿了一层，拖地板的阿姨回回都高兴地说，有你在，她能活到99。

我们都要在你领导下，每天加班加点到很晚。例如我，是负责公司粮草运营部的，听上去这官很大，其实就是管订盒饭，你说加班是员工给公司做贡献，所以公司为了报答员工，就要免费给每位加班的员工订盒饭，盒饭标准是一盒2元，当时那个做盒饭的店家很不开心，说除非全盛着饭才这个价。没想到你听了很高兴，说对呀对呀就光订饭嘛，人是铁来饭是钢，钢铁以外废菜包。你还说，员工应当滴水之恩涌泉相报，吃了你的盒饭（还真是没菜，盒里全是个饭），所以加班费就不必发了。当时我们大家都很感动，有些女员工当场就流下了激动的眼泪，大家都说：在众多的公司家庭里，能碰上你这么一个老板，真是我们的福气啊。

但我真的要走了，唉，其实不想走，其实还想留，想留下来好好揍你一顿，真的，打是疼来骂是爱，我对你疼得要死，爱得要命，所以要是能胖揍你一顿，该多好啊。

噢，对了，除了这封辞职信以外，桌子上还有张我给劳动仲裁委员会寄去的状纸复印件，你看看，顺便帮我挑挑错别字，别到时法院的人来找你时，人家会因你手下的人文化水平低而看不起你。

你看，我是多么为你着想啊。

永远对你

咬牙切齿的×××

【知识提要】

1.2.1 应用文主旨的含义及其作用

1.2.1.1 主旨的含义

主旨就是作者在说明问题、发表主张或反映生活现象时，通过文章的全部内容表达出来的基本观点或中心思想，又称“意”或“主脑”等。题材是主题的承载物和出发点。主旨是题材的聚焦点和总归宿。它们是主次、表里、虚实的关系。主旨指应用文的中心意思，是作者的意图、主张或看法在文中的体现。

1.2.1.2 主旨的作用

(1) 主旨是文章的灵魂。主旨也指应用文的行文目的、文本内容或对客观事物的态度等。主旨在文章中起主导作用，主旨是否正确、深刻、新颖决定着应用文书质量的高低、价值的大小、作用的强弱、影响的好坏。

(2) 主旨是文章的统帅。从主旨与材料的关系看，主旨决定着材料的提炼与取舍。从主旨与结构的关系看，主旨决定着文章的布局谋篇。从主旨与语言的关系看，主旨影响着文章的遣词造句。应用文的主旨与其他要素相比处在统帅的地位，材料的取舍、结构的安排、语言的运用、表达方式的选取都要围绕着它进行。对应用文主旨的要求是正确、单一。

1.2.1.3 主旨的确立

(1) 主旨必须正确。在当代，主旨正确就是符合党的路线、方针、政策及国家的法律法令。

(2) 主旨必须明确。应用文主旨的明确在于开宗明义、直截了当，不能转弯抹角，否则就会有碍于事务的处理。

(3) 主旨必须单一。应用文主旨要求一文一事，体现一个基本思想，主旨的单一，主要是指主旨聚焦的清晰性和方向度。

(4) 主旨必须深刻。主旨深刻是指从日常生活中人们司空见惯的事物中提炼的主旨，具有能准确地揭示出事物本质的高度的概括力和深广的社会含义。主旨的深刻性决不会从事物的底层自己浮现出来，而要靠作者或读者的思想透视或烛照，才能显示、凸现和清晰起来。

(5) 主旨必须新颖。主旨新颖，指写文章要有新意。其一是主观上要有自己的见解，能给人以新的启迪；其二是客观上所迫切需要的，具有时代感。

1.2.2 应用文材料的含义、作用及其处理

1.2.2.1 材料的含义

材料是应用文写作的物质基础，材料是构成文章的基本要素之一，是作者为说明观点，在日常生活中搜集到的，准备写作之用的，有意义、有价值的基本情况以及数据、引语等。一篇应用文的质量，常常取决于作者所掌握和使用的材料。如果说主题是应用文的灵魂，那么材料就是应用文的血肉。

1.2.2.2 积累材料的方法

（1）认真观察。生活中存在大量的材料，能否占为己有，关键在于能否认真地进行观察。通过观察，能够积累大量有价值的材料。观察要确立观察点，要能抓住事物的特征来观察，不能胡子眉毛一把抓。观察后要善于思考，要能从中发现问题并提出问题，对事物进行科学的判断。

（2）深入基层，调查采访。社会发展很快，日新月异，新事物、新问题、新经验层出不穷，在写应用文之前要广泛地进行调查采访，搜集材料是非常必要的，不能只在办公室里做合理的想象、推测，要有计划、有目的地深入基层，以获取第一手资料。常用的调查方法有开调查会、个别采访、实地考察、问卷征集、参加有关会议、阅读有关文件等。

（3）围绕业务工作搜集材料。围绕本单位、本部门和本人的业务工作，有意识地搜集资料，可以为写作提供丰富的材料。一般来说，必须搜集如下材料：党和国家的有关政策、方针、纪律、制度；本单位的基本情况，本单位相关业务的资料；同类单位对比的有关材料等。

（4）整理和归类材料。把获得的材料进行整理、归类，并储存起来，以免遗忘。所做的笔记和卡片要放在一定的位置，以免其他人乱拿乱翻，导致丢失。

1.2.2.3 选择材料的标准

（1）确凿。确凿即真实、准确。它要求写入应用文中的材料是客观存在的事实，是经过调查的事实，是绝对真实的。在这一方面，应用文与文学作品有较大的区别。如果应用文材料不真实，不仅难以提炼出正确、有说服力的主旨，还会给工作造成莫大的损失。

（2）典型。典型材料是指那些能反映事物本质规律、能体现个性与共性统一的材料。典型材料和材料的典型性是两个不同的概念。典型材料是指同质材料中最有代表性的材料。因为它最具代表性，当然也就最具说服力。材料的典型性是指能够反映事物本质的真实和规律的材料。应用文材料的典型性是指应用文中各种例证的典型性。

为使应用文在有限的篇幅中，给人以更多的信息，所用材料必须是典型事例。应用文质量的高低、社会作用的大小，往往取决于典型材料的选择。

（3）新颖。新颖即新鲜别致。新颖的材料能给读者带来新鲜感，有吸引力，让人喜欢看，从而达到写作的目的。因此，在应用文写作中，对于材料的选择，作者要密切注意视野内事物的发展变化，捕捉处于“尖端状态”中的情况，抓住事物发展的苗头，这样所选择的材料才具有强烈的时代感，才最新颖。

1.2.2.4 使用材料的原则

（1）分清主次。能够直接而深刻地表现主题的材料，是“点”，在文章中处于主导地位，起着主要作用，是主要材料。辅助、说明、烘托和陪衬主题的材料，是“面”，处于从属地位，起着次要作用，是次要材料。

（2）详略得当。主要材料、核心材料、读者生疏和难以把握的材料要写得详尽，次要材料、辅助材料、读者熟悉和容易接受的材料要写得简略。

（3）区分体裁。不同的文章体裁，在使用材料时有不同的特点。记叙文以叙述性、描写性的材料为主，议论文以议论性的材料为主，说明文以说明性、描写性的材料为主，各有侧重。

（4）科学组合。在应用文的写作中，应用材料要做到点面结合、正反结合、整体与局部相结合、主题与背景相结合、数据与文字相结合、各种材料相辅相成、相得益彰。

【规范例文】

【例文 1-3】

××省人民政府对省交通投资有限公司的嘉奖令

各市、州、县人民政府，省政府各部门：

2014 年，省交通投资有限公司坚决贯彻落实省委、省政府的战略部署，按照“竞进提质、升级增效”的总要求，充分发挥交通投融资平台功能，圆满完成 2014 年全省高速公路投资建设任务，全面建成保宜高速宜昌段、江南、谷竹、十房、恩来、恩黔、黄鄂高速团风段、麻竹高速随州西段、襄阳东段等 9 个高速公路项目，合计里程 749km，创造了我省高速公路建设史上年投资规模最大、建成通车里程最长、安全事故率最低的纪录。截至 2014 年年底，全省高速公路通车总里程达到 5106km，结束了远安、石首、松滋、房县、竹山、竹溪、宣恩、来凤、咸丰等县（市）不通高速公路的历史，打通了我省与陕西、重庆、湖南的省际快速通道，有力推动了全省经济社会发展。

在深化交通投融资体制改革过程中，省交通投资有限公司紧紧围绕省委、省政府“一元多层次”发展战略，勇于担当、敢于创新、真抓实干、攻坚克难，不断探索新常态下筹资、融资、建设、管理的新方式，成立 4 年累计融资 1462 亿元，投资 1458 亿元，建成高速公路 1127km，带动社会创造××省 GDP 近 1 万亿元，投融资额以及建设里程在全国同类平台中名列前茅。为表彰省交通投资有限公司为全省稳增长、促改革、调结构、惠民生做出的突出贡献，省人民政府决定对省交通投资有限公司予以通令嘉奖。

希望省交通投资有限公司广大干部职工戒骄戒躁，再接再厉，乘胜前进，深入贯彻落实党的十八大和十八届三中、四中全会以及中央、全省经济工作会议精神，适应新常态，抓住新机遇，为全面完成我省“十二五”高速公路建设任务、加快推进“建成支点、走在前列”战略再立新功。

××省人民政府

2014 年 12 月 31 日

【课堂训练】

（1）应用文主旨有什么作用？

（2）应用文材料的选择有哪些具体方法？

【实训平台】

★问题诊断

指出下面文中的毛病，提出修改意见。

××公司关于进行职业道德教育的通知

各单位：

今年一月以来，公司开展了一系列以职业道德为主题的活动，各单位纷纷行动起来，以各种各样的形式开展活动，在公司上下掀起了“爱我岗位，全心全意为客户服务”的热潮。通过学习，许多干部职员明确了职责，服务质量不断提高，受到了客户的普遍好评，收到良好的社会效益。但是仍然存在不少问题，有的营业员对客户态度冷漠，对他们的询问不理不睬；有的不按服务用语答复客户，最近还发生了×××营业厅营业员与客户争吵的恶性事件，造成了极其恶劣的影响。这说明，在当前进一步深入展开职业道德教育十分必要。现将有关材料发给你们，望组织员工认真学习，不断提高干部员工的职业道德水平。

××公司

××××年×月×日

★思维训练

离开父母走进大学的校门，父母和家乡会让你很想念，为了维持那份亲情，请写一封信，表达你对父母亲人的思念，同时也要回顾和父母相处的点滴故事。

★情景模拟

同学们在进入新的学习环境后会结识很多新朋友，怎样与他们相处，互相交谈，袒露心声，最重要的是表达结交朋友、建立友谊的主旨，利用班会、聚餐或其他集体活动展示自己，让别人接纳你，可以有针对性地说到你与别人的往来，也可以概述性地提到得到别人的帮助，如此组织你的语言，一定能收到良好的效果。

【写作训练】

请阅读教材，挑选后面章节中的例文，归纳其主旨。

【知识链接】

公文材料的种类

一、直接材料和间接材料

直接材料又叫作第一手材料，指的是作者在日常生活中直接获得的生活事件、社会现象、论据、知识和经验，是从观察、体验、感受、实验与调查研究中得到的。间接材料又叫作第二手材料，指的是作者非亲身耳闻目睹的材料，是通过其他渠道，如阅读文件、查看报刊、听广播、看电视等获得的。

二、事实材料和理论材料

事实材料指的是客观具体的真实材料，例如真实的事件、具体的事物、确凿的事实、数据等。理论材料指的是正确反映了客观事物的本质规律的科学原理，即一切经过实践证明了的为人们所公认的真理，例如革命领袖的经典言论、自然科学原理、定律以及名言、警句等。

三、主要材料、次要材料、典型材料

主要材料是指构成文章的主要内容、承担表达主题的主要任务的全部材料。它对突出文件主题起着主导作用。次要材料是指在构成文件内容时处于次要地位，对表达主题起辅助作用的，然而并不是可有可无材料。次要材料对主题的表达起着渲染、映衬、烘托的作用。典型材料是指能够深刻地揭示事物的本质，具有广泛的代表性和强大的说服力的材料，例如典型事件、典型数据、典型经验等。

四、现实材料与历史材料

根据材料的时代背景或时间角度可将材料分为现实材料与历史材料。现实材料是指与公文作者的写作行为同处于一个时代背景的材料；历史材料是指在以前的历史时期中发生和存在过的材料。现实材料与历史材料的区分是动态的和相对的，因为时空条件始终在不断地变化，目前的现实材料过上一段时间可能就会变成历史材料；再者，在不同的文种中，现实和历史的分界也不是整齐划一的，在某些规范性公文中被视为现实材料的东西，在其他类别的公文（比如时效性较强的年度报告、年度计划等）中，可能就已被视为历史材料了。

五、正面材料与反面材料

根据材料的是非角度可将材料分为正面材料与负面材料。正面材料是指与公文作者所倡导的观点相一致的材料；反面材料是指与公文作者所倡导的观点相违背的材料。正面材料可以成为解决现实问题的正确原则和主张的重要佐证，反面材料则可以当作不按照这种正确原则和主张去做因而导致失误的惨痛教训。正反面材料的使用有助于增强公文的感染力和说服力，从而顺利实现公文的目标。

任务1.3 应用文的语言与表达

【目标要求】

知识目标

(1) 掌握应用文语言的特征；

(2) 熟悉应用文语言的风格；

(3) 了解应用文的表达方式。

能力目标

(1) 能正确运用不同表达方式拟写应用文；

(2) 能恰当使用应用文程式化语言。

素质要求

培养应用文的语感。

【案例分析】

2018年7月，陈某朋友赵某因经营一家饭店缺钱向陈某借款10万元，陈某万万没想到赵某在给他写借条时设置了圈套。

赵某在借条中写道：

借　条

陈某今借赵某 10 万元整，借款期限 3 个月，本借条一式两份。

赵某　陈某

2018 年 7 月 18 日

借条下面有赵某的签名和日期，同时赵某要求陈某也签名，并说是为了给他的合作伙伴看的，陈某也没多想就签了字，然后双方各自收起一份借条。

三个月之后，赵某没有还钱，半年之后，还是没还钱的表示。陈某前去察看动静，发现赵某的生意很火爆。陈某找赵某还钱，赵某称暂时没钱，年底再说。陈某一听火冒三丈，于是和赵某发生了争吵。

正当陈某回家后就是否起诉赵某犹豫不决的时候，陈某突然接到了法院传票：赵某起诉陈某还款。法庭上，陈某律师向法庭提交了借款当天在银行的取款凭证和当时的在场见证人——曾经在赵某饭店打工的会计余某（那天是余某跟着赵某取的钱）。

法庭经审理认为，陈某的陈述、证人余某的证言和陈某的取款证明，可以证明赵某向陈某借款 10 万元，而非陈某向赵某借款 10 万元。于是依法驳回了赵某的诉讼请求。

这起荒唐案到此结束，陈某虽然赢了官司，但是也受到了不小的打击。

【评析】

这是一件和应用文语言表述不清有关的民事纠纷案件。案件中陈某由于对借条中的语言表述没能仔细琢磨，险些造成巨大的经济损失。由此可见，日常生活中，无论什么样的小事情，只要需要落在笔头上，都不能马虎了事，一定要注意语言的准确性。

【知识提要】

1.3.1 应用文的语言特点

应用文的语言不同于文学作品的语言，有其自身的特点。应用文不必也不允许追求想象的丰富、情节的奇特、辞藻的华丽，它的语言具有准确、简洁、朴实同时不失生动的特点。一切文化都包含在语言之中并借助语言来表达，语言全面地储存着文化的整体信息。应用文与社会生活息息相关，其语言有着深广的文化内涵。一般来说，应用文具有以下几个方面的特点。

（1）准确。准确是指用词要切合语体，语言要准确连贯，逻辑性要强，语句要合乎语法。准确是应用文语言的基本要求，准确是应用文的生命。应用文的语言首先要做到用词准确、限定界线范围清楚，有时巧用模糊语句也是准确表达的一种方式，而且非常必要。

（2）简练。简练是指语言的简洁和精炼，用最少的文字表达最丰富的内容，就是我们常说的“文约而事丰”。这就要求取消套话、空话，多用陈述性文字，少用描写性文字，适当运用缩略语，恰当运用文言词。

（3）质朴。质朴就是平实、浅近、通俗。应用文的语言通常不用夸饰性语言，杜绝虚妄不实之词，拒绝大量华丽辞藻的堆砌，不进行过分的渲染，避免使用生僻词句，保持写作的严肃性。

(4) 得体。应用文的语言是为特定的需要服务的，受到明确的写作目的、专门的读者对象、一定的实用场合等条件的制约，因此语言使用一定要得体。

1.3.2 应用文的表达方式

表达方式，是行文时对有关内容进行表达时所采用的表述角度与方法。应用文的表达方式通常只有叙述、说明和议论。

1.3.2.1 叙述

叙述是对人物的经历和事物发展变化的过程做出介绍和交代。这里介绍几种常用的叙述方法。

(1) 概述、详述、散叙。

1) 概述是概略叙述某一状况、某一过程的基本面貌，使读者能了解概要，这种叙述方法在应用文中运用得最多。

2) 详述是详细叙述某事物的基本面貌或某一事件的具体过程，使读者有细致的了解。如产品说明书、调查报告等。

3) 散叙是把许多不同时间、不同地点发生的事情，紧紧围绕着一个主旨分别进行叙述。应用文中的散叙，多是把并列的几件事或者是几个部门、单位，几个人的事情分别叙述出来。

(2) 顺叙、插叙、倒叙。

1) 顺叙是完全按照时间先后或事情发生发展的过程来安排段落层次的一种写法。用这种方法，可以把事物发展的过程叙述得头尾清楚、层次分明。如情况通报、工作总结等大体上是这种写法。

2) 插叙是指在叙述主要事件的过程中，有时需暂时把叙述的线索中断一下，插进有关的另一件事的叙述，插叙部分完结后，再接上原来的线索继续进行的叙述。插述可以补充材料、丰富内容、使文章更加充实。

3) 倒叙是先写事情结局或事件的某一重要情节，然后再按事件的发生发展过程进行叙述。如总结、调查报告等，常常是先叙述成绩、结果，然后回头再叙述工作进展、过程及经验。用这种方法，可以强调结局、突出重点。

1.3.2.2 说明

说明就是简明扼要地把事物的形状、性质、特征、成因、关系、功能等解说清楚，或把人物的经历、特点等表述明白。应用文常用的说明方法有以下几种。

(1) 定义和解释。

1) 定义说明是指用简洁而明确的语言把事物的本质属性揭示出来，给人以清晰的概念，既能使人们对被说明的事物有一个明确的本质的了解，又能使人们把该事物与其他事物区别开来。

2) 解释说明是对概念进行详细解说，它是对定义的补充说明，通常是位于定义之后。各类科研文书和专用文书常用定义和解释说明。

(2) 分类和举例。

1) 分类说明是将被说明的对象，根据它们的性质、形状、成因、关系、功用等，按照一定的标准分成不同的类别，然后逐类说明。

2）举例说明是举出突出实例来说明事物。它是通过个别认识一般的一种方法，给人以实感。举例说明要精心选择例子，做到事例典型，有代表性、有启发性。应用文中的论文、总结、报告、调查报告、通报等常用举例说明。

（3）比较和引用。

1）比较说明是将不同的事物加以比较或将某事物本身的不同情况相比较的一种说明方法。比较时突出事物之间相似的地方，就是类比；突出事物差异的地方就是对比。

2）引用说明是说明事物或事理时，必要地引用一些与说明有关的权威性资料来加以说明。引用的目的是依据充实，让人信服。引文必须贴切，有针对性，并且要认真核实，注明出处。

（4）数字与图表。

1）数字说明是用数字来说明事物和事理。数字说明，包括用约数、倍数、百分比等。运用数字说明，必须认真核实数字，做到来源可靠和准确无误。

2）图表说明是借助插图、表格及照片等来说明事物的本质和特征。图表说明能使说明对象由抽象变具体，便于读者理解和掌握，在用图表说明时，要注意配有适当的文字加以说明。

以上说明方法，在应用文中经常交替使用，它们没有高低之分，写作时要从实际出发，根据说明的内容、读者对象和写作目的的不同，灵活运用。

1.3.2.3 议论

议论是通过摆事实、讲道理来阐明观点的表达方法。议论，一般说来是由论点、论据、论证三个要素构成。论点，是作者对所论述的问题提出的主张，看法和表示的态度。它常常是议论的主旨，或称中心论点。论据，是用来证明论点的理由和依据，它主要是议论中的事实材料，它是议论的基础。论证，是以论据证明观点的过程和方法。应用文中适当运用议论，可以深化主旨，点明事情的实质；有时运用议论，还可以超越所要议论的事物本身，让读者发挥联想。常用的论证方法有以下几种。

（1）举事例论证。举事例论证，是用典型的具体事实作论据来证明论点，也是“摆事实”的方法。举事例论证，最重要的是注意论据和论点关系的一致性和统一性。

（2）对比论证。对比论证，是将论据中截然相反的两种情况进行比较，形成鲜明的对照，互为衬托，具有很强的论证力量。对比论证的方法有两种情况：一种是“横比”，即把同一时期的两种性质截然不同的事物进行比较。一种是“纵比”，即把同一事物在不同时间的不同情况作比较。

（3）类比论证。类比论证，是将性质特点相近的事物放在一起比较，从而达到准确认识事物的目的。在应用文写作中，把一些规模、条件彼此相似的单位、企业进行比较的方法，运用得比较普遍。

以上是三种最基本的论证方法，此外还有事理引申法、反证法、分析法等，在此不一一介绍了。

应用文中的议论要以事实为依据，以法律为准绳，就事论理，简明扼要。除了学术论文以议论为主外，一般应用文的议论都不是长篇大论，不需要旁征博引、反复论证。

叙述、说明、议论是应用文常见的三种表达方式，阐述时只是为了方便才分开说明。

在应用文写作中单一运用某种方式的不多，往往是以某一种表达方法为主结合运用其他方式。

【规范例文】

【例文 1-4】

新时代中国特色社会主义思想和基本方略

十八大以来，国内外形势变化和我国各项事业发展都给我们提出了一个重大时代课题，这就是必须从理论和实践结合上系统回答新时代坚持和发展什么样的中国特色社会主义、怎样坚持和发展中国特色社会主义，包括新时代坚持和发展中国特色社会主义的总目标、总任务、总体布局、战略布局和发展方向、发展方式、发展动力、战略步骤、外部条件、政治保证等基本问题，并且要根据新的实践对经济、政治、法治、科技、文化、教育、民生、民族、宗教、社会、生态文明、国家安全、国防和军队、“一国两制”和祖国统一、统一战线、外交、党的建设等各方面作出理论分析和政策指导，以利于更好坚持和发展中国特色社会主义。

围绕这个重大时代课题，我们党坚持以马克思列宁主义、毛泽东思想、邓小平理论、“三个代表”重要思想、科学发展观为指导，坚持解放思想、实事求是、与时俱进、求真务实，坚持辩证唯物主义和历史唯物主义，紧密结合新的时代条件和实践要求，以全新的视野深化对共产党执政规律、社会主义建设规律、人类社会发展规律的认识，进行艰辛理论探索，取得重大理论创新成果，形成了新时代中国特色社会主义思想。

新时代中国特色社会主义思想，明确坚持和发展中国特色社会主义，总任务是实现社会主义现代化和中华民族伟大复兴，在全面建成小康社会的基础上，分两步走，在本世纪中叶建成富强民主文明和谐美丽的社会主义现代化强国；明确新时代我国社会主要矛盾是人民日益增长的美好生活需要和不平衡不充分的发展之间的矛盾，必须坚持以人民为中心的发展思想，不断促进人的全面发展、全体人民共同富裕；明确中国特色社会主义事业总体布局是“五位一体”、战略布局是“四个全面”，强调坚定道路自信、理论自信、制度自信、文化自信；明确全面深化改革总目标是完善和发展中国特色社会主义制度、推进国家治理体系和治理能力现代化；明确全面推进依法治国总目标是建设中国特色社会主义法治体系、建设社会主义法治国家；明确党在新时代的强军目标是建设一支听党指挥、能打胜仗、作风优良的人民军队，把人民军队建设成为世界一流军队；明确中国特色大国外交要推动构建新型国际关系，推动构建人类命运共同体；明确中国特色社会主义最本质的特征是中国共产党领导，中国特色社会主义制度的最大优势是中国共产党领导，党是最高政治领导力量，提出新时代党的建设总要求，突出政治建设在党的建设中的重要地位。

新时代中国特色社会主义思想，是对马克思列宁主义、毛泽东思想、邓小平理论、“三个代表”重要思想、科学发展观的继承和发展，是马克思主义中国化最新成果，是党和人民实践经验和集体智慧的结晶，是中国特色社会主义理论体系的重要组成部分，是全党全国人民为实现中华民族伟大复兴而奋斗的行动指南，必须长期坚持并不断发展。

全党要深刻领会新时代中国特色社会主义思想的精神实质和丰富内涵，在各项工作中全面准确贯彻落实。

摘自《习近平在中国共产党第十九次全国代表大会上的报告》

【评析】

在报告中，习近平强调，中国共产党第十九次全国代表大会召开的时代背景、历史任务。他明确指出大会的主题，表述清晰、层次分明，使与会者全面了解了大会的各项内容及重要性。这是应用文，以说明、议论为主。

【课堂训练】

(1) 应用文的语言都有什么特点？

(2) 应用文的语言有哪些表达方式？

【实训平台】

★问题诊断

下文的主要问题是语言不准确，请仔细阅读后予以指出。

关于购置办公家具所需费用的请示

总行：

我支行所用办公家具是2000年购置的，部分家具已破损且无法修理，为此，我们拟更换部分办公家具，费用约62980元。妥否，请批复。

附件：购置家具明细表

2019年8月30日

★思维训练

(1) 下面是公文中的一段话，请将给定的三个词语准确填在空白处。

我市设立燕山区，________报请国务院批准，________国务院的批准转发给你们。燕山区设立后，原石油化工办事处________撤销。(供选词语：现将、即予、业经)

(2) 看一看下面这两段文字改前改后有什么不同？体现了应用文语言的什么特点？

修改前："考虑了景观和工程因素之后，我们将建筑位置定在离河最远的地方，或者如果这个位置不能够为大家所接受，我们将会聘请调查员考察一下其他可选的建筑地点。"

修改后："考虑了景观和工程因素之后，我们将建筑位置定在离河最远的地方。如果该位置不为大家所接受，我们将聘请调查员考察其他可选的建筑地点。"

(3) 下面是公文中的一段话，请你指出哪一句是议论性表达方式。

做好对口支援三峡工程库区移民工作是搞好三峡工程建设的关键，是"功在当代、利在千秋"的大事。各地、各部门要采取措施，进一步落实对口支援计划并切实组织实施。在对口支援过程中，要及时总结经验，吸取教训，使全社会支援三峡工程库区移民工作深入持久地开展下去，为三峡工程建设做出更大的贡献。

★情景模拟

2016 年 2 月 1 日，一张标有“横山区公安局‘秦风、冬季亮剑’严打新闻媒体座谈会”横幅的照片在网上疯传。网友纷纷质疑条幅标语内容。2 月 2 日清晨，陕西省横山区公安局通报称，该局 2 月 1 日下午召开“横山区公安局‘秦风、冬季亮剑’严打与新闻媒体座谈会”。因工作人员疏忽，在会标上丢掉一个“与”字，造成不良影响，向媒体致歉。

【写作训练】

某贸易公司在向港商介绍出口女装的公函中，使用了下面一段语言，你认为合适吗？请你结合应用文的语言要求改写这段话。

我公司出口的女装，品种繁多，有美如垂柳的长裙和睡衣；有艳比玫瑰的旗袍和裙衫；有花团锦簇、五彩缤纷的绣衣和大衣；有富丽如牡丹、淡雅如幽兰的罩衫和衬衣。

【知识链接】

应用文写作常用词语汇释

一、公文类

备查：供查考。备，准备提供的意思。

备考：书册、文件、表格中供参考的附录或附注。

存查：保存起来以备查考。

参照：参考并仿照。

定案：对方案、案件等所做的最后决定。

核准：审核后批准。

面洽：当面商量。洽，商量，接洽。

业已：即已经。

业经：即已经。

申明：郑重说明。申，申述，说明。

签发：由主管人审核后，签上名字，正式发出。签，书写名字。

签署：在重要文件上正式签字。署，题写名字。

批复：上级对下级答复请示事项用的公文。

纪要：记录要点的文字。

列席：参加会议，有发言权，无表决权。

鉴于：考虑到，觉察到。

颁布：公布、发布（命令、指示等）。

嘉奖：（上对下）赞许、奖励。嘉，夸奖；奖，奖励。

兹：（1）这里；（2）现在。

事宜：关于事情的安排处理。

当否：是否合适。

二、法律类

起诉状：原告向法院提起诉讼的文书。

公诉：刑事诉讼的一种方式，由检察机关代表国家对认为确有犯罪行为、应负刑事责任的人向法院提起诉讼（区别于“自诉”）。

自诉：刑事诉讼的一种方式，由被害人自己向法院起诉（区别于“公诉”）。

辩护：法院审判案件时，被告人或辩护人针对控诉进行申辩的活动。

答辩：被告人或被上诉人对原告或上诉人提出的诉讼理由进行回答与辩解。

上诉：当事人不服地方各级人民法院判决、裁定的，按法律规定程序，有权向上一级法院提起诉讼。

申诉：当事人、法定代理人对已经发生法律效力的判决、裁定认为确有错误的，向原审人民法院或上级人民法院，提出重新审理的要求。申诉不停止判决、裁定的执行。

取保：找保人。

反诉：在同一案件中，被告向原告提起诉讼。

副本：原稿以外的誊录本。

勘验：实地查看。

赃物：贪污、受贿或盗窃等不正当手段得来的财物。

公证：指公证组织接受当事人申请后，依法将当事人所申请的法律行为或具有法律意义的文件和事实予以证明，以确认其真实性与合法性。

三、经济类

调拨：调动拨付（物资）。

托付：(1) 委托银行部门付给（钱款）；(2) 委托别人照料或办理。

托运：委托运输部门运送（行李、货物）。

债权：有权要求债务人按合同的约定或者依照法律规定履行义务。

债主：借给别人钱收取利息的人。

收讫：收清（“收讫”两个字常刻成戳子，加盖在发票或其他单据上）。

索供：请求成交供货。

售罄：货物卖光。

打烊：晚上关门停止营业。

标的：合同当事人权利义务所指的对象，如货物、劳务、工程项目等。

唛头：货物包装外面所做的标记，也指商标。

四、礼仪类

台鉴：你审阅的意思。台，对别人的敬称；鉴，审察的意思。

惠鉴：有劳你审阅的意思。惠，有求于人的敬辞。

雅鉴：请你指教、审阅的意思。

钧鉴：请您审阅的意思（对尊长或上级用）。

台览：你审阅的意思。览，阅看。

已悉：已经知道了。

收悉：收到并知道了。

兹有：现在有。兹，这里，现在。

兹将：现在把。

拜托：托人办事的敬辞。

恭候：恭敬地等着。
光临：敬辞，称宾客到来。
惠临：敬称对方到自己这里来。
届时：到时候。届，到。
恳请：诚恳地请求。
莅临：到来，来临。莅，到。
乔迁：(1) 搬到好地方住。(2) 官职升高。
笑纳：请人收下礼物的客套话。
谢忱：感谢的心意。
雅正：请对方指教，常用于书画题款上的客套话。
奉笺：接到来信的意思。
拟于：打算在。
本拟：本来打算的意思。
拟订：起草制订的意思。
就地：在原来的地方（不到别处）。
不予：不给以的意思。
径向：直接向的意思。
径与：直接同的意思。
均应：都应该的意思。
查复：检查后再做答复。
查收：检查后收下的意思。
查询：检查询问的意思。
当即：当时、立刻、就的意思。
洽商：接洽商谈的意思。
洽妥：接洽妥当。
竭诚：竭尽忠诚，全心全意。
歉难：对方提出的要求难以满足，表示抱歉。
尚望：还希望的意思。
孔殷：十分急切的意思。孔，很，十分；殷，深厚。
函复：写信答复。
惠纳：承您照顾能接受的意思。
诚盼：诚恳盼望的意思。
台祺：您吉祥的意思。
台安：您安好的意思。
见谅：请原谅我的意思。
拨冗：推开繁忙的事务，抽出时间。
鉴核：审阅，核查。
敬祈：恭敬地请求。祈，请求。

任务1.4 应用文的思路与结构

【目标要求】

知识目标

(1) 认识思路与结构的一般关系；

(2) 明确应用文书写作的常用思路；

(3) 掌握递进思路、并列思路和比较思路的用法。

能力目标

能够正确运用恰当的思路写作应用文。

素质要求

能够清晰辨别应用文的结构类型。

【案例分析】

乐以此“官”伴终身

——在居民会上就任“楼长”的讲话

楼民们：

刚才居委会主任在开场白中已经宣布，今天为了我这楼长“就职”，特地召开这幢楼的楼民会议。会议主持人一定要我在会上“来几句”，我只好“恭敬不如从命”了。

当今时代，楼群崛起，一幢楼该设个楼长，没见过明文规定，可我却有幸“荣任”此职，这要首先谢谢诸位对我的厚爱，对我的信任！

我这个楼长是出任于刚刚退休之后，受命于诸位高邻之口，原来的官位（局长）才被“罢”去，新赐的“乌纱”又上头来。也许有人会说，这就叫“脱去‘黄袍’换‘紫袍’”，不，我说大小也是个“长”字号（笑声）。不过此“官”非延续官，既无红头文件的正式任命，又无何种级别的享受，是一个标准的“口头官”“露水官”“义务官”“烦恼官”。

中国有句古语：“是非皆因多开口，烦恼只为强出头。”我也深知，家长好做，楼长难当，包罗万象，管不胜管。鄙人由于秉性快语直言，生就爱管“闲事”，明知差事苦，愿把苦来尝。其实就我而言，苦中也有乐。这样，我可以潇洒地走门串户，广泛交谈，结友谊、解孤寂；我可以自在地充实生活、欢度晚年，发余热、立新功。看来我这个官是当定了，而且要不负众望，争取当好，做到“在其位，谋其政，尽其职，胜其任”。凡事不分巨细，工作不问难易，只要力所能及，都愿乐而为之。为官一任，也要“造福一方”嘛！在今后的服务实践中，如有点滴“政绩”被大家认可，我乐以此“官”伴终身。

最后，衷心希望我的楼民们要和睦相处，弘扬友爱精神，保持环境整洁，树立良好风气。愿大家携起手，心连心，一举一动要具有一幢楼的整体意识；一言一行要体现一幢楼的高尚境界，为创建我们的“精神文明楼”而努力。这既为你们自己的脸上添彩，也为我这个楼长身上增光。到那时，“军功章”啊，有我的一半，也有你的一半！（鼓掌）

谢谢各位楼民！谢谢大家！

【评析】

这是一位退休干部发挥余热，在居委会再任新职时的一番讲话，思路清晰、主旨明确、结构紧凑，既有自我表白，也有衷心希望，语言风趣、态度谦和，不失为一篇经典发言。

【知识提要】

1.4.1　思路的含义

人的思维与语言紧密联系。语言是思维的载体，人需要借助语言进行思维。丰富我们的语言，就相当于打磨了思维的"武器"。思路，是思维活动的运行轨迹。文章思路，就是作者构思文章时，有规律、有条理、有方向、连贯的思维过程的"路线"。

由于人们的思想观念、生活经历、文化素质、才情禀赋各不相同，写作目的和对文体的认识掌握存在差异，对问题之思考方法、习惯也有所区别，这些情况反映到文章里，就表现为文章的不同思路和形态。思维是具有意识的人脑对于客观现实的本质属性和内部规律做出自觉、间接和概括的反映。按照思路写成文章，就是所谓组织结构；应用文的写作主要沿逻辑线和时空线展开思路。文章的思路，应当是作者整体思维、系统思考的结果。

1.4.2　应用文常用思路

应用文书写作构思主要是运用逻辑思维进行。

1.4.2.1　递进思路

递进思路是认识事物或事理由浅入深、由表到里、由低到高、由小到大、由轻到重，层层递进、循序渐进的一种思维方法。

递进思路的作用：可以深入地、清晰地阐释某些比较复杂的事理，说明某些比较复杂的关系，有助于深刻认识事物的本质属性，使文章达到一定的深度。

递进思路的顺序不能随意调换。例如，《××集团公司财务管理混乱的现状亟待改变》的调查报告，就是典型的递进思路。

××集团公司财务管理混乱——→"财务管理混乱"导致乱账多，员工主人翁精神衰弱——→财务管理混乱的原因——→采取有力措施抓好财务制度

又例如，《农村文化活动设施量少质差的现状亟待改变》的调查报告，按以下思路写成：

××县农村文化活动设施量少质差——→"文化饥饿症"带来农村精神文明滑坡——→文化活动量少质差的原因——→采取有力措施重视农村文化活动阵地建设

很明显，这是典型的递进思路。

1.4.2.2　并列思路

并列思路，即是运用平等、平行、并列的思维方式认识和对待事物或事理而形成的思路。并列思路将事物或事理平等看待、横向发展。如通知、决定的诸多事项，规章文书的许多同类条文，体现的都是并列思路。

1.4.2.3　比较思路

比较思路是运用比较和鉴别的思维方法而形成的一种思路。比较思路是应用文书写作

的常用思路之一。比较的标准（简称比标）要一致。要注意抓住事物的本质特征进行比较。注意比较的灵活性，根据实际情况和写作需要，从多角度、多方面对事物进行比较。

1.4.2.4 归演思路

归演思路就是归纳法和演绎法，这也是应用文写作常用的思路。

（1）归纳法。归纳，是从两个以上个别的、特殊的事物或道理的共同属性中，推出同一类事物或道理的普遍性结论的推理方法。它是从个别到全体、从特殊到一般的思维方法。应用文书写作运用这种思维方法便形成了归纳思路。归纳常有以下几种方法：

1）完全归纳法。即穷究同类事物中所有个别事物的共同属性，推出普遍性结论的方法。这种方法不允许漏掉任何一个性质相同的个别事物。

2）简单枚举法。即根据对某类事物部分对象的概括，推出一般性结论的方法。这实际上是不完全归纳法。

如《中共××县委员会关于向徐庆文、吴春山同志学习的决定》归纳出的结论：

“徐庆文、吴春山同志忠诚地为党和人民的事业奋斗了一生，他们的一生是光荣的一生。他们不愧是我党的优秀党员。”

这里归纳出这个结论的依据，只是选择介绍了他们一生中一些典型事迹，并没有罗列全部事迹。

3）科学归纳法。即由某类事物部分对象与某种属性具有的必然联系，而推出这类事物全都具有这种属性的方法。

（2）演绎法。这是从普遍性的前提推出特殊个别性结论的思维方法。它与归纳的思维方向正好相反。例如《××市××局关于机关干部勤政廉政的规定》写道：

“廉洁奉公是党的优良传统，是党的根本宗旨的具体体现，是党取信于民的根本保证，也是机关干部应具备的职业道德。只有做到高效廉洁，党的工作才能得到群众的信任和支持，党的事业才能得到群众的关心和拥护，党和政府才有可能带领和团结大家同心同德，共渡难关，深化改革，实现发展……”

这里采用的就是演绎思路。在说理性较强的应用文书中，较多地运用演绎思路。运用演绎法时，作为根据、前提的一般性结论必须正确无误，才能进行直接演绎。

归纳和演绎既是两种方向完全不同的对立的思维方法，又是互相依存的辩证统一体。

1.4.2.5 总分思路

总分思路是运用综合和分析两种思维方法而形成的思路。分析就是把事物分成若干部分，分别加以研究，由总到分，化整为零；综合则是把事物的各个部分联合起来，从整体上加以考察，也就是由分到总，集散为整。综合的过程，就是对实体事物组合、对抽象事物概括的过程。文章要点面结合、铺陈展开，构思时要善于分析客观对象，在分析的基础上善于综合。

1.4.2.6 因果思路

因果思路是运用探因和寻果的思维方法形成的思路。在应用文书写作中，根据写作意图和受众接受心理，常常采用由果溯因的思路。

（1）因果分析。要全面分析导致结果或现状的原因。抓住主要的、根本的原因，同时也不忽视次要原因。要深刻地分析产生结果的原因。

（2）因因分析。即深入分析，从原因中去探究产生原因的原因。例如：

某厂生产的传统产品出现销售疲软势头，厂方要求做出调查并写出市场销售情况的调查报告。

1）通过调查，发现销售疲软是存在广告宣传不力、营销渠道不畅、产品包装陈旧、产品式样单一、产品质量下降等多种原因。

2）经过分析研究，认定其中质量下降是关键。

3）进一步分析，发现质量下降的原因是生产第一线工人不顾质量，检验工不负责任。

4）又深入分析，发现造成这种状况是管理不善、制度不严，职工普遍缺乏质量意识。

5）再追本溯源，发现根本原因是厂领导班子缺乏市场优胜劣汰的竞争意识，只抓产品数量、产值，忽视产品质量。

经过这样层层深入分析，才能找出深层次的根本原因，提出“领导重视，狠抓质量，注重宣传，打通渠道”的对策，使产品销售重新出现了增长势头。

应用文书写作常常会综合运用几种思路成文。

1.4.3　应用文的结构

文章的结构，是作者认识客观事物的内部规律和事物之间的相互联系的思想脉络在文章中的体现和反映，是作者按照主题的需要，对材料所进行的有机组合和编排，又称谋篇布局，应用文的写作也莫不如此。一般来说，文章的结构具有两重含义：一是宏观结构，即文章的总体构思、大体框架；二是微观结构，即对文章的层次、段落、开头、结尾、过渡、照应和主次的具体设计。

文章结构对文章的作用：一是使文章言之有体，“体”指体裁，应用文在长期的写作实践过程中，大都形成了比较固定的结构形态，也称程式；二是使文章言之有序，合理安排结构，就是根据一定的思路，将零散的材料组织起来，使之条理清楚，成为一个有机的整体；三是使文章言之成文，通过精心安排结构，可以增加文章的文采，从而增强其可读性。

1.4.4　应用文结构的内容

（1）层次与段落。层次是文章中作者表达主题的阶段和次序，是文章内容展开的次序；段落，又称“自然段”，是组成文章、表达思想最基本、相对独立的最小单位。安排层次有两种模式：纵式、横式。

（2）过渡与照应。过渡是指层次与段落之间的衔接与转换，在文章中起着承上启下、穿针引线的作用；照应是指文章内容的前后呼应和关照，可以使文章结构周密严谨，浑然一体，还能使某些关键内容得到强调，突出主题。在应用文中，常用的照应方法有首尾照应、文题照应、文中照应。

（3）开头与结尾。开头是全篇文章的第一步，可以起到统领全篇，展开全文的作用；结尾是全文的收束和结局，能帮助读者加深认识、把握全篇，达到预期的写作目的。常见的开头方式有目的式、根据式、原因式、概述式、结论式、提问式、引述式；常见的结尾方式有自然收尾式、总结归纳式、强调说明式、希望号召式、专门结尾用语式。

1.4.5 应用文的结构类型

应用文结构的安排要有一定的原则：首先要服从表现主题的需要。主题是作者的写作目的、意图的体现，结构必须服从主题的需要，为表现主题、突出主题服务。其次要正确反映客观事物的发展规律和内在联系。应用文是对现实生活、客观事物的反映，客观事物总有一个发生、发展、结局的过程，作者对它的认识也遵循一定的规律。最后要适应不同文体的要求。文体不同，结构的样式和要求也会不同。

总体来说，应用文的结构包括以下几种类型：

（1）篇段合一式。一个段落就是一篇完整的文章，这种形式常用于内容单一的应用文书。

（2）两段式。这是内容简单、篇幅简短的应用文书常用的形式。篇段合一式中的结语部分单独列为一段，就可成为两段式。或把三段式中的结语部分省略，写作目的或缘由、行文事项各为一段。

（3）三段式。正文分为目的或缘由、事项、结语。

（4）多段式。一般是开头概述情况、说明缘由、目的或依据；主体部分内容稍多，分别写为若干段；结尾单独成段或省略结尾段。

（5）分部式。这种结构形式容量较大、眉目清楚、头绪分明，用于内容较多、篇幅较长的应用文。如工作总结、理论文章、调研文章等类常用这种结构。文章分成几个大部分，每个部分就是一个层次；每个部分可用小标题或者序号列出；小标题或者概括该部分中心，或者提示该部分内容范围。常体现为递进式结构，注重各部分间的逻辑联系。

（6）贯通式。贯通式不分条文，不用小标题，前后贯通，以自然段落组成全篇。围绕中心，按时间顺序、事物发展顺序，或者认识顺序，抓住主要线索，比较完整地叙述或说明一个事项、一项工作、一个道理。适用于内容比较单一的叙述性或者说明性应用文书。

（7）条款（项）式。法规、规章文书多用这种形式。

1.4.6 思路与结构的关系

文章结构实质上就是作者思路的体现，文章的结构与作者的思想相对应或相统一的，“思路，这是关乎文章结构的最根本的东西”。（张志公：《怎样锻炼思路》）文艺作品的这种反映和体现的是曲折迂回的、深藏含蓄的；应用文书的结构，通常是作者思路的直接呈现。

结构是文章的骨架，思路是文章的脉络。如果文章结构杂乱无章，则表明作者的思路杂乱不清；如果文章结构不严谨不清楚，则表明作者的思路不缜密不清晰。下笔之前先理清、理顺思路的目的是使结构完整、严谨和条理清晰，是为了准确地表达思想。

【规范例文】

【例文 1-5】

工商管理系 2017—2018 年第二学期工作总结

本学期，在院党委的正确领导下，在各级领导的关心重视和各职能部门的支持下，在全系师生的共同努力下，工商管理系认真践行党的十九大精神，深入学习《学院“十三五”发展规划》，围绕学院中心工作，以“创先争优”活动为契机，以推进示范专业建设为基础，以全面提高学生综合素质和就业能力为目标，抓住教育教学工作的重点和难点，深化教学改革、转变教学理念、提高教学质量，不断开拓创新新形势下大学生思想政治教育工作的新方法、新途径、新机制、新理念，坚持学习创新、力求特色发展、构建六大育人体系，顺利完成了学期初制定的各项工作任务，现将本学期各项工作总结如下。

一、党务工作

以深入开展争优创先活动为契机，突出重点，强化措施，全面促进基层的组织建设。

(1) 加强班子建设，增强决策能力和水平。工商管理系始终将加强系领导班子建设作为本系的重点工作。坚持民主集中制的原则，坚持每周召开系领导班子碰头会，加强领导班子的沟通和协调，有事及时商量，达成一致的意见。进一步完善系务公开制度，做到重大事情集体讨论决定。增强系领导班子以及教师之间的团结协作，提高凝聚力，努力营造团结和谐的氛围。

(2) 重视理论学习，提高全系师生的政治思想觉悟。我系党总支把加强理论学习与专业建设工作紧密结合起来，采取集中学习、个人分散学习、定期召开组织生活会等多种形式，认真学习充分调动党员的积极性，提高党员的政治理论水平和思想觉悟，修炼党性，提高政治素养，为学院更快更好地发展做好思想上、组织上的准备。

(3) 严格组织程序，做好入党积极分子的培养、发展、转正工作。首先，加强对入党积极分子的选拔、培养和监督。认真组织入党积极分子、发展对象参加党课学习，进行党性知识测试，加深对党性知识的理解。其次，组织党员开展与入党积极分子、群众谈心活动，加强培养人与培养对象之间的联系。培养对象根据实际情况把自己在工作、学习、生活等方面的表现用书面或口头的形式主动向培养人汇报，以便加强对培养对象的帮助和教育。最后，规范入党程序，按照党章要求，以严格遵守党的纪律，依章办事，使入党工作程序化、制度化、规范化。本学期顺利完成了8名学生党员发展、14名学生转正工作。

(4) 强化实践教育，进一步加强系学生党支部的组织建设。带领学生党员参观大连中华工学会旧址纪念馆，并接受大连电视台的现场采访。进一步增强学生党员的使命感和责任感，时刻提醒自己保持一名共产党员的先进性，充分发挥党支部的战斗堡垒作用和党员的先锋模范作用。同时强化支部的学习教育功能，完善学习制度，定期组织全体学生党员开展形式多样的学习教育活动，努力构建“学习型支部”，使我系的学生党建工作更上一个新的台阶。

二、学生工作

(一) 理想信念引导人，深化多层次的思想政治教育体系

(1) 开展荣辱教育，倡导文明风尚。以“五四”青年节、建党90周年等重大事件和节日为契机，有针对性地开展爱国主义、集体主义教育，引导学生树立正确的世界观、人生观和价值观。先后开展了“感恩于心、责任于行、我爱我校主题演讲比赛”、纪念建党90周年主题班会等活动，增强学生的诚信文明和爱党爱国意识，引导学生树立远大理念，坚定信念。在学院开展的“大连职业技术学院纪念中国共产党成立90周年大会暨师生红歌演唱会”我系荣获“最佳创意表演奖”。

（2）深化思想教育，增强爱国意识。以主题团日活动、社团活动为平台，开展“爱党爱国主题团日活动”“我为团旗添光彩，我为祖国献青春”演讲比赛，“新时代新风采——我是一名21世纪大学生”征文比赛等系列活动，全面推进我系大学生思想道德建设。

（3）把握舆论导向，活跃宣传阵地。加强和改进宣传工作，拓宽宣传阵地，加大对外宣传力度。努力提高系刊的刊物质量，逐步加强系主页团学工作部分的更新维护，本学期在院主页发表学团工作稿件26篇，出版系刊7期，着重加强了宣传队伍建设和审稿力度，进一步提高了宣传水平和层次。

（二）先进文化塑造人，活跃多样化的校园文化活动体系

（1）开展主题活动，融入企业文化。以校企合作为平台，将校园文化主题活动引入企业文化与规则，加强与企业深层次合作。逐渐探索高职院校校园文化建设与企业文化逐渐融合的重要性、必要性和特殊性。组织学生参加了海王星辰杯“我与星辰有个约会”主题征文活动、“大连联华快客中山便利店十周年庆广场文艺晚会”等主题活动，增强了学生与企业之间的相互了解，使学生在活动中逐渐培育、形成并遵循企业的最高目标、价值标准、基本信念及行为规范。

（2）强化行为养成，育人效果显著。加强我系学生行为养成教育，体现思想政治教育工作的实效性，全方位对学生的学习习惯、文明习惯、安全习惯、卫生习惯、生活习惯、就业理念等方面进行培养，先后开展“文明在心中、礼仪在行动”“智慧、汗水；收获，希望”为主题的行为养成教育活动。使学生明白文明礼仪的重要性，形成人与人之间彼此尊重、互相帮助的和谐关系，促进学生提高礼仪意识，自觉践行文明礼仪，全方位提高文明素质，也为进一步加强和改进我系思想政治教育工作创造良好的育人环境。

（3）拓展学生社团，营造青春氛围。打造以文化素质为主题的社团，开展丰富多彩且具有人文色彩的学团活动。完成了工商管理系星级社团的评比，展现了我系社团百花齐放的良好氛围，为不断丰富广大同学课余文化生活，提高学生的文化素质提供了平台。依托校园文化艺术节，开展了英语口语大赛、书画大赛、羽毛球精英赛、跳长绳比赛等多项文体活动，为学生们提供了展示自我的机会，丰富了他们的课余校园文化生活。

（三）科学理念引领人，打造全方位的学生教育管理体系

（1）创新活动载体、塑造阳光心理。以“5·25”心理健康月活动为载体，开展了“心随影动”心理电影展播、“放飞心情　承载梦想”风筝会、心理健康专题手抄报、快乐，你懂的！“分享快乐秘籍”主题沙龙等十项主题活动，将心理健康教育工作与学生年级、专业相结合，创新活动载体，满足不同学生群体心理需求，通过自信心的培养、沟通能力的培养、团队意识的培养等活动，营造乐观、积极向上、助人自助、全员参与的良好氛围，助力学生的心理成长。我系荣获院八届“5·25”心理健康月心理健康知识宣传评比冠军；胡立丽老师指导的“鼓足勇气战职场，打开心扉话梦想模拟面试”、“我爱我家——宿舍趣味游戏比赛”分别荣获团体训练、主题班会及特色活动视频评比一、二等奖；张瑜、李岩老师指导的“开放式基金投资产品模拟推介大赛”荣获特色活动类一等奖。

（2）强化诚信教育、增强学习氛围。开展以“培养学习兴趣，丰富大学生活”为主题的学风建设系列活动。加强学风建设基础工作（早晚自习、课堂出勤等）的检查和监督、各专业技能大赛、学习经验交流会、师生交流会、诚信考试系列教育等。引导学生端正学习态度，探索学习方法，培养学生严谨求实、勇于创新、善于学习、积极向上的精

神。本学期加大了对学生考试诚信教育力度，开展了“学以载道、诚信为本”诚信签名活动，共创考试零违纪倡议书、诚信箴言征集、重温考试规制、诚信宣誓等系列活动，培养学生诚实守信的品德，创造公正、公平的考试环境。

(3) 培养感恩意识、树立自强理念。坚持贴近实际、贴近生活、贴近学生，坚持解决思想问题与解决实际问题相结合、教育与自我教育相结合的原则，全面推进励志教育。成立了工商管理系自强社，开展了“感恩于心、回报于行”义务清扫活动、“励志——让青春做主”电影赏析、“激扬青春　励志成才”主题征文活动、“爱心互助，品味人生”慰问白云养老院、“牵手、互助、励志”新老贫困生交流会等活动，将诚信、感恩、责任教育与励志教育融为一体，帮助学生塑造完美人格，实现全面和谐发展。

(4) 关注重点人群、维护校园稳定。在重大事件及特殊时期，加强辅导员对学生的教育和管理，积极调查和把握学生的思想脉搏。成立工商管理系系工作领导小组，做好预案，加强网络管理和监控工作，建立突发事件应急网络体系，积极配合有关部门严密排查和处理不安定因素和隐患，努力做到信息、排查、处理超前，把问题解决在萌芽状态。同时加强在特殊时期对重点群体的关注，加大对他们的关心和沟通力度，做好他们的思想政治工作，随时掌握他们的去向和思想动态。2017 年 3 月 5 日是藏历新年，工商管理系领导和辅导员第一时间为 2016 级工商企业管理专业藏族学生才仁巴吉送去节日的问候与关爱，使藏族学生感受到来自学校和同学们的关心与关爱。

(四) 实践创业磨炼人，丰富多形式的实践创新体系

(1) 注重科技创新，提升就业能力。打造由专业教师牵头、辅导员组织实施，彰显工商特色的高层次、高水平科技竞赛品牌活动，动员、鼓励学生积极参加各类知识竞赛、学术讲座等活动中。打造“造科技氛围，提升职业素质，培养创新人才”为主题的工商管理系首届科技文化节，开展了“精英杯技能大赛”、工商管理系第二届经营管理沙盘模拟大赛、“华西证券杯”模拟炒股大赛将技能大赛、创新创意讲座、主题辩论赛。组织学生参加了 2017 年全国高职高专大学生企业经营管理沙盘模拟大赛、2017 年（第五届）全国网上零售创意大赛等高水平技能大赛，百余名学生在各项大赛中获奖。

(2) 注重社会实践，提升人生境界。2017 年暑假，我系各团支部积极组织学生参加暑期社会实践，共成立了 4 个院系重点团队，20 余个社会实践小分队，300 余名学生走进工厂、农村、社区开展各式各样的社会实践活动，获得了良好的社会效应。

(3) 弘扬志愿精神，服务社会发展。把志愿服务与社会公益活动相结合，开展了形式多样、扎实有效的志愿活动，环境保护、社会公益、敬老助贤等活动，建立了较为完善的组织体系，成了活跃在校园、奉献在社会的一道绚丽风景线，而且确实在服务社会、教育青年、促进发展等方面取得了显著成效，为创建和谐社会、和谐校园发挥了积极的作用。

(五) 全员参与温暖人，构建多渠道的就业工作服务体系

(1) 倡导全员参与，拓宽就业渠道。建立健全就业工作机构。建立由系领导、专业教师、辅导员组成的全方位毕业生就业工作网络，实现就业工作全员参与。以各专业为单位成立就业工作小组，由各专业主任牵头，全体教师参与，通过自己的人际网络、社会关系，广开就业渠道。

(2) 加强校企合作，深化订单培养。加强大商班、快客班、太平洋保险班等订单班的建设，强化对订单班学生的教育管理。辅导员和专业教师联手，对学生在顶岗实习、双向

选择以及签订合同等各个环节给予及时有效的指导。同时加大对企业的对话和沟通，了解学生在企业实习的情况，反映学生对企业的诉求，确保校企合作的顺利进行，直至学生最终签约。

（3）完善就业指导，强化就业服务。继续做好就业指导，对已有就业单位的学生，注重对他们进行诚信教育和职业道德教育，提高就业稳定性。对没有就业的学生，继续强化就业技巧，加强对他们求职心理素质的培养。配合就业部门顺利完成就业协议签订、收缴以及报到证的打印工作，配合学生处完成毕业典礼及毕业证发放工作，做到万无一失，在全系师生的共同努力下，工商管理系2011届毕业生初次就业率达到100%。

（4）注重感恩教育，倡导文明离校。做好2018届毕业生文明离校工作，加强纪律教育、安全教育，及时指导学生办理好离校的各种手续，确保学生安全、有序、文明的离校。为了以文明离校活动为契机，加强对在校生的职业道德教育和人生规划教育等，我系还开展了“青春无悔、收获无尽，感恩母校、回报社会”毕业生综合素质答辩，“师恩难忘，母校难忘”——毕业生寄语恩师、母校活动，“殷切希望，谆谆教诲，难忘师恩”——师生茶话会，“倡文明离校，寄母校情怀”——毕业生文明离校倡议书，“我为母校添本书”——毕业生向院系捐旧参考书活动等系列活动，保证工商管理系2018届毕业生圆满完成学业，顺利走上工作岗位，维护学校正常的教学和工作秩序，营造毕业生文明离校的良好环境和氛围。

（六）严格管理培养人，完善多途径的学生工作队伍建设体系

（1）加强队伍建设、管理重心下移。坚持学生工作例会制度，及时传达上级精神，适时交流经验，不断总结教训，增强辅导员独立开展工作和处理应急业务的能力。坚持管理重心下移，引导辅导员根据自己所带班级的特点和实际情况，制定管理对策方式和方法，正确分析各年级学生的思想现状，制定不同的管理内容和目标，全方位突显不同年级、专业的管理特点，使得权责统一，管理更为便利，工作的针对性、实效性和自主性明显增强。

（2）注重工作细节、明确工作重心。全体学生工作者牢固树立“学生事无小事”的原则，深入学生中间，了解学生的思想动态，为学生排忧解难。通过谈话、劝勉、批评、联系家长等有效方式，着力解决学生中存在的“旷课”“挂课”“睡课”等突出问题。深入了解学生的思想状况，有针对性地开展帮扶教育。贫困生、学习思想困难学生等重点教育对象作为常抓不懈的工作重心，教育一部分，引导一部分，转化一部分。用人性化的思维方式和教育管理模式处理部分学生存在的突出问题，力争将问题解决在萌芽状态。

（3）提升科研水平、取得显出成效。鼓励辅导员利用业余时间积极开展科研活动，认真研读业务著作，并在实践中做到融会贯通，本学期我系辅导员完成课题国家级课题立项一项、省级课题立项一项，院级课题结题一项；承办学生处辅导员沙龙《高职学院学习困难学生问题分析研究——以大连职业技术学院为例》一项；一篇论文荣获省高等学校心理健康教育研究会第七届年会三等奖；一篇博文荣获大连高校大学生思想政治教育优秀博文；一名辅导员荣获大连市大学生最喜爱的辅导员荣誉称号。

工商管理系2018年12月2日

【课堂训练】

（1）什么是文章的思路？

（2）应用文的常见结构有哪几种？

【实训平台】

★问题诊断

下面是一位同学写的书信，请从思路、结构和语言上指出他的错误，并加以修改。

建华和新生，你们好！

惊悉你们俩人考上大学，非常高兴，谨向你们致以衷心祝贺！说来惭愧，咱们三人曾同学五年，独我落选。不过，鄙人虽然这次高考不幸名落孙山，但决不灰心，决心明年再考，即使考不上也不悲观，学府外自学成材的不是大有人在吗？时至今日，学习计划已具雏形，诸君学习成绩显著，有何经验之谈或锦囊妙计，莫保守，来信告我。

余不赘陈，愿我们在学习的道路上比翼双飞。

9月3日

爱军于渝

★思维训练

（1）请说出以下语段的行文思路。

目前养猪业已形成三种经营形式或称养猪的三个层次，即千家万户养猪、专业户养猪和工业化（工厂化）养猪。\\ 前两者数量大，存栏和出栏总量约占全省95%以上，占有举足轻重的地位。但这两个层次规模小、分散，限制了高科技的应用，因而难于进一步提高繁殖率、产肉率、商品率和经济效益，属于低层次养猪。要把这两个层次从数量增长型变为质量效益型，当务之急是集中精力发展第三个层次，才能达到启动前两个低层次类型。\\ 这是我省养猪业跃上新台阶的必由之路。

（2）请指出下列语段的结构类型。

怎样对待工作和学习呢？\\ “工作忙，没时间学。”有部分同志这样说，摆出了学习和工作的矛盾。可是雷锋是怎样处理这对矛盾的呢？他说：“我们在学习问题上也是提倡这种钉子精神，善于‘挤’和善于‘钻’。”\\ 我们应该学习雷锋同志这种“钉子”精神。

★情景模拟

某公司为了规范员工日常工作行为，提高工作效率，便于实行管理，特制定了《公司员工守则》，大致内容如下，根据你的理解，还应该充实哪些内容，行文思路和结构上是否也应该做适当的调整呢？

公司员工守则

第一条　员工守则是职员在公司从业期间，所必须遵守的基本行为准则。

第二条　努力学习科学知识，认真钻研生产技能、工艺技术，不断提高自身素质，做一名现代化企业有用之才。

第三条 遵守国家法律、法规和公司的有关规章制度，做遵纪守法的优秀社会公民和企业员工。

第四条 服从领导，听从指挥和分工，树立团结协作、积极奉献、顾全大局的集体主义精神。

第五条 严禁参与煽动他人怠工、罢工、打架斗殴及违犯厂规和任何危害社会安定的违法行为。

第六条 树立关心、互助、团结、文明、礼貌、尊重同事工友的处世作风，严禁拉帮结派、损人利己、破坏公司集体凝聚力的各种不良言行。

【写作训练】

留意学校图书馆、学生公寓、餐饮中心、体育馆及大礼堂等公共场所张贴或悬挂的提示性标语或文明公约，注意分析其用语思路及篇章结构。

【知识链接】

提高应用文写作水平的途径

在倡导个性、尊重个人劳动成果的今天，这种不被署名，还要根据他人意愿反复修改的应用写作，在个性张扬的大学生中无疑会产生强烈的抵触情绪。因此，在进行应用写作教学时，除了要求写作人员有良好的政治修养和扎实的写作功底外，良好的心理素质和正确的写作理念也是不容忽视的。

首先，写作过程的遵从性需要写作者具备良好的心理承受能力。遵从性是指写作要以他人的指令为出发点，以他人意图为准则。虽然从事应用写作没有自主权，但写作时还要求作者充分发挥积极性和创造性，要依据领导意图和指示精神自觉主动地开展工作，提高工作的预见性，总结经验、探索规律，把写作的准备工作做在前面。这是一种受到各种约束的写作。所以，应用写作人员除了要具有很高的政治觉悟、无私奉献的精神外，还要学会在心理上不断地自我调解，努力提高心理承受能力。

其次，写作态度的严肃认真性需要写作者具备良好的理智感和道德感。应用写作具有很强的政治性、思想性、政策性、执行性和很高的权威性，要求写作人员必须严肃认真、科学求实。因此写作时，写作人员首先在态度上要对领导的意图认真领会，对党的方针政策要认真贯彻执行，对他人的意见要虚心听取；在思想上，要高标准严要求，要有很强的政策观念和改革意识，要具有锐意进取不断创新的精神；在方法上，要牢牢把握写作是为了解决问题这个大方向，充分注意到应用文的工具性。写作时要缜密思考，反复斟酌。为了表明解决问题的意图，文字要准确、简练、朴实，叙事要明白，说理要透彻，格式要规范。为了提高办事效率，写作时要抓住时机，把握关键。为了提高解决问题的效率，写完要反复修改，认真检查。总之，应用写作人员在拥有良好的政治修养和业务技能的同时，还必须严肃认真地对待每一个写作环节和每一次写作。

最后，应用写作刻板的文体格式需要写作者具备良好意志品质。应用写作使用的是法定的固定格式，写作人员必须严格遵守。应用写作是一种刻板的写作过程。写作人员在严格的要求和监督下面，反反复复地写着这样的文章，没有良好的意志品质，心理上是难以承受这样重任的，因此，写作人员必须具备良好的意志品质。当这种单调枯燥的工作内容和工作方法越难引起人们的兴趣，越不符合自己的目的，心理上抑制和制止的情绪越高时，就越需要写作人员坚强意志的存在。

另外，写作过程的理性思维需要写作者具有良好的“非我”心理。对于应用写作来说，理性思维是处主导地位的，它具有体现他人思维的特性。应用写作的理性思维特征，主要是由写作的目地性和实践性的要求而决定的。因为它要求写出来的文章，不管是公文、计划、总结，还是条据、合同等，都要叙述具体情况，分析客观实际，提出解决问题的办法。也就是说，作者通过抽象思维把知识和处理实际问题的能力联系起来。思维的目的、思维的方向、思维的内容，都不是作者的主动选择，要以现实生活中他人的指令和大量的经验及资料为基础，根据他人思维形式和结论，经过整理和加工，即归纳和分析，形成能符合他人思路、能解决现实生活问题的文稿。思维的流向、思维的广度、思维的深度、思维的频度上努力与他人趋近，努力体现他人的思维特色。因此，应用文写作人员在写作的过程中，要忘记自我，时时以他人的思维为中心，方能写出广为符合要求的好文稿。

因此，无私的奉献精神、坚忍不拔的意志品质、高尚的道德情操、冷静平和的处事态度是构成应用写作人员良好心理素质的重要内容，这也是写好应用文的重要保障。

选自 Huangtufeiyang 的博客

项目 2　党政机关公文

任务 2.1　党政机关公文概述

【目标要求】

知识目标

(1) 熟悉党政机关公文的含义;

(2) 了解党政机关公文的种类;

(3) 理解党政机关公文的特点。

能力目标

能够辨析公文与普通应用文。

素质要求

(1) 认识党政机关公文的作用;

(2) 熟悉《党政机关公文处理工作条例》,培养公文写作的规范意识;

(3) 了解我国党政机关的构成情况及机关与部门之间的关系。

【案例分析】

国务院关于批转国家税务总局关于
加强个体私营经济税收征管强化查账征收工作意见的通知

国发〔××年〕×号

各省、自治区、直辖市人民政府,国务院各部委、各直属机构:

国务院同意国家税务总局《关于加强个体私营经济税收征管强化查账征收工作的意见》,现转发给你们,请遵照执行。

加强个体、私营经济税收征管,强化查账征收工作是规范个体、私营经济管理,促进个体、私营经济健康发展的重要措施。各级人民政府要高度重视,切实加强领导,协调税务、工商行政管理、公安和金融等有关部门,积极稳妥地做好这一工作,并帮助税务部门解决工作中出现的困难和问题。国家税务总局要结合深化税收征管改革,切实做好对这项工作的组织指导和监督检查。各有关部门要相互支持、密切配合,确保这项工作的顺利进行。

本通知的具体实施意见,由国家税务总局会同有关部门制定。本通知的贯彻执行情况,各省、自治区、直辖市和计划单列市人民政府应于七月底前报告国务院,同时抄送国家税务总局。

附件:关于加强个体私营经济税收征管理化查账征收工作的意见(略)

国务院

××年×月×日

【评析】

批转性通知是通知的一种，国家税务总局向国务院起草了一份《加强个体私营经济税收征管强化查账征收工作意见的通知》，国务院认为国家税务总局这份意见措施得力，效果明显，同意了意见内容，通知转发给国务院管辖各省、自治区、直辖市人民政府，国务院各部委、各直属机构遵照执行。例文针对性强，首先肯定了意见内容，然后对加强个体私营经济税收征管强化查账征收工作的重要性进行分析阐述，最后要求各省、自治区、直辖市人民政府，国务院各部委、各直属机构认真执行，并将执行情况报告国务院。这篇公文很好地体现了应用写作的模式性特点，同时也符合党政机关公文的写作要求。

【知识提要】

2.1.1 党政机关公文的含义及分类

2.1.1.1 党政机关公文的含义

中共中央办公厅、国务院办公厅联合颁布的《党政机关公文处理工作条例》（中办发〔2012〕14号，2012年4月16日）（以下简称《条例》）明确规定：

党政机关公文是党政机关实施领导、履行职能、处理公务的具有特定效力和规范体式的文书，是传达贯彻党和国家方针政策，公布法规和规章，指导、布置和商洽工作，请示和答复问题，报告、通报和交流情况等的重要工具。

2.1.1.2 党政机关公文的分类

公文种类，即根据公文功能属性进行的分类，简称文种。我国古代最早的公文，从先秦到清末，由简到繁，文种先后出现的约有百种。朝代不同，文种名称也不同。《条例》对党政机关公文的种类进行了重新整合，分为十五种类。在公文处理工作中要认真区分法规中规定的文种、专用文种及其他文种之间的关系，正确选用文种，为公文拟制、办理、管理提供便利，达到行文的目标要求。

（1）决议。适用于会议讨论通过的重大决策事项。

（2）决定。适用于对重要事项做出决策和部署、奖惩有关单位和人员、变更或者撤销下级机关不适当的决定事项。

（3）命令。适用于公布行政法规和规章、宣布施行重大强制性措施、批准授予和晋升衔级、嘉奖有关单位和人员。

（4）公报。适用于公布重要决定或者重大事项。

（5）公告。适用于向国内外宣布重要事项或者法定事项。

（6）通告。适用于在一定范围内公布应当遵守或者周知的事项。

（7）意见。适用于对重要问题提出见解和处理办法。

（8）通知。适用于发布、传达要求下级机关执行和有关单位周知或者执行的事项，批转、转发公文。

（9）通报。适用于表彰先进、批评错误、传达重要精神和告知重要情况。

（10）报告。适用于向上级机关汇报工作、反映情况，回复上级机关的询问。

（11）请示。适用于向上级机关请求指示、批准。

（12）批复。适用于答复下级机关请示事项。

（13）议案。适用于各级人民政府按照法律程序向同级人民代表大会或者人民代表大会常务委员会提请审议事项。

（14）函。适用于不相隶属机关之间商洽工作、询问和答复问题、请求批准和答复审批事项。

（15）纪要。适用于记载会议主要情况和议定事项。

2000 版“办法”中规定公文种类为十三种，本次《条例》规定为十五种，增加了决议（适用于会议讨论通过的重大决策事项）、公报（适用于公布重要决定或者重大事项）两个种类。在实际工作中行政机关还是这十三种类，决议与公报在政府及行政机关层面用处不多。这十五个文种需要公文处理工作者熟练掌握，包括概念、特点、制作、审核等各个方面，要正确使用文种，发出的每个文件都要反映公文性质、行文方向、行文目的。

2.1.2　党政机关公文的特点

党政机关公文是指党政机关实施领导、履行职能、处理公务的具有特定效力和规范体式的文书，是传达贯彻党和国家的方针政策，公布法规和规章，指导、布置和商洽工作，请示和答复问题，报告、通报和交流情况的重要工具。公文就是官方文书。它的主要特征有六个方面：

（1）作者的法定性。公文是党政机关办理公务的文书，它不是任何单位或组织都能任意使用的。必须是具有法定资格，才能写作和发布公文。而且，在目前党政公文通行的文体中，法定作者资格还不是固定不变的，文体不同，对法定资格的限制也不同。

（2）读者的特定性。公文读者具有特定性。有的公文的读者是特指的受文机关，有的公文的读者是社会的全体成员。

（3）作用的权威性。公文作用的权威性主要体现在制定者和内容上，党政机关公文是各级党政机关根据法律赋予的权限和职责制作和发布的，表达的内容是党政机关对特定问题的权威意见、看法和要求。党政机关通过制发公文来发挥领导和指导作用，把各级党政机关紧密联结在一起，统一思想、统一认识、使政令畅通、运转灵活、上下合拍、工作步伐整齐一致，以体现党和国家政权组织的权威。

（4）效用的现实性。公文的效用是指公文对特定对象所产生的实际影响，也就是效力、功用。公文的效用是具体的、有区别的，每类文件的效用等级不同、效用范围不同，产生效用的条件也有所区别。即便是同一文件，在其存在的不同阶段，效用的性质也是各不相同的。公文效用的现实性是指公文在现行工作中使用，效用具有一定的时间性。

（5）体式的规范性。公文具有法定的规范性体式，在某种意义上具有很强的模式化特征。拟稿人往往按照某种文体的特定模式去谋篇布局，从某种层面来说公文撰写有时就是要循规蹈矩，它需要在规定的框架里安排结构，阐述观点，提出论据，说明情况，制定措施。

（6）制发的程序性。通用公文的制发又称发文办理。主要有草拟、审核、签发、复核、缮印、用印、登记、分发等程序。

2.1.3　党政机关公文的作用

（1）指挥管理作用。下级机关在工作中遇到问题，自己无法解决或无权解决时，需向上级机关请求指示或请求批准，还必须定期或不定期地向上级机关汇报工作、反映情况、提出意见或建议。上级机关的意图则通过下行文下达。

大到国家机器的运转，小到一个企事业单位内部工作有秩序地开展，都与公文的指挥管理作用密切相关，离开了公文的指挥管理，各方面的工作很可能陷入混乱状态。何况，公文的起草、定稿过程，本身就是管理思想的体现和管理工作的实施过程。

（2）交流协调作用。公文中的公告、通告、公报、通知、通报、报告、请示和函，以及常用文书中的总结、调查报告、简报等，都有交流信息的基本功能。交流信息，一方面是上情下达或下情上传，另一方面是友邻单位互通情报。而且，有很多工作仅靠一个单位很难顺利完成，往往需要地区与地区、单位与单位、团体与团体之间，互相协商、互相帮助，这些都可以通过公文运行而起到沟通协调作用。

（3）宣传教育作用。传达贯彻党和国家的方针政策是公文所负的重要任务。在一般情况下，公文在传达某一方针政策，规定人们应该怎么做的同时，还要说明为什么要这样做。这无疑就产生了宣传和教育作用。此外，针对现实生活中普遍存在的某些问题或认识偏差，摆事实，讲道理，进行启发诱导，倡导应该确立什么立场，应该坚持什么原则，应该做什么、怎样做，也同样在产生宣传和教育作用。

（4）联系知照作用。机关之间联系、协调工作，及时处理具体问题，获得具有重要意义的信息资料。因此，公文在保证各机关正常而有秩序地开展工作上，起着极大的作用。

（5）依据凭证作用。公文作为反映制发机关的意图文字凭证，具有行政效力。下行文，是下级机关开展工作的依据；上行文，是上级决策的依据；一个机关制作的公文，是自己履行职能、开展工作的真实记录和凭证。在日常工作中常会遇到这样的情况：当对一个具体的事务该如何处理没有把握时，就查找相关的公文，看上级或有关职能部门在这方面有哪些规定，然后依之行事。要了解某次会议的有关情况，可查找那次的会议纪要。这些都是公文依据和凭证作用的具体表现。

【规范例文】

【例文 2-1】

国务院关于同意××省设立××市给××省人民政府的批复

国发〔××××〕3 号

××省人民政府：

你省×政发〔××××〕×号《关于撤销×县设立××市的请示》收悉，国务院同意撤销×县，设立××市（县级）由省直辖，以原×县的行政区域为××市的行政区域，不增加人员编制。

此复

国务院（公章）

××××年×月×日

【例文 2-2】

关于表彰顾文峰等同学先进事迹的通报

学办发〔2019〕12号

院属各单位：

2019年6月26日上午我院××班同学于江边野炊，在其准备离开时，该班同学听到有人呼救，而此时同学已走上江堤，但在此危急关头，他们立刻丢下手中的东西跑向发出喊声的地方，他们发现，两个小孩正在江中挣扎即将被江水吞没了，顾文锋、吴书生等几位男同学二话不说，纵身跳进江里，经过与急流近10分钟的搏斗，终将两个小孩打救上岸。此时几位下水的同学已经冻得发抖，但他们全然不顾，又和其他同学一起将落水的小孩送往医院救治，最终两个孩子脱险。其精神可嘉，经学院研究决定给以顾文峰等同学通报表扬。

希望全院师生要以顾文峰、吴书生等同学为榜样，大力开展助人为乐活动，拒绝冷漠，以大爱的胸怀关心身边人、身边事，做新时代大学生，为全市精神文明建设和创先争优活动做出新的贡献，并以此为契机共建和谐校园、和谐社会。

××学院（印章）

2019年10月28日

【课堂训练】

（1）党政机关公文的含义是什么？

（2）党政机关公文有多少种？

【实训平台】

★问题诊断

小张是市教育局办公室的文书，平时办事很得领导的信任，只是在公文写作上不太重视，认为只要把意思说明白了，不必太考虑公文的程式性。有一次，教育局为了深化教育改革，决定将教育局下属的校办企业管理科更名为校办工业公司，局领导让小张向上级机关拟写一份请示。小王是这样写的：

关于××教育局下属的校办企业管理科更名的请示报告

××区委、区政府、区经委：

经局务会议讨论通过，决定将局下属的校办企业管理科更名为××区校办工业公司，原该科科长陈××任总经理。

以上请示如无不妥，请即批复。

××区教育局

2019年6月18日

你认为小张拟写的公文有哪些不妥？

★思维训练

（1）从上文中看，这是个人应用文还是党政机关公文？

（2）制发单位与收文单位之间是什么关系？

★情景模拟

某钢铁公司董事会收到公司工会和安保部门拟举办竞赛活动的请示，批复如下。

关于同意举办“2019 年度安康杯”竞赛的批复

工人联合会、安全环保部：

你部《关于举办“2019 年度安康杯”竞赛的请示》收悉，现批复如下：

一、为了满足公司安全生产建设的需要，同意举办“2019 年度安康杯”竞赛活动。

二、竞赛要求

（一）竞赛内容

召开经验交流会，由各分厂等介绍一些好的经验与做法，其次可根据职工要求制定竞赛项目，并通过工会系统积极发挥监督作用，切实办好此次竞赛。

（二）竞赛时间

竞赛为期两天，根据最近公司安排，自行确定竞赛时间。

（三）经费安排

经费不得超过 5000 元，由公司统一支付。

××钢铁公司董事会

2019 年 5 月 3 日

你认为董事会的批复在内容和格式上都有什么特点？

【写作训练】

请以学校的名义拟写一份关于中秋节假日安排的通知。

任务 2.2 党政机关公文的格式

【目标要求】

知识目标

（1）熟悉公文格式的基本要素；

（2）掌握发文字号、标题的构成；

（3）了解有关规定的文件。

能力目标

（1）能规范书写发文字号、标题；

（2）能辨别公文格式方面的正误。

素质要求

能区分党委、政府下发的公文。

【案例分析】

关于印发《党政机关公文处理工作条例》的通知

中办发〔2012〕14号

各省、自治区、直辖市党委和人民政府，中央和国家机关各部委，解放军各总部、各大单位，各人民团体：

《党政机关公文处理工作条例》已经党中央、国务院同意，现印发给你们，请遵照执行。

附件：党政机关公文处理工作条例

中共中央办公厅
国务院办公厅
2012年4月16日

（此件发至县团级）

【评析】

这是中共中央办公厅、国务院办公厅共同下发的关于印发《党政机关公文处理工作条例》的通知，中共中央办公厅是主办单位。从内容到格式上来说，还不算是标准的公文，略有不足之处，比如发文字号没有用3号仿宋字，整个文件没有版记部分。

【知识提要】

从2012年7月1日起，执行《党政机关公文处理工作条例》（中办发〔2012〕14号），现行的1996年5月3日中共中央办公厅发布的《中国共产党机关公文处理条例》和2000年8月24日国务院发布《国家行政机关公文处理办法》停止执行。新《条例》中对党政机关公文的格式做出了具体细致的规定。

2.2.1 党政机关公文的基本格式

公文格式，即公文的外观形式，是指公文的各个组成部分在公文中所占的位置及其相互关系，是公文规范化的重要标志。按照《党政机关公文格式》（GB/T 9704—2012）的规定，党政机关公文一般由份号、密级和保密期限、紧急程度、发文机关标志、发文字号、签发人、标题、主送机关、正文、附件说明、发文机关署名、成文日期、印章、附注、附件、抄送机关、印发机关和印发日期、页码等部分组成。

公文分版头、主体、版记三部分。

2.2.1.1 版头

公文首页红色分隔线以上的部分称为版头。版头部分包括以下7个部分：

（1）份号。它是将同一文稿印制若干份时每份公文的顺序编号。涉密公文应当标注份号。如需标注份号，一般用6位三号黑体阿拉伯数字顶格编排在版心左上角第一行。

（2）密级和保密期限。即公文的秘密等级和保密期限。涉密公文应当根据涉密程度分别标注“绝密”“机密”“秘密”以及保密期限。如需标注密级和保密期限，一般用三号黑体字，顶格编排在版心左上角第二行；如需同时标识保密期限，密级和保密期限之间要用“★”隔开，保密期限中的数字用阿拉伯数字标注。

(3) 紧急程度。即公文送达和办理的时限要求。根据紧急程度，紧急公文应当分别标注“特急”“加急”，电报应当分别标注“特提”“特急”“加急”“平急”。如需标注紧急程度，一般用三号黑体字顶格编排在版心左上角；如需同时标注份号、密级和保密期限、紧急程度，应按照份号、密级和保密期限、紧急程度的顺序自上而下分行排列。

(4) 发文机关标志。发文机关标志由发文机关全称或者规范化简称加“文件”二字组成，也可以使用发文机关全称或者规范化简称。联合行文时，发文机关标志可以并用联合发文机关名称，也可以单独使用主办机关名称。发文机关标志居中排布，标志上边缘至版心上边缘的距离为35mm，推荐使用小标宋体字，颜色为红色，以醒目、美观、庄重为原则。

(5) 发文字号。发文字号由发文机关代字、年份、发文顺序号组成。发文字号应置于发文机关标识下空两行，居中排布。年份、发文顺序号用阿拉伯数字标识；年份应标全称，用六角括号“〔〕”括入；发文顺序号不加“第”字，不编虚位（即1不编为01），在阿拉伯数字后加“号”字。联合行文时使用主办机关的发文字号。上行文的发文字号居左空一字编排，与最后一个签发人姓名处在同一行。

(6) 签发人。签发人是在上报的公文中批准签发的领导人姓名，只用于上行文。签发人平行排列于发文字号右侧。发文字号居左空一字，签发人姓名居右空一字；签发人用三号仿宋体字，签发人后标全角冒号，冒号后用三号楷体字标识签发人姓名。如有多个签发人，签发人姓名按照发文机关的排列顺序从左到右、自上而下依次均匀编排，一般每行排两个姓名，回行时与上一行第一个签发人姓名对齐。下移红色反线，使发文字号与最后一个签发人姓名处在同一行并使红色反线与之的距离为4mm。

(7) 版头中的分隔线。即在发文字号之下4mm处印一条与版心等宽的红色分隔线。

2.2.1.2 主体

公文首页红色分隔线（不含）以下，公文末页首条分隔线（不含）以上的部分称为主体。主体部分包括以下几个部分：

(1) 标题。即对公文主要内容准确、简要的概括。由发文机关名称、事由和文种组成。位于红色分隔线下空两行，用二号小标宋体字，可分一行或多行居中排布；回行时，要做到词意完整，排列对称，长短适宜，间距恰当，标题排列应当使用梯形或菱形。除法规名称加书名号外，一般不用标点符号。

(2) 主送机关。它是指要求公文予以办理或答复的主要受理机关，应当使用机关全称、规范化简称或者同类型机关统称。编排在标题下空一行的位置，居左顶格三号仿宋体字标识，回行时仍顶格。最后一个主送机关名称后标全角冒号。如主送机关名称过多导致公文首页不能显示正文时，应将主送机关名称移至版记，标识方法同抄送。若有多个主送机关，要按性质、级别或惯例依次排列，同类型、相并列的单位之间用顿号间隔，不同类型、非并列关系的单位之间用逗号间隔，最后一个主送机关后标全角冒号。

(3) 正文。公文正文用来表述公文的具体内容。公文首页必须显示正文。一般用三号仿宋体字，编排在主送机关的下一行，每自然段左空两字，回行顶格，数字、年份不回行。一般每面排22行，每行排28个字。文中结构层次序数依次可以用“一、”“（一）”

"1."" (1) "标注；一般第一层用黑体字，第二层用楷体字，第三层和第四层用仿宋体字标注。

(4) 附件说明。即公文附件的顺序号和名称。公文如有附件，在正文下空一行左空两字用三号仿宋体字标识"附件"，后标全角冒号和附件名称。如有多个附件，使用阿拉伯数字标注附件顺序号（如"附件：1. ×××××"），附件名称后不加标点符号。附件名称较长需回行时，应当与上一行附件名称的首字对齐。

(5) 发文机关署名。即署发文机关全称或者规范化简称。

(6) 成文日期。即署会议通过或者发文机关负责人签发的日期。联合行文时，署最后签发机关负责人签发的日期。成文日期标识在正文之下，空两行右空 4 字。用阿拉伯数字将年、月、日标全。年份应标全称，月、日不编虚位（即 1 不编为 01）。

(7) 印章。公文中有发文机关署名的，应当加盖发文机关印章，并与署名机关相符。有特定发文机关标志的普发性公文和电报可以不加盖印章。联合上报的公文，由主办机关加盖印章；联合下发的公文，发文机关都应加盖印章。单一机关行文时，一般在成文日期之上、以成文日期为准居中编排发文机关署名，印章应端正、居中下压发文机关署名和成文日期，使发文机关署名和成文日期居印章中心偏下位置，印章顶端应当上距正文（或附件说明）一行之内。联合行文时，一般将各机关署名按照发文机关顺序整齐地排列在相应位置，并将印章一一对应，端正、居中下压发文机关署名，最后一个印章端正、居中下压发文机关署名和成文日期，印章之间排列整齐、互不相交或相切，每排印章顶端不得超出版心，首排印章顶端应当上距正文（或附件说明）一行之内。当公文排版后所剩空白处不能容下印章位置时，应采取调整行距、字距的措施加以解决，务使印章与正文同处一面，不得采取标识"此页无正文"的方法解决。

(8) 附注。即公文印发传达范围等需要说明的事项。如有附注，居左空二字加圆括号编排在成文日期下一行。

(9) 附件。即公文正文的说明、补充或者参考资料。附件应与公文正文一起装订，并在附件左上角第一行顶格标识"附件"，有序号时标识序号，用三号黑体字；附件的序号和名称前后标识应一致。如附件与公文正文不能一起装订，应在附件左上角第一行顶格标识公文的发文字号并在其后标识附件（或带序号）。

2.2.1.3 版记

公文末页首条分隔线以下、末条分隔线以上的部分称为版记。版记部分包括以下几个要素：

(1) 抄送机关。指除主送机关外需要执行或知晓公文的其他机关。公文如有抄送，应左空一字用四号仿宋体字标识"抄送"，后标全角冒号；抄送机关间用逗号隔开，回行时与冒号后的抄送机关对齐；在最后一个抄送机关后标句号。如需把主送机关移至版记，除将"抄送"二字改为"主送"外，编排方法同抄送机关。当既有主送机关又有抄送机关时，应当将主送机关置于抄送机关上一行，之间不加分隔线。

(2) 印发机关和印发日期。印发机关是印制公文的主管部门，印发时间是公文的付印时间。印发机关和印发日期位于抄送机关之下占一行位置，用四号仿宋体字。印发机关左空一字，印发时间右空一字。印发时间以公文付印的日期为准，用阿拉伯数字标识。

(3) 分隔线。版记中的分隔线与版心等宽，黑色，分粗细两种。黑色粗分隔线居于版记的上下两端；黑色细分割线用来分隔版记中的多个要素。

（4）页码。即公文页数顺序号。一般用四号半角宋体阿拉伯数字标识，置于版心下边缘之下一行，数字的左右各放一条一字线，单页码居右空一字，双页码居左空一字。公文的版记页前有空白页的，空白页和版记页均不编排页码。公文的附件与正文一起装订时，页码应连续编排。

2.2.2　公文的特定格式

2.2.2.1　信函格式

信函的特定格式：

（1）发文机关标志使用发文机关全称或者规范化简称，居中排布，上边缘至上页距离为 30mm，推荐使用红色小标宋体字。联合行文时，使用主办机关标志。发文机关标志下 4mm 处印一条红色双线（上粗下细），距下页边缘 20mm 处印一条红色双线（上细下粗），线长均为 170mm，居中排布。

（2）如需标注份号、密级和保密期限、紧急程度，应当顶格居版心左边缘编排在第一条红色双线下，按照份号、密级和保密期限、紧急程度的顺序自上而下分行排列，第一个要素与该线的距离为三号汉字高度的 7/8。

（3）发文字号顶格居版心右边缘排在第一条红色双线下，与该线的距离为三号汉字高度的 7/8。

（4）标题居中编排，与其上最后一个要素相距两行。

（5）第二条红色双线的上一行如有文字，与该线的距离为三号汉字高度的 7/8。

（6）首页不显示页码。

（7）版记不加印发机关和印发日期、分隔线，位于公文最后一面版心的最下方。

2.2.2.2　命令格式

命令的特定格式：

（1）发文机关标志由发文机关全称加“命令”或“令”字组成，居中排布，上边缘至版心上边缘距离为 20mm，推荐使用红色小标宋体字。发文机关标志下空两行居中编排令号，令号下空两行编排正文。

（2）单一机关制发的公文加盖签发人签名章时，在正文（或附件说明）下空两行右空 4 字加盖签发人签名章，签名章左空两字标注签发人职务，以签名章为准上下居中排布。在签发人签名章下空一行右空 4 字编排成文日期。

（3）联合行文时，应当先编排主办机关的签发人职务、签名章，其余机关的签发人职务、签名章依次向下编排，与主办机关的签发人职务、签名章上下对齐。每行只编排一个机关的签发人职务、签名章，签发人职务应当标注全称。签名章一般用红色。

2.2.2.3　纪要格式

纪要的特定格式：

（1）纪要标志由“×××××纪要”组成，居中排布，上边缘至版心上边缘的距离为 35mm，推荐使用红色小标宋体字。

（2）标注出席人员名单一般用三号黑体字，在正文或附件说明下空一行左空两字编排“出席”二字，后标全角冒号，冒号后用三号仿宋体字标注出席人单位、姓名，回行时与冒号后的首字对齐。

（3）标注请假和列席人员名单时，除依次另起一行并将“出席”二字改为“请假”

或“列席”外，编排方法同出席人员名单。

（4）纪要格式可以根据实际制定。

2.2.3 新旧公文区别

（1）在公文管理方面，增加发文立户的规定。

（2）在“文种”方面，在原《国家行政机关公文处理办法》13 个文种的基础上，增加了党委的“决议”和“公报”两个文种，共 15 个文种。

（3）在“格式”方面，取消了主题词；成文日期改用阿拉伯数字；行政公文也要署发文机关名称。

（4）在公文拟制方面，要求“重要公文”由主要负责人签发。

（5）在行文规则方面，增加“不得以本机关负责人名义向上级机关报送公文”。

【规范例文】

【例文 2-3】

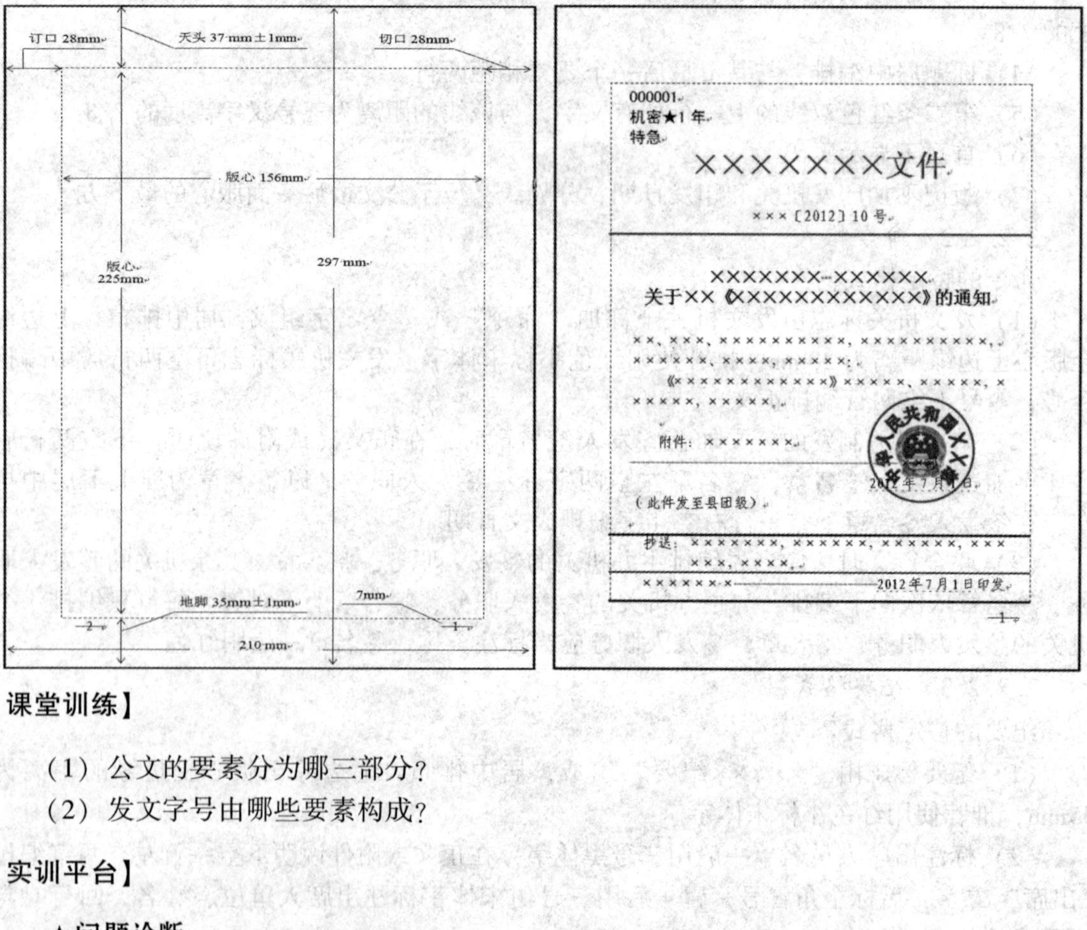

【课堂训练】

（1）公文的要素分为哪三部分？

（2）发文字号由哪些要素构成？

【实训平台】

★问题诊断

指出下面的公文在格式和构成要素方面存在的问题（要求按规范的格式重写一遍）。

关于请求允许本公司购买卡车的报告

总公司党委会：

目前，我公司只有卡车 15 辆，我们出口任务十分繁重，不能完成上级交给我们的任务。几年来，在党的对外开放政策的正确指引下，经过全公司的齐心协力，我们的出口任务完成得很好，基本落实了计划。但发展外贸，扩大出口，没有卡车就不能保证出口任务的完成。为此，请求增加 5 辆卡车，这样还可以安排几名本公司的待业青年工作，顺便请求下达 5 名就业指标。

此致敬礼！

×××省进出口公司

二〇一九年九月八日

★思维训练

浏览机关报纸，看有没有近期刊发的政府公文，试着按标准的公文格式仿写。

★情景模拟

某大学党委部门要下发的一份通知文件，下发的部门有学校各系党总支、校教务处、德育教研室党支部及马列主义教研室党支部。下发的内容是：校党委于 2019 年 3 月 15 日研究同意德育教研室党支部《关于在我校开设德育课的报告》，并就有关问题通知如下：德育课从 2019 年 9 月 1 日起在我校各年级开设。教师由校德育教研室和各系党总支委员中有教学能力的同志担任；教材由校德育教研室负责编写或购买；该课正式列入教学计划，与其他课程同样对待，考试成绩一并载入学生记分册；各单位要在 2019 年 3 月底前进行一次通盘研究，并要求于 4 月 5 日前完成计划并上报学校党委审批。

【写作训练】

请同学们根据以上情景拟写一份公文。

【知识链接】

党政机关公文格式的其他规定

1. 公文用纸幅面尺寸及版面要求

（1）幅面尺寸。公文用纸采用 GB/T 148 中规定的 A4 型纸，其成品幅面尺寸为：210mm×297mm。

（2）版面。

1）页边与版心尺寸。公文用纸天头（上白边）为 37mm±1mm，公文用纸订口（左白边）为 28mm±1mm，版心尺寸为 156mm×225mm。

2）字体和字号。如无特殊说明，公文格式各要素一般用三号仿宋体字。特定情况可以做适当调整。

3）行数和字数。一般每面排 22 行，每行排 28 个字，并撑满版心。特定情况可以做适当调整。

4）文字的颜色。如无特殊说明，公文中文字的颜色均为黑色。

2. 印制装订要求

（1）制版要求。版面干净无底灰，字迹清楚无断划，尺寸标准，版心不斜，误差不超过±1mm。

（2）印刷要求。双面印刷，页码套正，两面误差不超过±2mm。黑色油墨应当达到色谱所标 BL100%，红色油墨应当达到色谱所标 Y80%、M80%。印品着墨实、均匀，字面不花、不白、无断划。

（3）装订要求。公文应当左侧装订，不掉页，两页页码之间误差不超过±4mm，裁切后的成品尺寸允许误差为±2mm，四角成 90°，无毛茬或缺损。

骑马订或平订的公文还需注意以下问题：

1）订位位于两钉外订眼距版面上下边缘各 70mm 处，允许误差为±4mm；

2）无坏钉、漏钉、重钉，钉脚平伏牢固；

3）骑马订钉锯均订在折缝线上，平订钉锯与书脊间的距离为 3~5mm。

此外，包本装订公文的封皮（封面、书脊、封底）与书芯应吻合、包紧、包平、不脱落。

资料来源：党政机关公文格式

任务 2.3　通告

【目标要求】

知识目标

（1）认识通告的含义、用途；

（2）明确通告的特点和类型；

（3）清楚通告与公告的区别。

能力目标

掌握各类通告的写法。

素质要求

能够写出规范的办理性通告和告晓性通告。

【案例分析】

关于在全国范围内实施市场化配置方式出让海砂开采海域使用权的通告

为进一步公平、公开、公正配置海域资源，规范海砂开采用海秩序，发挥国家资源的最大效益，我局决定，自 2013 年 1 月 1 日起，在全国范围内实施以拍卖挂牌等市场化配置方式出让海砂开采海域使用权。通告发布即日起，我局不再受理海砂开采海域使用申请。

特此通告。

国家海洋局

2012 年 12 月 17 日

【评析】

这是一篇企业告晓性通告。文章以主旨句直陈行文目的，并对有关行文背景作了交代，然后，以文种承启语导出三项通告事项。文章以通告惯用语“特此通告”作结。全文文字精简，庄重明白，事项排列合乎逻辑，是短小精悍的优秀通告。

【知识提要】

2.3.1 通告的含义和特点

（1）通告的含义。通告适用于公布社会各有关方面应当遵守或者周知的事项。通告内容广泛、使用普遍。通告是泛行文。国家机关、社会团体和企事业单位在所辖范围内均可用。

（2）通告的特点。

1）法规性。通告常用来颁布地方性的法规，这些法规一经颁布，特定范围内的部门、单位和民众都必须遵守、执行。例如，《××省无线电管理委员会办公室关于清理整顿无线电通信秩序的通告》，对有关事宜作了八条规定；《××市人民政府关于坚决清理非法占道经营的通告》，为改善交通秩序和市容环境，作了五条规定。

2）周知性。通告的内容，要求在一定范围内的人们或特定的人群普遍知晓，以使他们了解有关政策法令，遵守某些规定事项，共同维护社会公务管理秩序。

3）实务性。所有的公文都是实用文，从根本性质上说都应该是务实的。但它们之间还是有一些区别，有的公文只是告知某事，或者宣传某些思想、政策，并不指向具体事务。通告则是一种直接指向某项事务的文种，务实性比较突出。

4）行业性。不少通告都具有鲜明的行业性特点，如税务局关于征税的通告，机动车管理部门关于机动车辆年度检验的通告，银行关于发行新版人民币的通告，房产管理局关于对商品房销售面积进行检查的通告等，都是针对其所负责的那一部分的业务或技术事务发出的通告。因此，通告行文中要时常引用本行业的法规、规章，也免不了使用本行业的术语、行话。

（3）通告的分类。通告有法规性通告和知照性通告两大类型。这两种通告是以法规性的强弱不同为标准来区分的，二者之间没有绝对的界限。法规性的通告不可能没有知照性，知照性的通告完全没有法规内容的也不多见。但二者在性质上毕竟有所区分，如《关于坚决清理非法占道经营的通告》，强制性措施较多，属于法规性通告；关于因施工停水、停电的通告，主要起通知事项的作用，没有强制性措施，属于知照性通告。

2.3.2 通告的写法

2.3.2.1 通告的标题和发文字号

（1）通告的标题。通告的标题主要有两种写法。

一是全题写法，也就是公文标题的常规写法，由发文机关、主要内容、文种三者共同构成。如《河南省地方税务局关于认真落实〈事业单位、社会团体、民办非企业单位企业所得税征收管理办法〉的通告》《广西工商行政管理局 广西国有资产管理局关于办理19××年度企业法人年检及国有资产产权登记的通告》等。

二是省略主要内容的写法，由发文机关、文种组成。如《中华人民共和国公安部通告》《××市房地产管理局通告》等。

通告也可以由主要内容和文种构成标题，有的通告标题则只有文种“通告”两字。

通告标题还有一种特殊的写法，将标题分为两个部分，第一部分是发文机关加文种，即“×××通告”；第二部分是通告的主要内容。例如《中国人民银行通告明日起发行1990年版壹圆券人民币》。

（2）通告的发文字号。通告的发文字号不像一般公文那样只用常规方式，在实践中有多种情况并存。

如果是政府发布通告，要有正规的发文字号，如《××市人民政府关于坚决清理非法占道经营的通告》，发文字号就是“市政告字〔2019〕6号”。

如果是某一行业管理部门发布通告，则可采用“第×号”的方式，标示位置在标题之下正中。

一些基层企事业单位发布的通告，也可以没有字号。

2.3.2.2 通告的正文

正文采用公文通用结构模式撰写，共分三大部分。

（1）通告缘由。作为开头部分，通告缘由主要用来表达发布通告的背景、根据、目的、意义。如：近期以来，我市清理非法占道经营，经过几次集中整治，取得了一定效果，但在一些主干道上仍有反复，禁而不止，影响交通和市容环境，群众反映强烈。为推进“讲文明、树新风”活动和精神文明建设八大工程的深入开展，市政府决定，集中一段时间，加大工作力度，实行综合整治，坚决彻底清理非法占道经营，让路于车，还道于民，改善交通秩序和市容环境。现通告如下：这个开头部分主要写了发布通告的前景、根据和目的。

（2）通告事项。这是主体部分，文字最多，内容最复杂。较多采用分条列项的写法，以做到条理分明、层次清晰。如果内容比较单一，也可采用贯通式写法。

（3）通告结语。这是结尾部分，写法比较简单，多采用“本通告自发布之日起实施”或“特此通告”的模式化结语。

【规范例文】

【例文2-4】

××市人民政府关于限制高排放柴油货车通行的通告

××发〔2019〕11号

各区市县人民政府，各先导区管委会，市政府各委办局、各直属机构：

为了有效改善我市城区大气环境质量，保障人民身体健康，根据《中华人民共和国大气污染防治法》《中华人民共和国道路交通安全法》《××省机动车污染防治条例》及《××省污染防治攻坚战三年专项行动方案（2018—2020年）》等有关规定和要求，市政府决定对高排放柴油货车采取限制通行措施。现将有关事项通告如下：

一、本通告所称高排放柴油货车，是指本市籍号牌和外省、市籍号牌的国Ⅲ排放标准的中、重型柴油货车以及经监督抽测不达标且逾期未复检或检测不合格的柴油货车。

其中，中型柴油货车是指车长大于等于6米或者总质量大于等于4.5吨且小于12吨的柴油载货汽车，但不包括低速货车；重型柴油货车是指总质量大于等于12吨的柴油载货汽车。

二、限制通行区域包括：东方路以南；松江路（金三角广场至华北路）以南；华北路（松江路至周水前）以东；迎客路（迎客广场至虹港路）以南；虹港路（迎客路至圣林街）以南；圣林街—圣林路—石门山隧道—西部通道北段高架桥（虹港路至红凌路）以东；红凌路（西部通道北段高架桥至凌水路）以东、凌水路（红凌路至黄浦路）以北、黄浦路（凌水路至黑石礁街）以北、黑石礁街以东合围区域（含迎客路、圣林街—圣林路—石门山隧道—西部通道北段高架桥，不含上述其他道路和路段）。

三、自2019年3月1日至2020年2月29日，每天6：30至19：00，限行区域内禁止高排放柴油货车通行。

自2020年3月1日起，限行区域内全天禁止高排放柴油货车通行。

四、具备安装污染控制装置条件且经技术改造后排放达标的中、重型柴油货车，经生态环境主管部门确认后不予限行。

五、根据《中华人民共和国道路交通安全法》有关规定，执行紧急任务的警车、消防车、救护车和工程救险车、军车不予限行。

六、违反本通告规定，由公安交通管理部门依据相关法律、法规予以查处。

××市人民政府

2019年2月24日

【课堂训练】

（1）通告适合在什么情况下使用？

（2）通告都有哪些种类？

【实训平台】

★问题诊断

下面一段文字是某市政府印发的一份通告的一部分，根据所学知识，试分析文中有哪些不规范的地方，请指出来并加以修改或提出修改建议。

2015年3月2日至3月20日项目申请集中接收期间，国家自然科学基金委员会（以下简称自然科学基金委）共接收项目申请16万5千余项，经初步审查受理16万2千多项。

★思维训练

请根据下面材料，以××市人民政府的名义拟一份通告。

××市人民政府经邮电部批准，定于××××年6月8日北京时间零时起全市电话号码启用八位制，即由现在的7位数升为8位数。升位办法：原“8”字头的电话号码首位后加“1”；原“2”至“7”字头的电话号码在首位前加“8”。电话号码升位后，所有7位电话号码无效。

★情景模拟

宏鑫源小区物业服务中心为引导广大业主文明规范停车，创造良好停车秩序，给小区业主提供停车便利，提醒广大车友朋友们规范、安全停车应注意一些文明停车事项，请你为他们拟写一份《文明停车通告》。

【写作训练】

随着汽车的增多，城市交通日渐拥堵，请以交管部门的名义拟写一份《汽车限行通告》。

【知识链接】

通告适用于公布社会有关方面应当遵守或者周知的事项。党的机关公文中没有通告这一文体。通告和公告二者有一些相似之处，也有一些不同之处。相似之处是都具有晓谕性和公布性，也就是说，内容都是知照性的，发布范围都是面向全社会。要想避免二者之间概念的混淆和文体的误用，关键是区分二者的不同。这些区别可大致概括为以下三个方面：

（1）内容的重要程度不同。公告是用来发布重要事项和法定事项的，涉及内容多是国家大事或省市级的行政大事，或者履行法律规定必须遵循的程序。小的局部性事项和非法定的事项，不能采用公告的形式公布。通告是用来发布在一定范围内需要遵守或周知的事项的，它所涉及的事项一般没有公告那么重大。

（2）对发文机关的限制性有较大不同。公告是一种高级别的文体，只有涉及全局性的重大事项或法定事项时，才能由高级别的行政部门发布，这一点前面介绍公告的特点时已有阐述。而通告是一种高级机关和基层单位都可使用的文体，不仅行政机关可以制发，社会团体、企事业单位在自己的职权范围之内，也可以制发。

（3）发布范围有所不同。公告是向国内外发布重要事项和法定事项采用的文种，它的发布范围比较大，面向全国，有时面向全世界，遍示天下，一体周知，接受的人越多越好。通告虽然也是面向社会发布的，但多是限定在一个特定社区范围内，而且内容也多是指向一个特定的人群，要求这一社区的某一类特定人群遵守或周知。所以通告的定义中特意强调了“在一定范围内公布”。发布的方式不同。公告多数是在报刊上刊登，一般不用红头文件的方式下发，也不能印成布告的形式公开张贴。而通告可以在新闻媒体上刊登，也可以用红头文件的形式下发，还可以公开张贴。

任务 2.4　通知

【目标要求】

知识目标

（1）认识通知的含义和用途；

（2）明确通知的特点和类型；

（3）知晓各类通知的适用范围。

能力目标

掌握各类通知的写法。

素质要求

能够写出规范的工作通知和会议通知。

【案例分析】

国务院关于印发中国（上海）自由贸易试验区总体方案的通知

国发〔2013〕38号

各省、自治区、直辖市人民政府，国务院各部委、各直属机构：

国务院批准《中国（上海）自由贸易试验区总体方案》（以下简称《方案》），现予印发。

一、建立中国（上海）自由贸易试验区，是党中央、国务院作出的重大决策，是深入贯彻党的十八大精神，在新形势下推进改革开放的重大举措，对加快政府职能转变、积极探索管理模式创新、促进贸易和投资便利化，为全面深化改革和扩大开放探索新途径、积累新经验，具有重要意义。

二、上海市人民政府要精心组织好《方案》的实施工作。要探索建立投资准入前国民待遇和负面清单管理模式，深化行政审批制度改革，加快转变政府职能，全面提升事中、事后监管水平。要扩大服务业开放、推进金融领域开放创新，建设具有国际水准的投资贸易便利、监管高效便捷、法制环境规范的自由贸易试验区，使之成为推进改革和提高开放型经济水平的“试验田”，形成可复制、可推广的经验，发挥示范带动、服务全国的积极作用，促进各地区共同发展。有关部门要大力支持，做好协调配合、指导评估等工作。

三、根据《全国人民代表大会常务委员会关于授权国务院在中国（上海）自由贸易试验区暂时调整有关法律规定的行政审批的决定》，相应暂时调整有关行政法规和国务院文件的部分规定。具体由国务院另行印发。

《方案》实施中的重大问题，上海市人民政府要及时向国务院请示报告。

国务院

2013年9月18日

【评析】

这是一则工作通知。上级机关需要下级机关知道或办理某些事情时制发这种通知。通知事项要将要求办理的事情写清楚，并具体说明如何办理，达到什么目的。本通知正文将成立中国（上海）自由贸易试验区总体方案要求分条列项，以便下属单位遵照执行。

【知识提要】

2.4.1 通知的概念及特点

（1）通知是“适用于发布、传达要求下级机关执行和有关单位周知或者执行的事项，批转、转发公文”的公务文书。

通知一般为下行文。但平行机关之间、不相隶属的机关之间，有时也可使用通知知照有关事项。

（2）通知的通特点：

1）广泛性。通知的应用十分广泛，各级机关、单位和团体均可使用通知，一般由特定的单位发给下级单位，行文没有发文单位的级别限制，各级机关皆可使用通知。在各类党政公文中，通知是最常用的文种。

2）告知性。通知即通而告之，因而通知都具有突出的告知性特点。告知特定的事项，并将所要告知的事项具体明确地交代清楚，可以说是所有通知最基本的要求。

3）指导性。作为下行文种，除具有告知性外，大部分通知还会在内容中，由上级单位在告知特定事项的基础上，有针对性地对下级单位提出方向性和指令性的指导意见，此为通知的“指导性”。

4）时效性。通知的使用都限定在一定时间内，传递要及时、快捷、高效，不能贻误时机，以免影响公务的执行和办理。

2.4.2　通知的种类

通知的种类有：指示性通知，发布性通知，批转、转发性通知，告知性通知，会议通知，任免通知。

（1）指示性通知。指示性通知是指向下级机关部署工作，阐明工作活动的指导原则，要求下级机关办理或共同执行时使用的通知。不宜用命令（令）发布的有关的行政法规和规章、办法、措施，可使用这种通知行为。指示性通知往往带有强制性、指挥性和决策性的特点。

（2）发布性通知。发布性通知主要用于发布行政规章，如发布规定、条例、办法、细则等，要求有关单位执行。这类通知具有行文简洁、语言庄重的特点。

（3）批转、转发性通知。批转、转发性通知用于发布某些行政法规，转发上级、同级或不相隶属的机关的公文以及批转下级机关的公文。这类通知包括批转性和转发性两种。批转性通知适用于上级机关对下级部门的文件加批语下发，需要在标题中加“批转”两字；转发性通知是“转发”非下属机关的有关文件的通知，需要在标题中注明“转发”字样。

（4）告知性通知。告知性通知主要用于告知某一事项或某些信息的通知。

1）会议通知。会议通知是告诉有关单位或个人参加会议的通知。

2）任免通知。任免通知是用于告知有关单位或个人任免或聘用国家机关工作人员职务的通知。

2.4.3　通知的结构和写法

通知主要包括标题、主送机关、正文、落款四部分。

2.4.3.1　标题

通知的标题由发文机关名称、事由和文种三部分组成。

发布性批转、转发性通知的标题的组成是：“发文机关名称+发布（批转、转发）+被发布文件的标题+通知”，事由是所发布、批转、转发公文的名称。

批转、转发性通知标题的制作要求如下：

(1) 准确使用“批转”或“转发”，分清通知的类别。此外，被批转或转发的文件是法规、规章性文件，如办法、规定、条例、细则、章程、公约、制度、规则等，需要在这些文件名称上加书名号；不属于这个范围的，不能加书名号。如《国家税务总局关于印发〈个体工商户个人所得税计税办法（试行）〉的通知》《国务院批转国家经贸委关于2011年国有企业改革与发展工作意见的通知》。

(2) 避免重复使用“关于”。如《××市政府关于批转市计委关于××问题的报告的通知》。

(3) 被批转或转发的文件是联合行文时，可只写主办机关名称，其他发文机关用“等”字略去。

(4) 文件层层转发，可略去中间的转发机关，只保留公文发源处的名称。如《××县人民政府转发××省人民政府关于切实做好商贸流通工作意见的通知》。

2.4.3.2 主送机关

主送机关即通知的受理机关，受文机关应当使用全称、规范化简称或者同类型机关统称。普发性通知往往省略主送机关。

2.4.3.3 正文

通知的正文一般由三部分构成。

(1) 开头。写明制发通知的原因、目的、依据或意义等。

(2) 主体。即通知事项，要求主要受文机关承办、执行和应予知晓的事项。通知事项多数分条列项写出，条目分明。

(3) 结尾。通知的结尾通常有三种写法：

1) 事项结束，全文就自然结尾，意尽言止，不单写结束语。

2) 用习惯用语“特此通知”“希周知”“请遵照执行”“请认真贯彻执行”“请研究贯彻”等收尾，也可省略。但前言和主体之间如用了“特作如下通知”做过渡语，则不宜在收尾处再用习惯用语。

3) 用简要的文字再次明确主题或做必要的说明，以引起受文单位对该通知的重视。

下面具体介绍几种通知正文的基本写法：

1) 指示性通知的正文。指示性通知的正文，开头一般先写发文的缘由、背景、依据；在主体部分，或写发布的行政法规、规章制度、办法、措施等，或写带有强制性、指挥性、决策性的原则（或指示性意见）与具体工作要求等。

指示性通知所涉及的事项，一般具有影响面较大、比较紧急和有一定政策性的特点。

2) 批转、转发性通知的正文。两者的共同点是“转”，但转发对象不一样，因此在用语方面有所不同。

批转是“先批再转”，批转的对象是下级单位的公文，开头通常先用“同意”或“批准”表明态度，然后转发下去，要求贯彻执行。基本格式是：（发文机关）“同意”或“批准”（下级机关文件名称），现转发给你们，请认真贯彻执行。

转发的对象是上级机关或不相隶属机关的公文，在写法上要先交待转发的依据，通常是“××（被转发的文件）已经上级机关同意（或批准）”，然后“现转发给你们，请遵照执行”。对上级机关的公文可直接转发。

3）会议通知的正文。一般包括：召开会议的缘由和根据，会议的主题或议程，与会人员的条件及名额，会议的时间（会期）、地点，应备的有关材料、费用等，报到时间、地点及有关联系事宜。

4）任免通知的正文。任免通知一般不介绍原因，只在任免决定依据之后，写明任命某人担任某职务或免去某人的某职务。

2.4.3.4 落款

在通知的正文右下方写明发文机关名称、成文日期，并加盖公章。

【规范例文】

【例文 2-5】

中共××县委办公室 ××县人民政府办公室
关于加强机关值班、加强机关安全保卫工作的通知

×办发〔2015〕45 号

各乡镇党委、政府，县直各部、委、局、办、中心：

时至年底，全县各种不稳定因素增加，治安形势比较严峻。加强值班工作，加强安全保卫工作显得尤为重要。然而，近一段时间以来，我县一些单位和乡镇在机关值班和安全保卫方面存在一些问题。有的单位平时不安排值班，有些单位和乡镇安全保卫工作制度不落实，管理松懈，导致发生入室盗窃等问题。针对这些情况，现就进一步加强值班、做好机关安全保卫工作提出如下要求：

一、提高思想认识，加强组织领导。机关值班和安全保卫工作是各级机关搞好自身管理的重要组成部分，是维护机关工作秩序、保持上下联系畅通的必要保证，也关系到整体工作的大局。各级各部门一定要站在讲政治、讲大局、讲稳定的高度，充分认识加强机关值班和安全保卫工作的重要性，真正摆上重要位置，认真研究和及时解决工作中存在的问题，坚决克服各种麻痹松懈倾向，坚定维护机关良好秩序和稳定局面。

二、采取有效措施，落实完善制度。做好机关值班和安全保卫工作，必须配备好值班和安全保卫人员，认真完善和落实各项规章制度，加强管理和检查，形成制度化、经常化的防范机制。结合当前实际，全县各级机关必须做到以下两点：一是认真落实机关值班制度。二是加强安全保卫工作。

三、强化监督检查，严肃追究责任。从现在起，无论是上班期间，还是公休日、节假日，县委、县政府将对值班和安全保卫工作采取电话检查、现场检查等方式进行定期、不定期地督查。对措施落实不到位、不按时值班的单位要进行通报批评。对因误岗、漏岗、工作失误导致出现失盗失火、财物损坏、人身伤害事件的，将按照规定严肃追究有关人员与主要领导的责任。

中共××县委办公室

××县人民政府办公室

2015 年 12 月 15 日

【课堂训练】

（1）公文中的通知有多少种？

（2）会议通知都要注意哪些事项？

【实训平台】

★问题诊断

下面是一篇存在问题的会议通知，试指出其存在的问题。

关于石化总公司召开开展增产节约劳动竞赛会议的通知

各分公司、分厂、各车间党支部、总公司各直属部门：

为贯彻上级精神，提高总公司的工作效率和经济效益，培养广大职工的主人翁精神，经总公司董事会研究决定，在全公司范围内广泛开展增产节约、劳动竞赛活动。

现将会议有关问题通知如下。

一、会议时间：10月4日至8日。

二、会议地点：总公司招待所。

三、与会人员：各分公司、分厂、总公司各直属部门主管生产的负责同志、工会主席等。

四、请各单位准备好本单位开展劳动竞赛活动的经验材料，限5000字，报到时交给会务组。并请与会人员于10月4日前来报到。

××××石化总公司

××××年六月八日

★思维训练

（1）通知必须要写明主送机关吗？

（2）通知一定要写上发文机关吗？

★情景模拟

百利公司领导班子经研究决定，对于新进公司的员工，先由员工自己缴纳社保，缴费收据上交到公司人事部门。一年转正定级后，公司给统一办理缴纳社保。为保证员工的合法权益，公司将以现金的形式给予补偿，每月每人补助人民币180元，体现在个人的工资里。此规定从2014年6月1日起执行。请以公司的名义拟写一份通知。

【写作训练】

国庆节快到了，请以学校办公室的名义，你写一份关于“国庆节”假期安排的通知。

【知识链接】

通知的类型

根据通知的适用范围，可将通知分为五种类型。

(1) 印转类通知。用于批转下级机关公文的通知，用于转发上级机关公文或不相隶属机关公文的通知，用于印发本机关的公文或本机关领导人讲话材料的通知。

一般为一个自然段。程式化的写法：现将××（单位）《××（公文标题）》转发给你们，请认真贯彻执行（或“按照执行”“研究执行”“参照执行”）。如果还有执行要求，可另起一段或分几段写明。

注意事项：被印发、批转、转发的公文名称在标题中一般不加书名号；被印发、批转、转发的公文不是附件，不在“附件说明”中列出。

(2) 指示性通知。用于发布指示、布置工作的通知。

指示性通知的正文一般包括通知缘由、通知事项、执行要求三项内容，采用一般公文常用的结构基本型，分开头、主体、结尾三部分来写。开头：写印发通知的背景、根据、目的、意义等。主体：写明所做出的指示、工作安排，以及方法、措施、步骤等，内容繁杂的，可分条款表述。结尾：写执行要求，也可不写结语。

(3) 告知性通知。用于向有关单位告知某件事情（如成立非常设机构、启用印章等）的通知。

正文的内容一般包括通知缘由、通知事项等。开头部分写通知缘由，主体部分写通知事项，结尾部分以“特此通知”作结语。内容繁杂的，分成若干自然段写；内容简单的，也可不写单独结尾。

(4) 会议通知。一般分开头、主体、结尾三层结构写。开头写明什么机关召开什么会议，然后以“现将有关事项通知如下”导入主体部分。主体写明会议主要内容，参加会议人员，会期、会议地点、报到时间，其他有关事宜，一般还要注意联系人及联系电话。结尾写“特此通知”，也可不写结语。

注意事项：一般使用信函格式或以电报形式发出。

(5) 任免通知。任免通知的正文实际上就是一句话：“××单位××××年××月××日决定，任命×××为××单位的××职务，免去×××的××单位××职务。”

不论哪种类型的通知，都应该注意以下几点：

(1) 通知一般都要有一个符合标题“三要素”（即发文机关、事由、文种）的标题，使人一看标题就知道是通知什么事情或要求做什么事情。有些机关简单地使用“通知”作标题，这是不确切的，应尽量避免，更不应提倡。

(2) 被通知单位就是文件的主送单位，有的通知往往不写被通知单位，这是不妥当的。

(3) 如果所通知的事项需要被通知的单位尽快知道，可在“通知”之前加“紧急”二字，这就是常见的“紧急通知”。

【批转性通知例文】

×××关于批转国家税务总局关于
加强个体私营经济税收征管强化查账征收工作意见的通知

国发〔××××〕×××号

各省、自治区、直辖市人民政府，国务院各部委、各直属机构：

国务院同意国家税务总局《关于加强个体私营经济税收征管强化查账征收工作的意见》，现转发给你们，请遵照执行。

加强个体、私营经济税收征管，强化查账征收工作是规范个体、私营经济管理，促进个体、私营经济健康发展的重要措施。各级人民政府要高度重视，切实加强领导，协调税务、工商行政管理、公安和金融等有关部门，积极稳妥地做好这一工作，并帮助税务部门解决工作中出现的困难和问题。国家税务总局要结合深化税收征管改革，切实做好对这项工作的组织指导和监督检查。各有关部门要相互支持、密切配合，确保这项工作的顺利进行。

本通知的具体实施意见，由国家税务总局会同有关部门制定。本通知的贯彻执行情况，各省、自治区、直辖市和计划单列市人民政府应于七月底前报告国务院，同时抄送国家税务总局。

附件：关于加强个体私营经济税收征管理化查账征收工作的意见（略）

国务院（公章）
2019 年 7 月 23 日

【转发性通知例文】

××省人民政府办公厅转发《国务院办公厅关于禁止非法买卖人民币的通知的通知》

各市、县（区）人民政府，省人民政府各工作部门、各直属机构：

现将《国务院办公厅关于禁止非法买卖人民币的通知》（国办发明电〔1997〕28 号）转发给你们，请认真遵照执行。

国务院办公厅关于禁止非法买卖人民币的通知

各省、自治区、直辖市人民政府，国务院各部委、各直属机构：

目前，非法倒买倒卖人民币的问题比较严重，影响了人民币的正常流通，破坏了人民币的信誉。为加强对人民币的管理，打击非法买卖人民币的行为，根据《中华人民共和国中国人民银行法》有关规定，经国务院批准，特作如下通知：

一、禁止非法买卖流通人民币（包括纪念币，下同）；经营已退出流通的人民币，必须经中国人民银行批准。

二、未经中国人民银行批准，任何单位和个人不得装帧和经营装帧的流通人民币。

三、违反以上规定的，视情节轻重，由工商行政管理部门没收一定物及非法所得，并按有关规定予以处罚。

四、各金融机构及其从业人员不得利用职务之便支持、参与人民币的非法买卖活动，对违反规定的要从严惩处。

五、对在中国境内非法买卖外国货币的，比照上述规定办理。

××（公章）
××××年×月×日

【印发性通知例文】

财政部关于印发《政府投资基金暂行管理办法》的通知

财预〔2015〕210 号

党中央有关部门，国务院各部委、各直属机构，各省、自治区、直辖市、计划单列市财政厅（局、委）：

为了进一步提高财政资金使用效益，发挥好财政资金的杠杆作用，规范政府投资基金的设立、运作和风险控制、预算管理等工作，促进政府投资基金持续健康运行，根据预算法、合同法、公司法、合伙企业法等相关法律法规，我们制定了《政府投资基金暂行管理办法》，现印发给你们，请遵照执行。

财政部（公章）

2015年11月12日

【指示性通知例文】

财政部国家税务总局关于赣州市执行西部大开发税收政策问题的通知

财税〔2013〕4号

江西省财政厅、国家税务局、地方税务局，海关总署广东分署、各直属海关：

为贯彻落实《国务院关于支持赣南等原中央苏区振兴发展的若干意见》（国发〔2012〕21号）关于赣州市执行西部大开发政策的规定，现将赣州市执行西部大开发税收政策问题通知如下：

一、对赣州市内资鼓励类产业、外商投资鼓励类产业及优势产业的项目在投资总额内进口的自用设备，在政策规定范围内免征关税。

二、自2012年1月1日至2020年12月31日，对设在赣州市的鼓励类产业的内资企业和外商投资企业减按15%的税率征收企业所得税。

鼓励类产业的内资企业是指以《产业结构调整指导目录》中规定的鼓励类产业项目为主营业务，且其主营业务收入占企业收入总额70%以上的企业。

鼓励类产业的外商投资企业是指以《外商投资产业指导目录》中规定的鼓励类项目和《中西部地区外商投资优势产业目录》中规定的江西省产业项目为主营业务，且其主营业务收入占企业收入总额70%以上的企业。

三、本通知自2012年1月1日起执行。

财政部海关总署 国家税务总局（公章）

2013年1月10日

任务2.5 通报

【目标要求】

知识目标

（1）认识通报的含义；

（2）明确通报的用途、特点和类型。

能力目标

掌握各类通报的写法。

素质要求

能够写出规范的表彰性通报和批评性通报。

【案例分析】

关于表彰2015年度先进个人的通报

各科室、中心，各窗口，各分中心：

2015年，市中心和各分中心全体干部职工认真贯彻落实党的十八大和十八届四中全会精神，深入开展和扎实推进党的群众路线教育实践活动，进一步紧扣经济社会发展主线，深化行政审批制度改革，创新中介机构管理服务模式，践行“马上就办提高效率，鞍前马后优化服务”理念，全面实现了行政效率和服务水平的双提升，为推进我市经济社会科学跨越发展做出了新的贡献。

为表彰先进、树立典型，根据相关文件精神，经群众评议推荐，考核领导小组审核，中心研究决定，对何××等25名窗口先进工作者、邱××等20名分中心先进个人、吴××等15名信息宣传工作先进个人进行通报表彰。

希望受表彰的个人珍惜荣誉，再创佳绩。窗口单位和工作人员要以先进为榜样，进一步提升服务全民创业创新水平，为建设惠及全市人民的“幸福××”做出新的更大的贡献！

××市行政服务中心管委会

2016年1月23日

附件：1. 窗口先进工作者名单

2. 分中心先进个人名单

3. 信息宣传工作先进个人名单

【评析】

这是一份表彰性通报。正文叙述被表彰者在工作中与全体同仁贯彻党的有关会议精神，深入开展实践活动，践行服务理念，提升行政效率和服务水平，为全市经济社会科学跨越发展做出了新的贡献，对被表彰者都做出了恰当分析和评议，目的句之后写决定事项，最后提出发文单位的希望号召。全文结构合理、格式规范。

【知识提要】

2.5.1 通报的含义和作用

通报适用于表彰先进、批评错误、传达重要精神或者情况。通报属于下行文。一般性质的好人好事，批评一般性质的错误，发内部简报表扬。如先进事迹比较典型、错误性质比较严重，就需发通报。告知下级机关某信息或执行某事项，一般可用通知，要较大范围地“传达重要精神或者情况”则应发通报。通报的三个作用为嘉奖作用、告诫作用、交流作用。

2.5.2 通报的特点

（1）内容的真实性。真实性是通报的生命，是制发通报的重要前提。

（2）作用的双重性。通报具有两个作用：一是教育作用；二是交流作用。

（3）行文的时效性。先进事迹、典型经验、重要情况，及时通报才能更好地推广，更好地发挥其作用；坏人坏事、反面典型，及时通报才能更好地起到警示作用，以杜绝类似事件的发生。

2.5.3　通报的种类

（1）表彰性通报。具有典型意义的先进事迹和好人好事的通报。

（2）批评性通报。能普遍产生鉴戒作用的单位或个人的通报。

（3）情况通报。传达重要精神或重要情况，起到交流情况、沟通信息作用，以促进工作的通报。

2.5.4　通报的结构和写法

2.5.4.1　标题

标题通常由三个要素构成：发文机关、事由和文种。也有的只写“通报”二字。

2.5.4.2　正文

不同的通报类型，其正文的写作内容各不相同。

（1）表彰性通报。正文内容包括叙述先进事迹，包括时间、地点、人物、事迹、怎么做及其结果；对先进事迹进行分析、评议，指出其典型意义，或概括主要经验；提出表彰决定；提出希望和学习号召。

（2）批评性通报。正文内容包括叙述事故或错误事实的经过情况、时间、地点、事故及其后果等；对事故进行分析评议，分析事故发生的原因，指出事故的性质及其危害；提出处分决定；引申出应当吸取的经验教训，有的放矢地提出希望和要求。

（3）情况通报。正文内容包括概括叙述情况，分析情况，针对情况提出希望和要求。

2.5.4.3　落款

写上发文机关和发文时间。如果标题中已有发文机关，且时间已标注在发文机关下面，则不再落款。普发性通报可不写抬头，对于非普发性通报得写抬头，发文机关和时间则在落款处写。

2.5.5　注意事项

（1）撰写通报前一定要做好调查研究，核实事件细节，实事求是，以免发文后被动、失信。

（2）叙述典型事实要准确、平实、简明。

（3）讲究时效性，及时行文。

（4）写好对事项的“分析”“评议”，“分析”“评议”是最能体现作者思想水平、写作水平的所在，要注意将人和事上升到较高的层面来认识，切忌就事论事。

（5）通报的决定事项不能与事实、政策相抵触。

【规范例文】

【例文2-6】

××省建设厅关于表彰全省房地产业管理先进单位的通报

各市县建设局、房管局（所）：

今年来，我省房地产管理部门的广大职工认真贯彻执行国家有关法规、政策，按照省委、省政府的部署，积极做好住宅建设、房地产业管理及处置积压房地产等方面的工作，取得了可喜成绩，为促进我省经济增长、改善群众居住条件做出了贡献，涌现出了一批先进单位。为总结经验、鼓励先进，经各市县申报、建设厅评审，决定授予××市房产管理局等6个单位为“全省房地产业管理先进单位”称号，现予以通报表彰。

希望各地认真学习先进单位的经验，不断开拓创新，争取在“十五”期间做出更大的成绩。

附件：全省房地产业管理先进单位名单：(略)

××省建设厅（章）
2018年4月19日

【例文2-7】

××农业大学关于给予××同学留校察看处分的通报

各有关部门、高职学生班：

××同学是高职学院2016级观赏园艺专业学生，该同学在2017年12月20日《花卉育种学》期末考试中，夹带纸条进入考场偷看，属考试作弊。事后，该同学对自己所犯错误有深刻的认识。

为严肃校纪，同时也教育其本人，根据××农业大学高等职业技术教育《大学生手册》中“考试管理规定”第五条第二款规定，决定给予××同学留校察看处分。

××农业大学（章）
2017年12月21日

【例文2-8】

××县政府办公室关于开展行政处罚案卷评查活动情况的通报

县直各部门：

为全面了解和准确评价全县各行政执法部门的行政执法工作，发现和纠正在行政执法活动中存在的问题，进一步规范各部门的行政执法行为，切实提高全县的行政执法水平，按照省、市关于开展行政处罚案卷评查活动的通知，县政府办公室先后对33个行政执法部门组织开展了行政处罚案卷评查活动，现将评查情况通报如下：

一、基本情况

从评查情况看，各有关单位高度重视，认真组织，对各自单位的行政处罚案卷都进行了认真的检查、评定，确保了自查工作的实事求是、落实到位。特别是垂直部门，如国税局、地税局、工商局、质监局，其行政处罚案卷制作得非常规范、标准。其中，公安局及时召开局党委会议，对此项工作进行了研究部署，成立了评查小组，对评查工作进行检查督导，法制科负责具体的组织实施，定期对其下辖科、所、队、室逐一检查，其行政处罚案卷非常规范、标准。交通局、经贸局、文体局、药监局、人劳局、物价局、文体局积极采取行动，成立了行政处罚案件评查小组，主管领导亲自抓，组织专人按通知要求对近期的行政处罚案卷进行了全面的检查。

二、存在问题

（一）普遍存在用圆珠笔填写行政处罚案卷的情况，有的科局行政处罚案卷全是用圆珠笔填写的。

（二）行政处罚案卷制作得不规范，卷内材料排列杂乱，纸张大小规格不一，有的科局案卷没有一案一卷，所有案卷均放在一起，杂乱无章。

（三）极个别科局存在程序不合法的现象。有的行政处罚决定书没有加盖执法部门公章，有的加盖内部机构公章，询问笔录中，询问人仅为一人签字，个别当事人签字未使用钢笔或签字笔，有的个别字被涂改，未按手印或盖章，文字书写潦草。

三、几点要求

（一）提高认识。案卷评查活动对严格行政执法案卷的管理，发现和纠正行政执法案卷处理过程中存在的问题，全面规范行政执法工作，切实提高依法行政水平具有重要的意义。各部门要充分认清此项工作的重要性和必要性，高度重视，认真对待，坚决防止摆花架、走过场等不良现象，使评查工作扎实有效，真正达到发现问题、解决问题、改进工作的目的。

（二）加强领导。各部门要将行政处罚案卷评查作为一项常规工作，摆在突出位置，主要领导要亲自安排部署，并明确主管领导，落实责任，强化督导调度，做到常抓不懈。各部门要以此次评查为契机，对本单位行政处罚案卷进行一次全面的梳理，认真总结经验，查找不足，针对问题，及时整改完善，确保将行政处罚案卷评查的各项要求落到实处。

（三）规范操作。各部门要加强对行政执法人员的学习培训，不断增强其依法管理行政处罚案卷的自觉性，提高案卷管理水平。在执行行政处罚行为时，要严格按规定认真执行听证、调查取证、罚款决定与罚款收缴分离等制度，事实要清楚，证据要充分，程序要合法，内容要适当。对于证据、执法文书等案卷材料，要严格按照统一规定的程序、标准进行书写、整理，并根据“一案一卷”的原则立卷归档，务求实现行政执法案卷管理的规范化，切实全面提高依法行政的水平。

××县政府办公室（章）

××××年××月××日

【课堂训练】

（1）通报有什么作用？

（2）通报分为哪几种？

【实训平台】

★问题诊断

下面是一份表扬性通报，参照通报的写作要求，分析一下有哪些不妥之处。

关于表彰梁××同志不畏强暴勇斗走私犯罪分子事迹的通报

共产党员梁××同志是我县工商管理局一名青年检查员。2015 年 2 月 21 日清晨，他在对一辆长途客车例行检查任务时，查获走私犯罪分子薛××走私黄金×××克，在押送途中，薛先以人民币×千元妄图贿赂梁××同志，被梁××同志严词拒绝后，就凶相毕露拔刀行凶，刺伤梁××同志脸部、胸部。梁××同志身负重伤，但临危不惧，英勇地与薛犯搏斗，在群众协助下，终于将薛犯抓获。

梁××同志今年 26 岁，参加工作 4 年来，机智地战斗在缉私岗位上，先后破获各种走私案件 10 余起，连续四年被评为县先进工作者。

××县工商管理局

2015 年 3 月 12 日

★思维训练

（1）要表扬一件好人好事，应该写一份什么样的通报？

（2）根据下面材料，若以××市医药总公司的名义拟一份通报，应写成批评性通报吗？

元月上旬以来，××市××医药总店每天派出两名职工推着流动售货车，佩带××市工商行政管理局最近发给该店的零售营业执照，在市郊人口稠密处销售人参蜂乳精、阿胶、参类、蛇皮膏等二十多种不能用公费报销的高档滋补药物。他们公然违反省卫生厅、省财政厅去年 12 月 30 日转发的《关于滋补、营养、饮料等保健类药品不准公费报销的通知》规定，弄虚作假，给购买者均开具发票，上面写的却是普通中草药或西药。市工商行政管理局发现这一情况后已暂时吊销了他们的营业执照，市医药公司也责成他们做出了检讨。

（3）如希望各方知晓事件来龙去脉以便交流信息时该用情况通报吗？

★情景模拟

2015 年 12 月 5 日，××省××市××县举行××高速公路在本县通车仪式，××县主要领导擅自决定，让本县部分中、小学校停课参加通车仪式，近千名中小学生在风雪天等候长达两小时，致使部分中小学生感冒生病，学生家长和群众极为愤慨，致信中央要求坚决制止此类现象。

请以该省委、省政府的名义拟写一份情况通报。

【写作训练】

请就学校或班级发生的好人好事以学校的名义拟写一份表扬性通报。

【知识链接】

通知和通报的区别

(1) 告知的内容不同。

1) 通知。告知的主要是工作的情况，以及共同遵守执行的事项。

2) 通报。告知正反面典型，或有关重要的精神或情况。

(2) 目的要求不同。

1) 通知。要求受文机关了解要办什么事，该怎样办理，要求遵照执行。

2) 通报。主要是交流、了解情况，起教育宣传作用。

(3) 表现方法不同。

1) 通知。主要是叙述，告知人们做什么，怎样做，叙述具体。

2) 通报。兼用叙述、分析和议论，有较强的感情色彩。

(4) 其他。

1) 通知。事实尚未发生。

2) 通报。以事实作前提。

通报事情的性质、范围大于通知。

任务 2.6 报告

【目标要求】

知识目标

(1) 认识报告的含义；

(2) 明确报告的用途、特点和类型。

能力目标

掌握各类报告的写法。

素质要求

能够写出规范的工作报告和情况报告。

【案例分析】

××省石油公司××供应站
关于解决油库长期遗留的山地及树木的归属问题的报告

省石油公司：

我站于 2015 年 5 月新建油罐两个，扩建了油库，占用当地东方村部分山坡地及该地树木。扩建后几年来，库界未定，东方村多次提出，要求补偿被占用的山地及树木，但几经协商，均未有结果，以致发生纠纷，库区围墙被推倒十多米。

最近，双方本着对国家财产和群众利益负责的精神进行协商，彼此谅解，终于达成协议，由我站给予东方村山坡地及树木一次性补偿费××万元，并经双方划定界线，新建围墙为界，界内土地及树木永久归我站所有。我站应付的补偿费××万元拟在“保管费”中列支。

现随文上报所订协议及库区界图，请核备。

附件：1. ××山地及树木归属协议

2. ××石油站界区图示

××省石油公司××供应站

2016年3月21日

【评析】

这是一则汇报工作的工作报告。正文分三个层次：开头，总述开展工作的主要背景，即由于新建了两个油罐，遗留下山地及树木的归属问题；主体，叙述报告的具体内容，经过协商，达成协议，并写出具体的处理方法；结尾，用随文上报协议及界区图和“请核备”作结。行文简洁，条理清晰。

【知识提要】

2.6.1 报告的含义

报告是下级机关向上级机关汇报工作、反映情况、答复上级机关的询问时使用的一种上行文，在公文中十分常见。作为党政机关法定文种的报告，和一些专业部门从事业务工作时所使用的、标题中也带有“报告”二字的行业文书，如：“审计报告”“评估报告”“立案报告”“调查报告”等，不是相同的概念，注意不要混淆。

2.6.2 报告的特点

（1）单向性。报告是下级机关向上级机关汇报工作、反映情况时使用的单方向上行文，不需要上级机关给予批复。

（2）陈述性。报告在汇报工作、反映情况时，所表达的内容和使用的语言都是陈述性的。本单位遵照上级的指示做了什么工作，怎样做的这些工作、取得了哪些成绩、还存在哪些不足，必然要一一向上级陈述。

（3）事后性。在机关工作中，有“事前请示，事后报告”的说法。一般来说，报告是在开展了一段时间的工作之后，或是在某种情况发生之后向上级做出的汇报。

2.6.3 报告的种类

（1）工作报告。凡是用来向上级汇报工作的报告，都是工作报告。工作报告又可分为综合工作报告和专题工作报告两种。综合报告涉及面宽，要把主要工作范围之内的方方面面都涉及，可以有主次的区分，但不能有大的遗漏。大到国务院提交给全国人民代表大会的政府工作报告，小到某单位向上级提供的年度、季度、月份工作报告，都属于这种类型。

专题报告的涉及面窄，只针对某一方面的工作或者某一项具体工作进行汇报。

（2）情况报告。如果工作中出现了正常工作秩序之外的情况，譬如说发生了事故，出现了意想不到的问题等，对工作产生了一定程度的影响，应该及时向上级将有关情况原原本本地进行汇报。即使对工作没有太大影响，一些有倾向性的新动态、新风气，以及最近出现的新事物等，必要时也要向上级报告。

凡此种种，都属于“情况报告”。作为下级机关，有责任做到“下情上传”，保证上级机关耳聪目明，对下面的情况始终了如指掌，这就是情况报告的意义。如果隐情不报，则是一种失职的表现。

(3) 答复报告。答复上级机关询问的报告，称为答复报告。这种报告内容针对性最强，上级询问什么，就答复什么，不能答非所问。对待上级机关的询问，一定要慎重，如果不了解真实情况，要经过深入的调查研究后再做答复。

(4) 报送报告。这是向上级报送文件、物件时使用的报告，正文通常非常简略，只需写明“现将×××××报上，请指正（请查收）”即可。真正有意义的内容都在所报送的文件里。

2.6.4 行文要求

(1) 把握报告的行文对象。报告的行文对象必须是与自己具有领导或者指导关系的直属上级。报告的行文对象主要是政府及相关主管部门，只有报告某些特殊事项时，行文对象可为党委、人大等。

(2) 不得直接报送上级机关领导者个人。除个别领导同志直接交办事项和必须直接报送的绝密事项外，报告一般不得以机关单位名义报送市委、市政府领导同志个人。

(3) 报告中不得夹带请示事项。如有事项需向上级领导机关请示，必须以“请示”单独行文，切忌将请示事项夹带在报告中。

2.6.5 写作要领

2.6.5.1 总体要求

(1) 真实具体。报告的用途是帮助上级机关了解下情，从而做出正确的决策。因此，写报告要做到如实地反映情况。如果报告反映的情况失实，就可能影响上级机关决策的准确性和科学性。公文承办人要深入调查研究，了解情况，掌握第一手材料，然后进行分析归纳、去伪存真。报告所用材料要具体，既要有概括性的材料，也要有典型的具体事例。

(2) 突出重点。报告的内容要根据主题的要求来安排，要分清主次轻重、概括说明、紧抓要点。重点的、主要的内容，要安排在前面，详细写；非重点的、次要方面的内容，简略写；可写可不写的内容，就不写。在确保内容真实具体的基础上，报告应该尽量简短。

2.6.5.2 具体要领

一般而言，报告正文分为引言、主体与结尾三个部分。

(1) 引言。引言指报告的开头部分，它起着引导全文的作用，所以称为引言。不同类型的报告，其引言的写法也有较大不同。概括起来，报告的引言有以下几种类型：

第一，背景式引言。就是交代报告产生的现实背景，例如：“布鲁氏菌病（以下简称布病）是由布鲁氏杆菌引起的一种人畜共患传染病，病畜为主要传染源，人由于接触患病的牲畜及污染物而感染。人间布病为我国《传染病防治法》规定管理的乙类传染病，主要表现为发热、乏力、多汗、关节疼痛、肝脾和睾丸肿大、神经和生殖系统病变，严重者丧失劳动能力。动物布病为《动物防疫法》规定管理的二类动物疫病，常导致牲畜流产、不孕、不育和产奶量降低，严重影响畜牧业发展。近年来，由于受多种因素影响，我国布病疫情持续快速上升，部分地区呈暴发和流行趋势，防治形势十分严峻，现将有关情况报告如下：……”

第二，根据式引言。就是交代报告产生的根据，例如：“收到×××同志 2010 年 10 月 28 日在市政协《关于做好对抗超级病菌工作的建议》（《诤友》第 239 期）上的批示后，我局高度重视，立即责成相关单位进行研究，落实工作措施，进一步做好防范超级病菌工作。现将有关情况报告如下：……”

第三，叙事式引言。在开头简略叙述一个事件的概况，一般用于反映情况的报告。例如：“20××年 2 月 20 日上午 9 时 40 分，我省××市百货大楼发生重大火灾事故，市消防队出动 15 辆消防车，经 4 小时的扑救，大火才被扑灭。这次火灾除消防队员和群众奋力抢救出部分商品外，百货大楼三层楼房一幢及余下商品全部烧毁。时值开门营业不久，顾客不多，加之疏散及时，幸未造成人员伤亡。但此次火灾已造成直接经济损失 792 万余元。”

第四，目的式引言。将发文目的明确阐述出来作为引言。例如：“为认真贯彻落实《×××批转林业部关于进一步加强森林防火工作报告的通知》（×发〔2015〕×号），切实做好我市防火工作，保护和发展森林资源，更好地为改革开放和经济建设服务，结合我市实际情况，就进一步加强森林防火工作提出以下几点意见：……”

报告引言的写法不止以上四种，运用时可以举一反三，融会贯通，灵活处理。有些报告比较简短，甚至没有引言部分。

（2）主体。报告的主体也有多种写法，现介绍几种常见形式。

第一，总结式写法。

这种写法主要用于工作报告。主体部分的内容，以成绩、做法、经验、体会、打算、安排为主，在叙述基本情况的同时，有所分析、归纳，找出规律性认识，类似于工作总结。

第二，“情况—原因—教训—措施”四步写法。

这种结构多用于情况报告。先将情况叙述清楚，然后分析情况产生的原因，接着总结经验教训，最后提出下一步的行动措施。

第三，答复式写法。

答复式写法适用于答复报告。只需针对上级机关所提出的问题或某些要求而写。要求问什么答什么，不要涉及询问以外的问题或情况。

第四，呈报式写法。

呈报式写法适用于报送报告，一般是一两句话说明报送文件或物件的根据或目的以及与文件、物件有关的事宜。

（3）结尾。报告的结尾比较简单，可以重申意义、展望未来，也可以采用模式化的套语收结全文。模式化的写法大致是：“特此报告”“专此报告”“以上报告，请审阅”等。

2.6.6 注意事项

（1）注意工作报告和情况报告的区别。

1）工作报告。反映的是常规性的工作，内容相对稳定，写法也相对固定，也可以向上级提出工作建议。

2）情况报告。汇报的是偶发和突发的特殊情况，内容多不确定，写法相对灵活。

（2）经验体会是工作报告写作的难点。经验体会不是简单的做法的罗列，拼凑经验体会必须是从实际工作中概括出的能指导今后工作的规律性的东西。

（3）写情况报告要及时，以便及时让上级机关掌握情况。

（4）写答复报告要紧紧围绕上级机关提出的问题而回答，不能答非所问、节外生枝。

（5）报告中不能夹带请示事项。

【规范例文】

【例文2-9】

关于我校工会干部有关待遇的报告

市总工会：

×月×日函悉。现将我校工会干部有关待遇报告如下：

一、我校基层工会主席由教师兼任，每年减免工作量40学时。

二、部门工会主席任职期间享受本单位行政副职待遇，由教师担任的每年减免工作量30学时。

三、校工会委员任职期间减免工作量30学时；部门工会委员每年减免工作量15学时。

专此报告。

××大学工会（公章）

2015年6月5日

【例文2-10】

关于报送我县2018年村办企业财务检查整顿工作总结的报告

××市人民政府：

现将我县2018年在全县范围内开展村办企业财务检查整顿工作的总结报上，请审阅。

附：××县2018年村办企业财务检查整顿工作总结

××县人民政府（公章）

2018年1月5日

【例文2-11】

关于我省清理整顿公司工作的报告

国务院：

我省自2018年10月清理整顿公司以来，坚持既坚决又稳妥的方针，抓紧清理整顿方案的拟订和实施，积极查处公司违法违纪案件，努力加强公司的建设和管理，基本完成了党中央、国务院赋予我们的任务，达到了预期的目的。现将这项工作情况报告如下：

一、撤并了一批流通领域的公司，解决了公司过多过滥的问题。（略）

二、查处了公司违法违纪案件，整顿了公司的经营秩序。(略)

三、认真做好撤并公司的各项善后工作。(略)

四、加强了公司管理和法规、制度建设。(略)

特此报告。

××省人民政府（印章）

2018年10月28日

【课堂训练】

(1) 请你说出报告都有哪几类?

(2) 拟写报告要注意哪几方面的事项?

【实训平台】

★问题诊断

下面是一份报告，根据所学知识，试指出行文中的不当之处。

××市盛达公司关于盛达制衣厂翻建房屋的请示报告

××局：

我公司所属盛达制衣厂于2012年10月开始翻建汽车库。到现在一层顶板已扣完。工程进展较快。由于汽车库的翻建已经拆除了司机、装卸工宿舍，武装部办公室，基建科办公室等共计620平方米。因为以上办公用房的拆除，以致汽车无处停放，有关职工无处办公，严重影响正常工作。另外，为缓和厂区占地紧张状况及结合全厂长远规划，故决定改建第一层为汽车库，第二层为办公室。

为解决当前办公用房之急需，只能把已拆除的620平方米面积加在汽车库顶层上面，资金由该厂自行解决。妥否，请批示。

××市盛达公司（公章）

2014年8月6日

★思维训练

(1) 有人认为《××县人大常委会关于五个月的工作总结报告》这一公文标题有不当之处，应在文种“报告”前加“的”，你怎么看?

(2)《关于张××受贿案的调查报告》，此标题可修改为《关于赵××揭发张××受贿案调查情况的报告》，你认为可以吗?

★情景模拟

请合理扩充下面提供的材料，以××分公司的名义向总公司起草一份情况报告。

××××年6月4日凌晨2时40分，××分公司江南百货大楼发生火灾事故。事故后果：未造成人员伤亡，但该大楼二楼商品被全部烧毁，直接经济损失350万元。事故原因：二楼某个体裁缝经二楼经理同意从总闸自接线路，夜间没断电导致电线起火。施救情况：事故发生后，分公司领导马上拨打火警，市消防队出动了8辆消防车，至清晨6点，火灾才被扑灭。善后工作：分公司经理、副经理多次到现场调查，并对事故进行了认真处理。

【写作训练】

假设你是某房地产公司的一名销售人员，尝试向你的上司写一份项目月度销售报告。

任务 2.7 请示

【目标要求】

知识目标

(1) 认识请示的含义；

(2) 明确请示的用途；

(3) 了解请示的特点、类型。

能力目标

(1) 清楚请示与报告的区别；

(2) 掌握请示的写法。

素质要求

能够写出规范的请示。

【案例分析】

×××化工厂关于贯彻按劳分配政策两个具体问题的请示

省人力资源与社会保障厅：

“按劳分配”既是社会主义分配的基本原则，也是社会主义优越性之一。近年来，我厂由于认真贯彻了按劳分配政策，极大地激发了广大职工的社会主义劳动积极性，使得生产率成倍地增长，乃至几倍的增长。

为全面贯彻按劳分配原则，进一步调动职工的劳动积极性，现就两项劳资政策问题请示如下：

一、拟用 2015 年全厂超额利润的 10%为全厂职工晋升工资。其中，2015 年 4 月 30 日在册职工每人晋升一级，凡班（组）长和车间先进生产（工作）者及其以上领导和先进人物再依次晋升一级；全厂技术突击组成员每人浮动一级工资，组长每人浮动两级工资。

二、拟用 2015 年全厂超额利润的 10%一次性为全厂职工每人增发奖金平均 1000 元，具体金额按劳动出勤率和完成定额计算。

以上请示，妥否，请批示。

×××化工厂

2015 年 10 月 10 日

【评析】

上面是一份向上级主管部门上报一份请示文件，请示文件的拟写首先引述根据，接着写出关于请示的具体问题，即为广大职工晋升工资和发放一次性奖金的请求，随后用请示结语收束。层次分明、理由清晰、行文简洁。

不足之处应该有两份附件，即晋升工资职工名册和增发奖金职工名册。若是如此本公文就十分准确和恰当了。

【知识提要】

2.7.1　请示的含义和适用范围

请示适用于向上级机关请求指示、批准。请示是常用的上行文。具体而言，请示的适用范围主要有如下几个方面：

（1）属超出本机关的工作职权范围须经请示批准才能办理的。

（2）对国家的有关方针政策或上级机关的有关规定、决定等不甚了解或有不同理解，需请上级机关解释或重新审定的。

（3）工作中出现了新情况、新问题，必须处理却又无章可循、无法可依，有待上级机关批示的。

（4）遇到本机关职权范围内很难克服或无力克服的困难，需请上级机关支持、帮助的。

（5）属涉及全局性或普遍性的而本机关无法独立解决的工作困难和问题，必须请示上级机关以求得到上级机关的协调和帮助。

2.7.2　请示的特点

（1）事前行文性。得到上级机关批准后才能付诸实施，不可“先斩后奏”或“边斩边奏”。

（2）请求批复性。请示行文的目的非常明确，即要求上级机关对请示的事项做出明确的批复。

（3）一文一事性。一份请示只能请求指示、批准一件事或解决一个问题。

2.7.3　请示的种类

（1）请求指示的请示。涉及的是下级机关对政策、方针，在认识上不明确、不理解，或对新问题、新情况不知如何处理的问题。

（2）请求批准的请示。所涉及的是下级机关限于自己的职权，无权自己办理或决定的事项。

（3）请求支持、帮助的请示。这类请示所涉及的是下级机关遇到了仅靠自己的力量，已很难克服或无法克服的困难。

2.7.4　请示的结构和写法

（1）标题。标题由发文机关、事由和文种构成。标题中的事由要明确，语言要简明。“请示”本身含有请求、申请之意，因而标题中应尽量不再写“申请”“请求”类词语。

（2）正文。请示的正文由三部分组成：请示的缘由、事项、请示惯用结束语。

1）缘由。请示的理由或根据。这部分内容要求：实事求是、有理有据、说明充分、条理清楚、开门见山。比较复杂的缘由必须写明必要的事实和数据，不能追求简要而作简单化处理，要让领导知晓批准或不批准这个请示将分别出现什么局面。缘由是写作请示的关键，缘由直接关系到请示事项能否成立，关系到上级机关的审批态度。

2）事项。即请求上级机关给予或指示或批准或支持和帮助的具体内容。要求：事项具体、有可行性、有可操作性。如果内容比较复杂，则分条列项写。用语要明确，不能含糊其词。语气要得体。

3）结语。通常使用的惯用语有“妥否、请批复”“特此请示，请予批准”“请批准”“请审批”“请指示”等。请示结尾绝不能缺少以上类型的惯用语。

2.7.5 注意事项

（1）不滥用请示。凡在自己职权范围内经过努力能够处理和解决的问题和困难，都应尽力自行解决，不能动辄请示，将矛盾上交。

（2）请示只送给直接的上级机关，不得越级请示。

（3）不能一文多事。

（4）不得抄送下级机关。

（5）语言得体。不能使用指示性语言。

【规范例文】

【例文2-12】

关于申请追加经费的请示

县政府：

×××从2004年独立办公以来，由于办公地点更换了多次，办公桌椅等设施损坏严重，加之×××多年来办公经费缺乏，各项设施及设备始终没有得到很好改善。为了改善办公环境，提高工作效率，恳请县政府帮助协调解决以下资金。

一、更换电脑及打印机费用

×××现有电脑2台，打印机一台，均是多年前配置的，不但速度慢，而且经常出故障，严重影响了正常的办公使用。按照省×××关于×××信息化管理的要求及现实办公的要求，亟须解决电脑8台、激光打印机2台。需要资金71000元。

二、更换办公桌椅及卷柜费用

×××现有办公桌椅均是2004年配备的，多数已经破旧不堪。亟须更换办公桌椅8套，新购铁卷柜8个。需要资金29000元。

以上两项共需资金10万元。

特此报告，恳请批复。

×××

2015年2月26日

【课堂训练】

（1）请示一定是上行文吗？

（2）请示与报告有哪些具体的区别？

【实训平台】

★问题诊断

下面是一份请示，请根据所学指出文中有哪些不当之处。

关于要求解决教职工宿舍等问题的请示

市人民政府、市教育局：

我校今年由于住校教职工急剧增加，已有的职工宿舍已无法容纳，现在住校教师基本上是一个房间三个人睡，严重影响教师工作。为解决这一困难，我校决定再建一栋职工宿舍楼。另外，我校体育馆也不符合《普通高等学校体育馆设施、器材配备目录》的要求标准，望上级部门给予适当支持。

特此请示，请回复。

××省二职

××××年××月××日

★思维训练

（1）下面是某企业某车间关于安装降温设备的请示，你看有什么问题？

请 示

厂办公室：

最近天气日渐炎热，为保证生产正常进行，特请安置降温设备。

四车间

2015年8月2日

（2）在请示的拟写中，语气和缓、态度谦恭是一项基本要求，你认为正确吗？

★情景模拟

××市××机械厂拟对表现优秀、业绩突出的新入厂的青年工人×××进行奖励，准备将他的工资级别由二级晋升为四级，现在结合下面的材料，以××机械厂的名义向上级主管部门××局拟写一份请示文件，你能写好吗？

青年工人×××同志，入厂以来，虚心向老师傅学习，刻苦钻研技术，积极提合理化建议。去年，在工程技术人员和老师傅的支持下，他连续完成三项技术革新，被评为局系统的技术革新能手。今年，在厂原有产品滞销，企业经营出现极大困难的情况下，×××同志积极进行市场调查，根据用户需要，大胆研制成功了新产品TS-2型测温仪，这项新产品在今年6月投放市场后，深受用户欢迎。

【写作训练】

学校新近成立了建筑工程分院，拟成立分院团委，请以分院的名义向学校团委拟写一份相关请示。

【知识链接】

请示与报告的区别

请示和报告是两种典型的上行文，原则上都主送一个上级机关，但二者又有着明显的不同。

第一，性质不同。请示是下级单位向其所属的上级单位请求批准或指示的一类公务文书，属于呈请性公文；而报告是下级单位向上级领导机关汇报工作、交流情况的一类文书，属于陈述性公文。

第二，目的不同。请示事项都是亟待解决的紧急情况，写请示的目的就在于尽快得到上级的指示或批复；而报告主要是将下级单位的情况反馈给上级机关知晓，是下情上达的一种方式，目的在于答复上级询问，接受上级机关的监督，并不要求得到批复。

第三，内容不同。请示要求一文一事，不允许一篇请示包含多个审批事项，主要是时效性的要求，方便上级尽快做出决断给予指示；报告可以一文一事，也可一文多事，主要是对近期工作进行梳理总结，典型的比如政府工作报告。

第四，时间要求不同。请示必须事前发文，在未经领导机关许可之前禁止实施，不允许先斩后奏；而报告没有强制性的时间要求，一般事后行文较多，主要是对已经完成的工作进行总结汇报，也可事前或事中行文，对拟定的工作计划、工作流程等报上级审阅，自觉接受上级监督。

第五，结束语写法不同。请示是向上级请求批准或指示，语气必须要委婉，不可指令上级做出回应，故其结束语通常由“征询语+期复语”组成。比如“妥否（当否），请批示（请批准）”“以上所请，如无不妥，请批准”“以上请示如无不妥，请转报……审批”等，且请示的结束语不可省略；而报告不需要上级给予审批，故其结束语通常比较固定，比如“以上报告，请审议”“特此报告”等，且报告的结束语可以省略。

对于请示和报告的考查主要有两种形式：一种是直接性考查其适用范围或者结束语，题目比较基础，易得分；另一种就是将请示与报告做比较进行综合性考查，需要大家在准确把握两者特点的基础上进行分析解题，稍有难度。但总体来看，法定公文的考查难度一般，多为识记性考点，是大家考试中必拿之分，切不可因马虎而丢分。

任务 2.8 批复

【目标要求】

知识目标

(1) 认识批复的含义；

(2) 明确批复的用途；

(3) 了解批复的特点和类型。

能力目标

掌握各类批复的写法。

素质要求

能够写出规范的批复。

【案例分析】

关于××省撤销南通县设立通州市的批复

民行批〔××××〕×号

××省人民政府：

你省××××年×月×日《关于撤销南通县设立通州市的请示》和××××年×月×日的补充请示收悉。经国务院批准，同意撤销南通县，设立通州市（县级），由省直辖，以原南通县的行政区域为通州市的行政区域，不增加机构和人员编制。

××部（盖章）

××××年×月×日

【评析】

这是一份国务院某部关于同意××省人民政府关于撤县设市的请示的批复。标题由事由、文种组成。批复在标题中就有表明态度的用语，“同意”二字简洁明了而又必不可少。正文分三部分：批复引据、批复意见及相关要求。开头引据虽没有来文字号，但也明确了发文的针对性。结尾处提出要求。

【知识提要】

2.8.1 批复的含义

批复是用于答复下级机关请示事项的回复性公文。其制作和应用一般以下级的“请示”为条件。当下级机关的工作涉及方针、政策等方面的重大问题，报请上级机关审核批准时；当下级机关在工作中遇到新情况、新问题，无章可循，报请上级机关给予明确指示时；当下级机关遇到无法解决的具体困难，报请上级机关给予指导帮助时；当下级机关对现行方针政策、法规等有疑问，报请上级机关予以解答说明时；以及当下级机关因重大问题有意见分歧，报请上级机关裁决时，上级机关都应该用“批复”予以答复。除此之外，有时“批复”还被用来授权政府职能部门发布或修改行政法规和规章。

2.8.2 批复的特点

（1）针对性。批复的针对性反映在两个方面：一是批复必须针对请示机关行文，而对非请示机关不产生直接影响；二是批复的内容必须针对请示事项，不涉及请示事项以外的内容。

（2）回复性。批复的内容属于回复性的内容。因为批复的制作和应用是以下级机关的请示为条件，对上级机关来说是被动的发文，下级机关请示什么事项，上级机关就批复什么事项。并且，上级机关对请求事项无论同意与否，都必须有针对性地明确予以回答。

（3）权威性。批复是答复下级机关请求事项的回复性公文，它提出的处理意见和办法，代表上级机关对问题的决策意见，对下级机关具有行政约束力。特别是对一些重大事项的答复，体现了党和国家的有关方针、政策，具有权威性。所以批复一经下发，下级机关必须遵照执行。

2.8.3 批复的分类

根据内容、性质的不同，批复可分为两类：一类是审批性批复；另一类是指示性批复。审批性批复主要是针对下级机关请示的公务事宜，经审核后所做的指示性答复。比如关于机构设置、人事安排、项目设立、资金划拨等事项的审批。指示性批复主要是针对方针、政策性问题进行答复。这一类批复，不只是对请示机关提出请示事项的答复，而且批复的指示性内容，在其管辖范围内，具有普遍的指导和规范作用。另外，授权政府职能部门发布或修改行政法规和规章的批复，也属于指示性批复。

2.8.4 批复的结构、内容和写法

批复由首部、正文和尾部三部分组成。其各部分的格式、内容和写法要求如下。

2.8.4.1 首部

包括标题和主送机关两个项目内容。

（1）标题。批复的标题有多种构成形式：第一种是由发文机关名称、批复事项、行文对象和文种构成；第二种是由发文机关名称、事由和文种构成；第三种是由事由和文种构成；第四种是由发文机关名称加原件标题和文种构成。

（2）主送机关。批复的主送机关是指与批复相对应的请示发文机关。授权性的批复，主送机关应当是被授权发布施行行政法规和规章的下级机关。

2.8.4.2 正文

正文是批复的主体，其内容比较具体单一，层次构成相对固定。其中除授权性批复与一般批复的写法有所不同外，其他批复的结构一般由开头、主体和结语三部分组成。

（1）开头。通过引叙来文以说明批复缘由。首先点明批复的下级机关并写明来文日期、标题和文号，以交代批复的根据。

（2）主体。主要说明批复事项。应当根据国家的方针、政策、法令、法规和实际情况，针对“请示”的内容给予明确肯定（或否定）的答复或具体的指示，一般不进行议论。也有的批复，在批复事项后面概括提出希望和要求，进一步强调批复的主旨。

（3）结语。一般用“此复”“特此批复”等习惯用语。

2.8.4.3 尾部

一般包括署名和成文时间两个项目内容。署名写上批复机关单位名称，并加盖公章；成文时间写明年、月、日。

2.8.5 撰写批复应注意的问题

（1）注意行文的针对性。下级机关请示什么事项，上级机关就批复什么事项。

（2）批复的观点要明确。无论审批性批复还是指示性批复，上级机关的态度要明朗，不能太原则，更不能模棱两可，以免使下级机关无所遵循。

(3) 批复要及时。批复是因下级机关的请示而行文，凡下级机关能够向上级机关行文请示的，说明事关重要、时间紧迫，急需得到上级机关的指示和帮助，所以上级机关应当及时批复，否则就会贻误工作，甚至会造成重大损失。

(4) 批复的行文要言简意赅。要做到言止意尽、庄重周严，以充分体现批复的权威性。

【规范例文】

【例文 2-13】

国务院关于河北雄安新区总体规划（2018—2035 年）的批复

国函〔2018〕159 号

河北省人民政府、国家发展改革委：

你们《关于呈报〈河北雄安新区总体规划（2018—2035 年）〉的请示》收悉。经党中央、国务院同意，现批复如下：

一、原则同意《河北雄安新区总体规划（2018—2035 年）》（以下简称《总体规划》）。《总体规划》以习近平新时代中国特色社会主义思想为指导，深入贯彻党的十九大和十九届二中、三中全会精神，坚决落实党中央、国务院决策部署，紧紧围绕统筹推进“五位一体”总体布局和协调推进“四个全面”战略布局，切实落实新发展理念，按照高质量发展要求，牢牢把握北京非首都功能疏解集中承载地这个初心，坚持世界眼光、国际标准、中国特色、高点定位，坚持生态优先、绿色发展，坚持以人民为中心、注重保障和改善民生，坚持保护弘扬中华优秀传统文化、延续历史文脉，对于高起点规划高标准建设雄安新区、创造“雄安质量”、建设“廉洁雄安”、打造推动高质量发展的全国样板、建设现代化经济体系的新引擎具有重要意义。

二、紧扣雄安新区战略定位。要按照高质量发展的要求，推动雄安新区与北京城市副中心形成北京新的两翼，与以 2022 年北京冬奥会和冬残奥会为契机推进张北地区建设形成河北两翼，促进京津冀协同发展。按照分阶段建设目标，有序推进雄安新区开发建设，实现更高水平、更有效率、更加公平、更可持续发展，建设成为绿色生态宜居新城区、创新驱动发展引领区、协调发展示范区、开放发展先行区，努力打造贯彻落实新发展理念的创新发展示范区。

三、有序承接北京非首都功能疏解。要紧紧抓住疏解北京非首都功能这个“牛鼻子”，改革创新体制机制，建设完善基础设施，提供优质公共服务，进一步优化营商环境，积极主动对接疏解需求，科学规划功能布局，重点承接高校、科研院所、医疗机构、企业总部、金融机构、事业单位等非首都功能，促进生产要素合理有序流动，增强雄安新区内生发展动力。

四、优化国土空间开发保护格局。要坚持以资源环境承载能力为刚性约束条件，统筹生产、生活、生态三大空间，严守生态保护红线，严格保护永久基本农田，严控城镇规模和城镇开发边界，实现多规合一，将雄安新区蓝绿空间占比稳定在 70%，远景开发强度控制在 30%。将淀水林田草作为一个生命共同体，形成“一淀、三带、九片、多廊”的生态空间结构。实施全域分区空间管控，通过网格化、信息化和精细化管理，强化对各类开发与保护活动的空间引导和落地管控，构建规模适度、空间有序、用地节约集约的发展新格局。

五、打造优美自然生态环境。要践行习近平生态文明思想，坚持尊重自然、顺应自然、保护自然，开展生态保护与环境治理，建设新时代的生态文明典范城市。强化白洋淀生态整体修复和环境系统治理，建立多水源补水机制，逐步恢复淀区面积，有效治理农村面源污染，确保淀区水质达标，逐步恢复"华北之肾"功能，远景规划建设白洋淀国家公园。开展大规模植树造林，塑造高品质城区生态环境，保障区域生态安全。推动区域环境协同治理，根本改善大气环境质量，严守土壤环境安全底线，努力建设天蓝、地绿、水清的美丽雄安。

六、推进城乡融合发展。要坚持城乡统筹、均衡发展、宜居宜业，形成"一主、五辅、多节点"的城乡空间布局。集中建设起步区，率先开发启动区，集约发展外围组团，稳步推进新型城镇化，有序引导人口、产业合理分布，分类打造特色小城镇。实施乡村振兴战略，全面建设美丽乡村，促进农村一二三产业融合发展。

七、塑造新区风貌特色。要强化分区引导，打造蓝绿交织、清新明亮、疏密有度、城淀相映的总体景观风貌。加强城市设计，形成中华风范、淀泊风光、创新风尚的城市风貌。坚持中西合璧、以中为主、古今交融，强化规划引导和控制，细致严谨做好单体建筑设计，塑造体现中华传统经典建筑元素、彰显地域文化特色的建筑风貌，原则上不建高楼大厦，不能到处是水泥森林和玻璃幕墙。合理保护和利用雄安新区历史文化遗产。

八、打造宜居宜业环境。要引入优质公共服务资源，高标准配套建设公共服务设施，推进共建共享，构建多层次、全覆盖、人性化的基本公共服务网络，提升雄安新区公共服务水平，实现城乡基本公共服务均等化。优先发展现代教育，高标准配置医疗卫生资源，建设公共文化服务设施，构建完善的全民健身设施网络，提供多层次公共就业服务，创新社会保障服务体系。建立多主体供给、多渠道保障、租购并举的住房制度和房地产市场平稳健康发展长效机制，严禁大规模商业房地产开发。

九、构建现代综合交通体系。要按照网络化布局、智能化管理、一体化服务的要求，加快建立连接雄安新区与京津及周边其他城市、北京大兴国际机场之间的轨道和公路交通网络。完善雄安新区与外部连通的高速公路、干线公路网。坚持公交优先，综合布局各类城市交通设施，实现多种交通方式顺畅换乘和无缝衔接，打造便捷、安全、绿色、智能的交通系统。

十、建设绿色低碳之城。要坚持绿色低碳循环发展，推广绿色低碳的生产生活方式和城市建设运营模式，推进资源节约和循环利用。确立水资源开发利用红线，以水定城、以水定人，实行最严格的水资源管理制度。建设海绵城市，构建集约高效可靠的供排水系统。优化能源结构，建设绿色电力供应系统和清洁环保的供热系统，推进本地可再生能源利用，严格控制碳排放。提高绿色建筑、节能相关标准，全面推动绿色建筑设计、施工和运行。构建先进的垃圾处理系统，全面推行垃圾分类，促进垃圾资源化利用。合理布局地下基础设施网络，有序利用地下空间。

十一、建设国际一流的创新型城市。要实施创新驱动发展战略，高起点布局高端高新产业，改革创新人才发展机制，集聚国内外高端创新要素，优化雄安新区创新创业生态，建设实体经济、科技创新、现代金融、人力资源协同发展的现代产业体系。建设国际一流的科技创新平台和科技教育基础设施，引进和培育创新型企业，推动形成以企业为主体、市场为导向、产学研深度融合的技术创新体系，推进京津冀协同创新，促进军民融合创新，主动融入全球创新。强化知识产权保护及综合运用，促进科技成果转移转化。

十二、创建数字智能之城。要坚持数字城市与现实城市同步规划、同步建设，适度超前布局智能基础设施，建设宽带、融合、安全、泛在的通信网络和智能多源感知体系，打造智能城市信息管理中枢。全方位、全流程保障智能基础设施、智能中枢和应用安全，构建城市网络安全保障体系。建立城市智能运行模式和智能治理体系，健全城市智能民生服务系统，打造具有深度学习能力、全球领先的数字智能城市。

十三、确保城市安全运行。要牢固树立和贯彻落实总体国家安全观，以城市安全运行、灾害预防、公共安全、综合应急等体系建设为重点，构建城市安全和应急防灾体系，提升综合防灾水平，建设安全雄安。坚持以防为主、防抗救相结合，坚持常态减灾和非常态救灾相统一，科学确定雄安新区防洪、抗震、消防等安全标准，高标准设防、高质量建设。实现电力、燃气、热力等清洁能源稳定安全供应，提高能源安全保障水平。

十四、加强规划组织实施。《总体规划》是雄安新区发展、建设、管理的基本依据，必须严格执行，任何部门和个人不得随意修改、违规变更。要切实增强政治意识、大局意识、核心意识、看齐意识，坚持大历史观，一茬接着一茬干，全力推进雄安新区规划建设，确保一张蓝图干到底。在京津冀协同发展领导小组统筹指导下，河北省委和省政府要切实履行主体责任，加强组织领导，全力推进雄安新区规划建设各项工作；建立全域覆盖、分层管理、分类指导、多规合一的规划体系，把每一寸土地都规划得清清楚楚后再开工建设；逐步建立涵盖规划、建设、发展各领域和全过程的雄安标准体系，创造“雄安质量”；《总体规划》实施中涉及的重大事项、重大政策和重大项目按规定程序报批。国家发展改革委、京津冀协同发展领导小组办公室要做好综合协调，加强对《总体规划》实施的指导、监督和检查，重大事项及时向党中央、国务院报告；各有关部门和单位以及北京市、天津市等各地区，要积极主动对接和支持雄安新区规划建设，形成推动雄安新区高质量发展的合力。

国务院（公章）

2018年12月25日

【课堂训练】

（1）批复都有什么特点？

（2）写好批复应注意哪些事项？

【实训平台】

★问题诊断

下面是某省地质矿产厅给下属探矿队的一份批复，根据你所学知识，找出不妥之处。

××省地质矿产厅关于同意成立“××省×××岩土工程公司”的批复

×地字〔××××〕第×号

××地质探矿队：

你队×地探字〔××××〕第×号请示收悉，经研究同意成立××省×××岩土工程公司。请抓紧时间，依法办理开业手续。

××省地质矿产厅（公章）

××年×月×日

抄报：地矿部

抄送：地方有关单位、厅属各单位

★思维训练

（1）这是某公司对下属分厂请求修建新办公楼相关请示的批复，你认为可以吗？

关于修建新办公楼请求的批复

××厂：

有关请示已悉。关于修建新办公楼一事，经研究，还是以不建为宜。

此复。

××公司

××年×月×日

（2）下面是一份某乡政府下发的一份批复公文，你觉得有哪些不恰当的地方？

××乡人民政府关于同意《××村粮食补贴改革实施方案》的批复

××村：

你村关于《粮食补贴改革实施方案》现已收悉。经研究，现批复如下：

同意你村根据××省人民政府、××市市委《关于扩大粮食补贴方式改革试点的通知》，实施《粮食补贴改革实施方案》。

特此批复。

××乡人民政府

××年×月×日

★情景模拟

这里是某县棉纺厂写给某县财政局的一份请示文件，请以县财政局的名义拟写一份批复性文件，大意是同意购买两台冷冻机。

关于购买冷冻机的请示

××县财政局：

我厂职工食堂有 2000 人就餐，一到夏季，副食不易保管，经常腐烂变质，给食堂管理造成很大困难，严重影响食堂卫生和职工身体健康。为了搞好食堂管理和食堂卫生，为保证职工的身体健康，搞好生产，顺利完成全年生产计划，经厂领导研究决定，申请购买GH-2型冷冻机三台，合计价格七万五千元。

以上请示，请予审批。

××县棉纺织厂

2019年5月26日

【写作训练】

学校要召开运动会，学校学工处负责组织协调，需要购买一些比赛用品，请以学校的名义拟写一份关于学工处购买运动会比赛用品相关请示的批复。

【知识链接】

在写批复的过程中，注意写好以下几个部分：

(1) 标题。正常情况下，公文的标题是由三部分组成的，分别是发文机关的名称+事由+文种，事由绝对不能省，有的时候可以省去发文机关名称和事由。但是批复一般情况下采用的是完全式标题，而且一般需要在标题中加入表态用语。例如“国务院关于同意成立雄安新区的批复”。

(2) 主送机关。批复的主送机关一般是请示的发文机关，例如河南省人民政府给国务院写了一篇请示，国务院的主送机关就应该是河南省人民政府。

(3) 正文。正文一般情况下是分成三个部分的，分别是：

1) 批复对象。该部分一般是有固定的格式的，一般情况下都是“你单位《关于×××的请示》(发文字号) 收悉，现批复如下：”

2) 批复内容。针对下级机关的请示内容进行针对性的批复，当然在批复的时候也可以针对下级机关的请示进行相关的指导，提出一些执行要求。但是，需要注意的是，批复是需要一文一事的，因为批复针对的是下级机关的请示事项，请示需要一文一事，所以批复也需要一文一事。

3) 结语。批复的结语一般情况下有自己的固定格式，例如“此批”“此复”“特此批复”，都是可以的。

(4) 落款。包括三个部分，发文机关署名、成文日期以及印章，但是需要注意，写作的时候要先写成文日期，先右空四字写成文日期，写完成文日期之后，以成文日期为准居中写发文机关署名。这个时候是需要注意一个问题的，我们写的公文一般情况下都是加盖印章的公文，但是我们不可能带进去一个印章，也不可能自己画一个印章，这个时候为了告诉考官，你知道这个地方有印章，需要在发文机关署名后面加小括号，写上章或者是印章，都是可以的。

任务 2.9 函

【目标要求】

知识目标

(1) 认识函的含义；

(2) 明确函的用途；

(3) 了解函的特点和类型。

能力目标

掌握各类函的写法。

素质要求

能够写出格式规范、语言得体的函。

【案例分析】

关于给××超市总公司商租商场一事的复函

××超市总公司：

贵公司《关于商租××商厦五楼的函》（×超函〔××××〕××号）收悉，经研究，现答复如下：

贵公司欲租我商厦五楼闲置的楼面开设超市，这是方便顾客的购买需求，有利于盘活我商厦的闲置资源、扩大我商厦的经营规模与商品种类的好事，本商厦欢迎贵公司来我商厦五楼开设超市。具体租金请贵公司来人面洽。

特此复函。

××商厦

××××年××月××日

【评析】

这是答复对方商洽事项的函。正文开头引述对方来函标题及发文字号，以作复函缘由，继而用“经研究，现答复如下”一语过渡到主体部分。主体部分先概括对方来函所商洽的事项及意义，既是对来函的回应，又表达了自己的态度。紧承这句，做出“欢迎”合作的表态，并提出面谈要求。文章针对性强、态度诚恳、表述严谨、行文规范。

【知识提要】

2.9.1 函的含义

函，即信；公函即公务信件。它是上下级和平行机关或不相隶属机关之间在商洽和联系工作、询问和答复问题时所使用的文体。函的特点是不受公文规定的严格限制，如不用正式文件头，也可以不编文件序号，有时还可不拟标题，因此用起来极为简便。

2.9.2 函的用法

(1) 下级机关向上级机关询问一般事宜，或上级机关答复或催办下级机关有关事宜。

(2) 平行机关或不相隶属机关之间商洽有关事宜。

(3) 用函来通知一般事项。如通知开一般性的会议、要求下级机关报送某项材料或统计某些数字等时，也常用公函。

(4) 向上级机关请示较小事宜也常用函。

2.9.3 函的特点

（1）使用广泛性。函的使用不受级别高低、单位大小的限制，收发函件的单位均以比较平等的身份进行联系。上至国务院，下至基层组织、企事业单位、社会团体都广泛地使用函。

（2）行文多向性。函可以上行、下行，但大多数函属于为平行文。

（3）用语谦敬性。不论什么类型的函，用语皆得注重谦恭有礼、尊重对方，力求得到对方更多的理解和支持。函是最注重使用文言词汇的公文。函是公文中最富有文学性的文种。

2.9.4 函的种类

（1）商洽函。即不相隶属机关之间商洽工作、联系有关事宜的函、如人员商调、联系参观学习等。

（2）询答函。即不相隶属机关之间相互询问和答复有关具体问题的函。询答函实际上又可分出“询问函”和“答复函”。有些不明确的问题向有关机关和部门询问，用询问函；对机关和部门所询问的问题做出解释答复，用答复函。询答函涉及的多数是问题而不是具体的工作。

（3）批请函。即用于不相隶属机关之间请求批准和答复审批事项的函。批请函实际上又可以分为“请批函”和“审批函”。请批函用于向不相隶属的主管部门请求审批事项，而审批函则用于主管部门答复不相隶属机关单位的请批事项。

（4）告知函。即告知不相隶属机关有关事项的函。

（5）催办函。催促不相隶属的单位办理与己有关的公务事项的函。

以上是按内容和用途对函所做的分类。若按照文面格式分类，函可以分为公函和便函。若按照行文去向分类，函又可以分为去函和复函。

2.9.5 函的格式

公函由首部、正文和尾部三部分组成。其各部分的格式、内容和写法要求如下。

2.9.5.1 首部

主要包括标题、主送机关两个项目内容。

（1）标题。公函的标题一般有两种形式。一种是由发文机关名称、事由和文种构成。另一种是由事由和文种构成。

（2）主送机关。即受文并办理来函事项的机关单位，于文首顶格写明全称或者规范化简称，其后用冒号。

2.9.5.2 正文

其结构一般由开头、主体、结尾、结语等部分组成。

（1）开头。主要说明发函的缘由。一般要求概括交代发函的目的、根据、原因等内容，然后用“现将有关问题说明如下：”或“现将有关事项函复如下：”等过渡语转入下文。复函的缘由部分，一般首先引叙来文的标题、发文字号，然后再交代根据，以说明发文的缘由。

（2）主体。这是函的核心内容部分，主要说明致函事项。函的事项部分内容单一，一函一事，行文要直陈其事。无论是商洽工作、询问和答复问题，还是向有关主管部门请求批准事项等，都要用简洁得体的语言把需要告诉对方的问题、意见叙写清楚。如果属于复函，还要注意答复事项的针对性和明确性。

（3）结尾。一般用礼貌性语言向对方提出希望。或请对方协助解决某一问题，或请对方及时复函，或请对方提出意见或请主管部门批准等。

（4）结语。不同类型的函结语有别。如果行文只是告知对方事项而不必对方回复，则结语常用“特此函告”“特此函达”。若是要求对方复函的，则用“盼复”“望函复”“请即复函”等语。请批函多以“请批准”“请大力协助为盼”“望准予××是荷”等习惯用语收束。也有的函不写结语。

2.9.5.3 尾部

写明发文机关和发文日期并加盖公章。

【规范例文】

【例文 2-14】

关于征求《饮用水水源污染防治管理条例》（征求意见稿）意见的函

××函〔××××〕××号

各省、自治区、直辖市人民政府办公厅，国务院有关部门和直属机构办公厅（室）：

为落实《国务院关于落实科学发展观加强环境保护的决定》（国发〔2015〕39 号）和《国务院研究饮用水安全有关问题的会议纪要》（国阅〔2016〕22 号）的要求，根据《中华人民共和国水污染防治法》第二十条的有关规定，我局组织起草了《饮用水水源污染防治管理条例》（征求意见稿）及其《立法说明材料》，现送你单位征求意见，请于 2017 年 11 月 30 日前将书面意见反馈我局。

联系人：×××××××××××××

电　话：（×××）×××××××××

传　真：（×××）×××××××××

E-mail：×××××××@××××. gov. cn

附件：1. 饮用水水源污染防治管理条例（征求意见稿）

2. 饮用水水源污染防治管理条例（征求意见稿）立法说明材料

××××××××办公厅

2017 年 11 月 13 日

【例文 2-15】

中国科学院××研究所关于建立全面协作关系的函

××大学：

近年来，我所与你校双方在一些科学研究项目上互相支持，取得了一定的成绩，建立了良好的协作基础。为了巩固成果，建议我们双方今后能进一步在学术思想、科学研究、人员培训、仪器设备等方面建立全面的交流协作关系，特提出如下意见：

一、定期举行所、校之间学术讨论与学术交流。(略)

二、根据所、校各自的科研发展方向和特点，对双方共同感兴趣的课题进行协作。(略)

三、根据所、校各自人员配备情况，校方在可能的条件下对所方研究生、科研人员的培训予以帮助。(略)

四、双方科研教学所需要高、精、尖仪器设备，在可能的条件下，予对方提供利用。(略)

五、加强图书资料和情报的交流。

以上各项，如蒙同意，建议互派科研主管人员就有关内容进一步磋商，达成协议，以利工作。

特此函达，务希研究见复。

中国科学院××研究所（盖章）

2018年12月24日

【课堂训练】

(1) 函有什么用法?

(2) 函有什么特点?

【实训平台】

★问题诊断

下面是一份催办函，你认为有哪些不恰当的地方，试将其指出。

××市第一变压器厂关于抓紧归还劳动服务公司借款的函

市第一变压器厂：

你厂于2015年1月，从我厂借去资金3万元，作为你厂劳动服务公司开办费，当时双方讲好年内一定偿还。目前已经是2016年1月了，我厂正在编制2015年的财务决算，为使我们能及时搞好各类款项的清理结账，要求你厂务必将所借之款于1月20日前归还我厂，切不要一拖再拖，给我厂财务工作的顺利进行带来不应有的困难。

此致

敬礼

2015年1月10日

★思维训练

下面是一份函件，你知道这属于函件中的哪一种吗?

国务院办公厅关于征求
《国家党政机关公文处理工作条例（草案）》意见的函

国办函〔××××〕××号

各省、市、区人民政府、国务院各部门办公厅（室）：

现将我们草拟的《国家党政机关公文处理工作条例（草案）》送给你们，请组织有关同志讨论修改，并将修改意见于十一月底前告诉我们。

国务院办公厅（盖章）

××××年×月×日

★情景模拟

交通部广州救捞局委托××造船厂建造一艘2700马力的拖轮一艘，船号为“穗救202”轮，出厂至现在已经三年了，可是当时欠装的拖缆机至今尚未安装。为此该救捞局曾多次去函催××造船厂尽快给予解决，但××造船厂一直未明确答复。该轮由于缺少拖缆机，长期无法正常执行生产任务，经济上已造成了很大的损失。为此救捞局再次致函造船厂尽快为“穗救202”轮安装拖缆机，以免再延误该轮的正常工作。

请你以广州救劳局的名义拟写一份催办函。

【写作训练】

某商品目前正处于热销中，某商场想扩大销售额，决定多进一些此类商品，可是本市代理商对各大商场有配额限制，请你以该商场的名义向代理商拟写一份商洽函。

【知识链接】

函的适用范围

函及其适用范围《国家行政机关公文处理办法》规定：“相互商洽工作，询问和答复问题，向有关主管部门请求批准等，用‘函’。”函，即信，是机关之间联系、商洽工作的公用信件。这种公用信件由于用途不同，又分为公函和便函两大类。用来商洽、询问、答复一般工作事项的，称为公函。公函属于国家规定的正式公文，用以处理某些事务性事项。我们所说的函系指公函。

函是运用广泛、使用灵活方便的文种。首先，函无论对上级、对下属，还是平行机关、不相隶属单位都适用，而其他文种则要考虑行文关系，区分上行文、平行文、下行文。其次，函不受公文规格的严格限制，行文比较灵活多样。但在实际运用中，由于对函的作用和写作缺乏足够的了解，在公文中较少用函，不少可以而且应该用函的却用报告代之。例如某建筑部门因盖高楼订购电梯，本来只要发一份函即可，却用了《关于申请订购高层综合办公楼电梯的报告》。又如某小学校门口有个公交车站，由于车辆拥挤，严重影响了小学生进出学校的安全，学校决定与公交公司交涉，写了一份《关于要求公交站台移位保障师生安全的报告》。而公交公司即向学校发出了《关于对要求站台移位保障师生安全的报告的批复》。两个不相隶属单位，如此行文，造成笑话。此外，有些本该用函的，却不恰当地用了通知、请示的事例也屡见不鲜。

那么，函的使用范围有哪些呢？

（1）互相商洽工作，多用于平行机关或不相隶属机关之间。例如财政部给轻工业部的《关于国家储备上、中等烤烟所需资金和贷款利息问题的函》，针对1982年烤烟超收，由国家储备500万担上、中等烤烟所需资金和贷款利息问题，提出了几点意见。

（2）询问情况或征询意见，上下级之间催办工作事宜。如某市纪委向所辖区纪委查询某一走私案件或问题，可以发函。区纪委接到这个函件，可用函回复对方，也可用报告回复。一般来说，比较简单的、一般性的问题用函回复；涉及内容比较重要、人物情节比较复杂的问题，以报告回复为好。

平级间的询问往往与联系或商洽工作交织在一起。

(3) 请示一般较小的工作事项。函具有与请示类似的“向有关主管部门请求批准”的作用（请示的规定是“向上级机关请求指示、批准”）。国务院没有对两者做严格的限定。一般来说函不具有指挥或指示作用，该用请示、报告的还应当用请示、报告。函所“请求批准”的问题，往往是具体工作中不甚主要不甚复杂的问题。例如某省人民政府向国务院请示县以上各级人民政府悬挂国徽的问题；某学院向上级主管部门申请加入某学会等，均用函件。

(4) 答复问题。处理询问函，一般用函回复。但对于上级机关的询问，多用“报告”答复。例如财政部《关于烟草专卖许可证收费问题的复函》即是对中国烟草总公司(1983) 烟专字316号函的回复；国家烟草专卖局《关于四川省名晾（晒）烟有关问题的函》是针对四川省广安县物价局询问该县毛柳烟是否属专卖管理范围的函而发的。

(5) 对其他事务，如对原发文件有小的更正、补充等。

任务2.10　纪要

【目标要求】

知识目标

(1) 认识纪要的含义；

(2) 明确纪要的用途；

(3) 了解纪要的特点和类型。

能力目标

掌握各类纪要的写法。

素质要求

能够写出规范的小型会议的纪要。

【案例分析】

×××企业集团办公会议纪要

(××××年××月××日)

××××年××月××日下午，陈×总裁在总部主持召开了新年第一次总裁办公会议，确立今年企业集团的工作思路，布置了工作任务。

参加会议的有各部门负责人。会议议定事项如下：

一、企业集团今年的工作思路是：“扶持和培育10~15家骨干企业；稳定30家左右中等企业；撤、并、停、转、重组一批小企业和困难企业”，减少企业集团下属子企业数量，促进有潜力的企业快速发展。会议要求集团总部各部门依据工作思路制订出今年的工作计划。

二、今年的工作重点是建立“三库”，即建立企业资产财务信息库、人力资源库和企业基本情况数据库。

三、今年要加强集团内部管理，强化服务意识，理顺工作程序，严格考勤考核工作，增强执行制度和各项规定的自觉性，树立企业集团的良好形象。

四、年初出台新的企业考核体系。对不同性质的企业出台不同的考核办法。

【评析】

这是一篇分项式会议纪要。导言部分介绍了会议主题、会议时间、地点、主持人和出席人员。文种承启语后，分条列项地写了会议议定的四方面的事项。文章指导思想明确、层次分明、语言明晰。

【知识提要】

2.10.1 纪要的含义和用途

纪要适用于记载、传达会议情况和议定事项，可以上行也可以下达。会议纪要根据会议记录、会议文件、会议的其他有关资料整理而成。有些会议纪要可经上级领导机关或主管部门批转或被转发。会议纪要有沟通情况、交流经验、统一认识、指导工作的作用。

2.10.2 纪要的特点

（1）内容的纪实性。在会议后期或者会后根据会议记录和各种会议材料整理而成。

（2）表述的纪要性。只是对会议结果的摘要归纳。

（3）作用的受限性。只对与会单位、与会人员有一定的约束力，要扩大读者范围和影响力，则需由上级机关将之作为“通知”的附件下发。

2.10.3 纪要的种类

按照会议内容的不同，会议纪要可以划分为以下几种类型：

（1）决议性会议纪要。主要记载和反映领导层制定的决策事项，作为传达和部署工作的依据，对今后的工作具有指导作用。

（2）研讨性会议纪要。主要记载和反映经验交流会议、专业会议、学术性会议的研讨情况，阐明各方的主要观点、意见或情况。

（3）协议性会议纪要。主要记载双边或多边会议达成的协议情况，以便作为各方执行公务和履行职责的依据，根据写法的不同，会议纪要分为三种类型：分项式、综述式、摘要式。

2.10.4 纪要的结构与写法

2.10.4.1 标题

纪要的标题有两种写法。

（1）由会议名称和文种组成。

（2）由说明会议意义或内容的正标题和说明会议名称和文种的副标题构成。

2.10.4.2　正文

（1）导言，即会议组成情况，简述会议时间、地点、出席人员、中心议题和议程等。

（2）主体，即会议的主要精神。下面分别介绍各类会议纪要主体的写法。

1）综述式会议纪要。对会议的内容或议定事项，进行综合概括，按性质分成若干部分，依据一定的逻辑顺序排列写出。议题比较重大、涉及面较广的会议纪要，多属此类。

2）分项式会议纪要。把会议的内容或议定事项，分条列项地写出。许多办公会议纪要或讨论解决较具体、较专门问题的会议纪要属于这一类。

3）摘要式会议纪要。将与会者的发言按中心议题的要求择其要点摘录出来，按内容性质归类后写出。对发言者要写出真实姓名和职务、职称。这种写法不仅能客观地反映与会者的观点和主张，还能较大限度地保留谈话风格。

2.10.4.3　结尾

一般写对与会者的希望和要求，也有的会议纪要不写专门的结尾。

2.10.5　注意事项

（1）会议纪要是对会议全部材料的概括、综合和提炼，必须广泛搜集会议材料，全面掌握会议情况，按照会议精神，对材料进行分类和筛选。

（2）抓住要点，突出会议主题。

（3）语言表达上，以叙述为主。精炼、通俗，篇幅不宜太长。

（4）根据会议的内容及规模，选用恰当的写作结构。

（5）注重使用会议纪要的习惯用语。会议纪要常常以“会议”为第三人称而记述会议内容。主体部分应注重使用下列层次或段落的开头语：“会议认为”“会议提出”“与会者一致认为”“会议决定”“会议要求”“会议希望”“会议号召”等。

【规范例文】

【例文 2-16】

××省人民政府办公厅关于食糖储备工作纪要

（××××年×月××日）

××××年×月××日，省政府办公厅召集省计委、经贸委、财政厅、工商银行研究了省级食糖储备问题。秘书长×××同志主持会议。参加会议的有×××、××等同志。现将会议确定事项纪要如下：

一、为保证我省市场消费和轻工食品生产正常进行，加强对食糖的调控能力，一致同意建立省级食糖储备制度。

二、省级食糖储备量暂安排 2 吨，由省糖酒茶叶公司落实货源。

三、食糖储备资金为 600 万元，由省糖酒茶叶公司自筹 500 万元，省工商银行贷款 5500 万元，贷款指标近期予以安排。

四、储备费用年需 730 万元，由省财政厅和代储企业共同承担。其中，省财政拨付一部分资金作为铺底资金，供周转使用。省级食糖储备坚持全年储备和季节性更新相结合，销售差价部分先抵补储备费用。如有节余，除适当留给储备单位作留利外，主要用于充实储备资金；如出现亏损，先从基金中补贴，超过部分由省糖酒茶叶公司负担。

资料来源：百度文库。http：//wenku. baidu. com/

【例文 2-17】

某企业集团办公纪要

（××××年××月××日）

××××年××月××日下午，陈××总裁在总部主持召开了新年第一次总裁办公会议，确立了今年企业集团的工作思路，布置了工作任务。参加会议的有各部门负责人。会议议定事项如下：

一、企业集团今年的工作思路是："扶持和培育 10~15 家骨干企业；稳定 30 家左右中等企业；撤、并、停、转重组一批小企业和困难企业"，减少企业集团下属子企业数量，促进有潜力的企业快速发展。会议要求集团总部各部门依据工作思路制定出今年的工作计划。

二、今年的工作重点是建立"三库"，即建立企业资产财务信息库、人力资源库和企业基本情况数据库。

三、今年要加强集团内部管理，强化服务意识，理顺工作程序，严格考勤考核工作，增强执行制度和各项规定的自觉性，树立企业集团的良好形象。

四、年初出台新的企业考核体系。对不同性质的企业出台不同的考核办法。

资料来源：百度文库。http：//wenku. baidu. com/

【课堂训练】

（1）纪要需要加盖印章吗？

（2）现在还有人把纪要称作"会议纪要"，这样妥当吗？

【实训平台】

★问题诊断

下面是一份会议纪要，你认为有哪些不妥之处，请指出来。

××县人民政府第六次常务会议纪要

××××年×月×日上午八点半至十二点，在县政府常务会议室召开了××县人民政府第六次常务会议，会议由县长×××主持，副县长×××、××、××、×××及政府办公室主任×××出席。

现将会议讨论及决定的主要事项纪要如下：

一、会议听取了副县长×××关于召开经济工作会议准备的情况汇报，讨论了扩大县属企业自主权的十条规定。会议同意县经济工作会准备情况汇报，并决定于×月×日召开全县经济工作会议。

二、会议原则同意县民政局关于民政事业费管理使用办法的修订意见。

三、会议同意将县政府办公室提出的转交机关工作作风的规定意见（讨论方案）印发各部门，广泛征求意见，做进一步修改后，以县政府文件印发。

××县人民政府办公室（印章）

××××年×月×日印发

★思维训练

（1）下面是几个纪要的标题，你能说出其标题的构成要素吗？

1）《全国农村爱国卫生运动现场经验交流会纪要》；

2）《四川省人民政府关于加强少数民族地区文化艺术交流问题的会议纪要》；

3）《贯彻党的十八大精神　开创三农工作新局面——四川省农村工作会议纪要》。

（2）下面这段话是会议纪要的一部分，你认为是导言部分还是主体部分？

2014 年 3 月 19 日，×××副省长主持召开省能源联席会议第一次会议，主要研究分析当前能源供应形势，研究对策措施，布置当前工作。……同志参加了会议。

★情景模拟

某学院为了适应学院发展的新形势和新变化，进一步增强编制学院 2013~2015 年学科专业建设规划的科学性，经学院领导同意，由发展规划处牵头，于××××年××月××日上午召开了学科专业建设规划工作座谈会。学院知名教授、各系主任、发展规划处、教务处负责同志参加了座谈会。会议由×××教授主持。会议重点讨论了编制该学院 2013~2015 年学科专业建设规划的指导思想和基本思路，并达成了共识。

会议认为，编制学院 2013~2015 年学科专业建设发展规划，应当以党的十八大精神为指导，立足我院实际，坚持科学发展观，又好又快地稳步前进。总体思路应当是：稳步发展，优化结构，突出特色，提高质量。

稳步发展主要指专业的设置要在现有基础上有一定的增长，原则上每个系在最近三年内新增 1~2 个专业，使我院现有学生人数从目前的××××人扩大到××××人。优化结构主要指改善学科专业结构和提升办学层次两个方面。在学科专业结构方面，应使目前拥有的管理、文学和艺术 3 个学科逐步向包括工学、理学和经济学的多学科方向发展。新增专业也应符合优化学科结构的要求。在办学层次方面，应充分利用国内外高校的办学资源，采用“本硕连读”等各种形式，与他们合作联办，共同招收培养研究生。突出特色主要指加快“特色专业群”建设。提高质量主要是指现有专业和新增专业都要练好内功，应使培养的学生具有竞争力，受到社会的认同。提升质量的内涵应当包括教学水平、师资水平、科研水平、实践教学水平和教改水平等方面。

会议还就举办特色专业的系（部）如何提供政策支撑等问题提出了相关建议。

请根据以上材料拟写一份会议纪要。

【写作训练】

参加班级班委会或团支部会议，根据会议议定的内容，拟写一份会议纪要。

【知识链接】

纪要与会议记录的区别与联系

纪要是一种法定的公务文书，其撰写与制作属于应用文写作和公文处理的范畴，必须遵循应用文写作的一般规律，严格按照公文制发处理程序办事。而会议记录一般包括会议组织情况、会议的议题和议程、会议的进程和内容、必要的手续，属于记录类文书。它只是办公部门的一项业务工作，属于管理服务的范畴，它只需忠实地记载会议实况，保证记录的原始性、完整性和准确性即可，其记录活动同严格意义上的公文写作完全是两码事，只是一种书面材料。两者在载体样式、称谓用语、适用对象、分类方法、内容重点以及处理方式等诸方面都有明显的区别。

两者的不同主要体现在以下几方面：

（1）性质不同。会议记录是讨论发言的实录，属事务文书；纪要只记要点，是法定行政公文。

（2）功能不同。会议记录一般不公开，无须传达或传阅，只作资料存档；纪要通常要在一定范围内传达或传阅，要求贯彻执行。

（3）写法不同。会议记录是由专人把会议的基本情况如实地记录下来；纪要是根据会议的中心议题、指导思想和议定事项，在会议记录所提供材料的基础上，经过概括、整理、提炼，才能形成公文。

项目 3　事务文书

任务 3.1　计划

【目标要求】

知识目标

(1) 了解计划的含义和特点；

(2) 明确计划的作用和种类；

(3) 清楚计划的格式。

能力目标

掌握计划的写作方法。

素质要求

能够拟写一般事务性计划。

【案例分析】

××大酒店 2016 年市场销售工作计划

根据酒店经营总体工作部署，我们制订了市场营销部 2016 年工作计划。

一、建立酒店销售公关通信联络网

今年重点工作之一建立完善的客户档案，对宾客按签单重点客户，会议接待客户，有发展潜力的客户等进行分类建档，详细记录客户的所在单位、联系人姓名、地址，平时保持好业务联系，在年终可以举办一次大型客户答谢联络会，以加强与客户的感情交流。

二、开拓市场，争取客源，建立灵活的激励销售机制

今年营销部将配合酒店整体新的销售体制，重新制订完善市场营销部销售任务计划及业绩考核管理实施细则。以团队精神，互相合作、互相帮助，营造一个和谐、积极的工作团体。

三、热情接待，服务周到

接待团体、会议、客户，要做到全程跟踪服务、“全天候”服务，注意服务形象和仪表，热情周到，针对各类宾客进行特殊和有针对性服务，最大限度满足宾客的精神和物质需求。制作会务活动调查表，向客户征求意见，了解客户的需求，及时调整营销方案。

四、做好市场调查及促销活动策划

经常组织部门有关人员收集、了解旅游业、酒店及其他相关行业的信息，掌握其经营管理和接待服务动向，为酒店总经理室提供全面、真实、及时的信息，以便制定营销决策和灵活的推销方案。

五、密切合作，主动协调

与酒店其他部门密切配合，根据宾客的需求，充分发挥酒店整体营销活力，创造最佳效益。加强与新闻媒体等单位的联系，充分利用多种广告形式推荐酒店、宣传酒店，努力提高酒店知名度，争取得到这些单位对酒店工作的支持。

2016年，销售部将在酒店领导的正确领导下，努力完成全年销售任务，开拓创新，团结拼搏，创造营销部的新形象、新境界。

【评析】

这是一份某酒店的年度工作计划，前言中交代了计划的制定依据，在正文当中分条逐项的交代工作目标和努力方向。正文中还分别就一些具体工作提出办法措施并预测了希望取得的基本成效。应该说计划的事务性表达得还是很充分的，同时工作的中心也表述得比较明确，主要是做好酒店的销售工作。作为单位的年度工作计划还是比较务实和具体的。

【知识提要】

3.1.1 计划的含义与特点

(1) 计划的含义。计划是机关、团体或个人对将要进行的或一定时期的某项工作而制定的总体和阶段的任务及其实施方法、步骤和措施的一种事务文书。

(2) 计划的特点：

1) 预见性。计划不是对已经形成的事实和状况的描述，而是在行动之前对行动的任务、目标、方法、措施所做出的预见性确认。

2) 针对性。计划一是根据党和国家的方针政策、上级部门的工作安排和指示精神而定，二是针对本单位的工作任务、主客观条件和相应能力而定。总之，从实际出发制定出来的计划，才是有意义、有价值的计划。

3) 可行性。如果目标定得过高、措施无力实施，这个计划就是空中楼阁；反过来说，目标定得过低，措施方法都没有创见性，实现虽然很容易，并不能因而取得有价值的成就，那也算不上有可行性。

4) 约束性。计划一经通过、批准或认定，在其所指向的范围内就具有了约束作用，在这一范围内无论是集体还是个人都必须按计划的内容开展工作和活动，不得违背和拖延。

3.1.2 计划的分类与作用

(1) 计划的种类。计划的分类方法很多：按容量分，有综合性计划、单项计划。按内容分，有生产计划、工作计划、学习计划、科研计划、国民经济发展计划和各种会议计划、活动计划。按范围分，有国家计划、地区计划、部门计划、单位计划、科室计划、车间计划、班组计划。按时间分，有长期计划、短期计划，三年以上的称为长期计划，如三年计划、五年计划；短期计划，如年度计划、季度计划、月份计划等。按效力分，有指令性计划和指导性计划。

(2) 计划的作用。有了计划，工作就有了可遵循的标准和依据，避免陷入盲目性；有了计划，工作就有了明确的目标，有利于制定者安排、落实任务，增强工作的自觉性和主动性；有了计划，便于上级和群众对工作的开展进行检查、监督，有利于工作完成后的总结。

3.1.3 计划的格式与写法

计划通常由标题、正文和落款三部分组成。

（1）标题。计划的标题有两种形式：一是完整标题："单位名称+计划时限+计划内容+文种"；二是简单标题："计划时限+文种"或"计划时限+计划内容+文种"。

（2）正文。正文是计划的主干部分，包括前言、任务和目标、步骤和措施、结语四个部分。

1）前言部分。这部分主要是制定计划的依据或总的指导思想。如遵循上级机关的什么方针和指示来制定计划；根据什么形势和工作任务来制定计划；制定计划总的指导思想或总体目标要求是什么；工作的重点是什么等。在写法上可以通过阐述指导思想统领全文；可以从分析形势入手，引出总的目标或要求；还可以交代行文依据，点明工作重点；也可以总结经验成绩，承上启下，自然引出下文。

2）任务和目标部分。这部分与下面的步骤和措施部分是计划的主体部分，也是计划最基本的组成部分。在这个部分中，要阐明"做什么"和"做到什么程度"。它既是计划的出发点，又是执行计划的目标。完成什么任务、实现什么目标、有哪些要求，包括必要的指标数字、完成的具体时间，都要分得清晰明了，使人们在执行计划时胸中有数、有所遵循，同时也便于对计划执行情况的检查。

3）步骤和措施部分。这部分是完成任务达到指标的手段和保证。即是阐明"怎么做"的问题。步骤要合理，措施要得当，要切实可行，这样，执行者才有信心，才会增强执行计划的自觉性。在一篇计划中，这一部分所占的比重是比较大的。此外，还要明确具体分工和责任。要分清各项工作分别由哪些部门和领导负责，需要哪些部门和人员配合，以保证计划的顺利执行。

计划的主体一般采用分条列项的结构方式，即按主要方面的工作，一个方面、一个方面地去写，每一个方面的工作构成一个层次，分别冠以数目序号或小标题。每个层次的开头，先用概括性的语言阐明工作任务和目标，然后顺次写出完成该项任务的具体要求，步骤方法和措施等。如果内容繁多，还可以在大层次中再划分若干小层次，分条阐述。

4）结语部分。在这部分中，可写明一些注意事项或提出所订计划的意见和方法，也可以有针对性地提出希望和号召，作为整篇计划的结束语。当然，这个部分也可略去不写。多数计划在计划的主体部分写完后就不再另写结尾了。

（3）落款。落款主要包括两项内容，即将计划制定者全称和计划的制定日期写在正文右下方。标题中已经出现制定者名称的，落款可省略这一项。以公文形式制发的计划，要按公文格式行文。

此外，同计划有关的材料，如图表、说明文字，可作附件，放在最后。

【规范例文】

【例文 3-1】

中国工商银行××支行××××年工作计划

根据全省金融工作会议精神，结合我市实际情况，我支行××××年工作的指导思想是：

继续强化金融监督，防范和化解金融风险，进一步完善内部管理机构和加强“三防一保”工作，维护全市良好的金融秩序，促进我市经济金融的健康稳定发展。

一、××××年金融监督工作的主要任务

全省金融工作会议提出了“继续强化金融监督，维护良好的金融秩序，促进金融的健康稳定发展”的金融监督总目标，××××年我支行加强监督的主要任务内容有：

1. 严禁非法设立金融机构和非法从事金融业活动，一经发现，坚决取缔。

2. 坚决杜绝高息贴水吸收存款及非法集资现象。

3. 严禁金融机构用信贷资金和拆借资金买股票。

二、强化金融监督的主要措施

加强金融监督是保证金融业依法经营、稳定发展的基础。为了完成今年金融监管工作任务，既要充分发挥全行各职能部门的作用，自觉履行中央银行职能，又要采取行之有效的措施，狠抓监管工作的落实。

1. 继续按季度做好本市金融风暴预测分析工作。

2. 加强检查督促。

3. 做好对各金融机构经营活动的分析工作。

三、进一步完善内部管理机构，提高工作效率和办事效率，顺利完成今年各项工作任务

根据各股室、各岗位的工作性质、职责，重新修订完善各股室、各岗位工作责任制，从行长到职工都要做到职责分明。

制定空白有价凭证保管领用、账户处理、库房处理等制度，堵塞各种漏洞。

四、加强“三防一保”工作，保障职工和国家财产安全

要贯彻“防查并举，标本兼治，重在预防”的方针，进一步修订完善“三防一保”工作制度，做到人防和技防相结合，坚决杜绝盗窃、抢劫、诈骗等发生，确保今年各项工作任务顺利完成。

资料来源：百度文库。http://wenku.baidu.com/

【例文3-2】

浙江××实业发展有限公司2018年经营计划书

一、2018年的经营方针

在认真审视公司经营的优势和劣势、强项和弱项（SWOT）的基础上，公司发展战略中心对当前行业的竞争形势和趋势做出基本研判，将2012年的经营方针确定为：灵活策略赢市场，扩大规模增实力，加强管理保利润。

经营方针是公司阶段性经营的指导思想，各单位、各部门和各级干部的各项经营、管理活动，包括政策制定、制度设计、日常管理，都必须始终不渝地围绕经营方针展开、贯彻和执行。

二、2018年的经营目标

（一）核心经营目标

2018年，公司的核心经营目标是：年度销售收入6500万元，增长率93%，保底销售收入5000万元；年度税后利润780万元，增长率338%，税后利润率12%，资产回报率

20%，保底利润 360 万元。

在核心经营目标中，利润是能够反映公司经营质量的唯一指标，也是评价和考核经营团队的“核心之核”。

(二) 销售目标细分

销售目标细分见表 3-1。

表 3-1 销售目标细分表 (万元)

分类	项目	年度目标	第一季度	第二季度	第三季度	第四季度
按责任中心分解	国际贸易中心	2500	350	550	750	850
	中国区营销中心	4000	625	840	1091	1444
	合计	6500	975	1390	1841	2294
	进度比	100%	15.0%	21.3%	28.3%	35.4%
	累计进度比	100%	15.0%	36.3%	64.6%	100%
按责任部门分解	国际贸易部	2500	350	550	750	850
	渠道发展部	2870	390	580	820	1080
	直营发展部	930	185	220	224	301
	广州专卖店	200	50	40	47	63
按市场类型分解	美国市场	1375	—	—	—	—
	欧/新市场	375	—	—	—	—
	澳洲市场	375	—	—	—	—
	其他国际市场	375	—	—	—	—
	国内渠道市场	2870	390	580	820	1080
	国内直营市场	1130	235	260	271	364

上述销售目标的分解，按《2018 年度销售目标分解表》执行 (附件)。

三、主要经营策略

(一) 市场策略

实现销售收入的大幅度增长，扩大市场覆盖面、扩大实质客户群，进而大幅提升订单量，是企业获得发展的必然选择。因此，公司将 2012 年确定为“市场拓展年”，拟投入巨额资金开拓市场，发展客户、争取订单。

(略)

(二) 产品策略

市场策略需要产品策略和价格策略的强力支撑和支持。

2012 年公司的整体产品策略是“亲民路线”，即：在确保品质的基础上，在设计、选材和价格方面，始终围绕客户需求，以客户需求为出发点和归属点，以适销对路为原则，降低单套产品利润，提升总体销量，实现利润总量的最大化。

(略)

(三) 品牌与招商策略

品牌是产品营销的催化剂和拉动力。

经过近 15 年的经营，“××”已经成为行业的优势品牌，具有较强的号召力；同样，经过多年的运作，“×××”也已成为“××”旗下的优质品牌，在市场上和消费群中具有良好的美誉度。因此，2012年，公司必须集合品牌资源，区分目标客户群，综合运用平面、电波、网络等通路，集中力量向海外市场和中国区市场推广“××”和“×××”两大品牌。

（略）

四、实现目标的保障措施

（一）生产资源保障

1. 公司新增投资400万元，增加生产设备，扩大生产场地，确保产品生产总额6500万元和各项营销策略的实现。

2. （略）

（二）人力资源保障

“服务、支持、指导”是人力资源管理永恒的宗旨，保障一、二线部门的后勤供给，构建体系、理顺管理，指导核心部门改善人力资源管理，是人力资源中心2012年的三大任务。为此，必须从以下4个方面做好人力资源管理工作。

加快人才引进。以《2018年人力配置标准计划》为基础，加快新增人员中的关键职位的引进和流失人力的补充，确保一、二线的用人需求；建立人员淘汰和人才储备机制和计划，在2018年6月31日前将应淘汰的人员全部淘汰完毕，将储备人才全部引进到位。

加强教育训练。建立培训体系，以素质培训为核心，对公司员工和加盟商进行系统的培训，提升员工和合作伙伴的职业和经营素质。

建立合理的分配体系。建立对外具有竞争性、对内具有公平性、对员工具有激励性的，包括员工薪资、福利、红利在内的分配体系；并在施行中不断加以完善。

建立合理的绩效管理体系。按照“有计划、分步骤、可量化、可持续”的原则，由人力资源总监牵头，以目标管理为基础，建立工作绩效管理体系，按照分级管理、分层考核的原则，自2018年1月1日起，总经理对公司经营团队实施考核；自2012年4月1日起，各中心对中层干部（部门）和基层干部（作业组）施行考核；绩效管理必须与分配体系联动推行，以确保目标管理切实落实。

（三）综合管理保障

市场竞争特别是出口贸易竞争的加剧，必然在技术壁垒上有所体现，客户必将更加关注体系认证等技术性措施。公司将2012年定义成为未来3~5年的经营发展奠定基础的“管理基础年”，高效顺畅的管理是公司核心竞争力的一个核心。

（略）

（四）财务资源保障

2012年，公司将为一线部门提供优势财务资源，在广告、人力、费用、收益分配等各项投入上向一线倾斜。与此同时，财务中心必须从下列4个方面加大监测和监控力度。

（略）

（五）组织管理保障

由董事长（总经理）负责，与经营团队签定《目标经营责任书》，明确各责任中心的目标、责任和相应的权利。

（略）

五、总体要求

公司高层清醒地认识到：2018 年的经营目标，是在全面权衡和全面分析的基础上制定的；2018 年的经营计划是一个充满机遇和机会的计划，也是一个具有挑战和风险的计划。要将这一理想变为现实，需要全体员工的共同努力。

（一）更新观念，创新管理

公司认为，要达成 2018 年的经营目标，首先要更新观念，各级干部和全体员工必须彻底摒弃“因循守旧、得过且过、小步前进、作坊经营”的思想观念，以宏观的立场，树立“产业洗牌、不进则退”的危机意识和“发展公司，分享成果”的捆绑意识，在生产管理的流水作业、产品开发的结构系列、采购管理的成本降低、订单评审的菜单管理、后勤保障的服务品质、财务监测的深入一线等各方面，创新经营思维、创新管理模式，为公司经营从作坊工厂向现代企业的彻底转型奠定良好的基础。

（二）切实负责，重在行动

公司要求，各级干部和全体员工要以“负责任”的态度做好各项工作，特别是经营团队和中层干部，必须以“责任”主管的立场开展各项工作，不得仍有“功在我责在他”的遇事推诿的恶习和行为。

公司强调：干部和员工的价值在于行动和执行，公司将以行动力和执行力考核所有干部，对于那些纸上谈兵、不尚作为的干部和员工，公司将考虑予以淘汰。

（三）业绩优先，奖惩落实

利润是 2018 年公司经营指标的“核心之核”，销售是实现利润的载体性指标。在这一思想指导下，“业绩定酬，指标量化，逐级捆绑，分层考核”是公司的基本政策取向，也就是说，经营团队以利润为核心指标与公司实施紧密捆绑，中/基层干部和员工以工作业绩指标与上级主管实施紧密捆绑，采用自上而下逐级考核的办法，充分调动全体员工的工作积极性。同时，对于不能胜任本职工作的干部（包括团队成员）和员工，采取主动让贤、组织调整、公司劝退、末位淘汰等措施，增强造血功能，提升管理体制。

总之，公司希望并要求：所有公司从业人员，必须以全新的观念、全新的面貌、全新的行动，投身“打造高效××，实现业绩翻番”的伟大征程中，为公司的跳跃式发展做出更大的贡献。

资料来源：百度文库。http：//wenku. baidu. com/

【课堂训练】

（1）计划有哪些种类？

（2）计划有什么特点？

【实训平台】

★问题诊断

下面是一位大学生的计划书，你认为这样写可以吗？

大学生活计划书

进入大学已经有半年了，可我还记得，十月金秋的时候，抱着对大学的憧憬，踏上了离开故土的一步！还记得，曾经对大学的期盼，曾经为了考上大学而付出的努力，当来到大学的那一刻，我的人生便不再是从前那般充满了希冀！我曾为自己成为一个大学学子而自豪，也曾许下豪言壮志。曾经，那么多的学生社团引起了每一位大一新生青春的激情；曾经，军训让我们知道了什么是成长，什么是承受，什么是独生子女从来未曾体味到的一切一切！

然而，在人生的旅途上，我们终究是迷茫了，总以为大一是碌碌无为，大一是无聊和浪费，时光在指间悄然而逝，却不知珍惜！困惑地度过了半年，经过了一个寒假的仔细思考，我渐渐寻获了大学生活的方向。一个人贵在知道自己应该去干什么，“明其志，方能知所赴”！学校提供的平台是许多专家共同认可的，适合大部分同学需要的，然而我们自己应该更清楚自己的实际需要，在学习课程上有所侧重，有所安排，另外选学一些对自己有价值、有益处的课程，这将更具个性化，更能挖掘你的潜力。

★思维训练

（1）“凡事预则立，不预则废”说的是什么意思？

（2）你怎么理解“一年之计在于春”？

★情景模拟

张华同学毕业实习来到一家广告公司，实习期间业务突出，尤其是在市场营销与推广方面崭露头角，而且业务开展颇有一些办法。营销部经理决定让她帮助你写一份广告业务营销计划。

【写作训练】

拟写一份单科或全面的个人学习计划。

要求：符合计划的撰写格式；标题、正文、署名和日期三个部分要完整；正文要写得明确具体，做什么、怎样做、做到什么程度、采取什么切实可行措施等，要分条分项逐一排列。

【知识链接】

计划的不同分类

工作计划是行政活动中使用范围很广的重要公文，也是应用写作的一个重头戏。机关、团体、企事业单位的各级机构，对一定时期的工作预先作出安排和打算时，都要制定工作计划，用到“工作计划”这种公文。工作计划实际上有许多不同种类，它们不仅有时间长短之分，还有范围大小之别。从计划的具体分类来讲，比较长远、宏大的为“规划”，比较切近、具体的为“安排”，比较繁杂、全面的为“方案”，比较简明、概括的为“要点”，比较深入、细致地为“计划”，比较粗略、雏形的为“设想”，无论何种称谓，这些都是计划文种的范畴。

细分特点：工作计划在实际工作中，按照内容、范围、时间的差异，有不同的文体叫法。

（1）规划。规划是计划中最宏大的一种：从时间上说，一般都要在三五年以上；从范围上说，大都是全局性工作或涉及面较广的重要工作项目；从内容和写法上说，往往是粗线条的，比较概括，如《××省经济和社会发展十年规划》。

(2) 设想。设想是计划中最粗略的一种：在内容上是初步的，多是不太成熟的想法；在写法上是概括地、粗线条地勾勒。设想在严肃性、科学性和可行性方面的要求相对差一些，因为它是为正式的规划或计划做准备，不是给各级领导看的，就是让群众讨论的，不必也没时间考虑得太周密，只要基本成形就可以，且在提出任务或目标时，往往还有一些简短的论述语句。设想与规划一样，在内容的写法上都是比较原则和概括，不可能也没有必要写得太细、太具体。

(3) 计划。狭义的计划是应用写作广义工作计划中最适中的一种。这个特点表现在，时间一般在一年、半年左右，范围一般都是一个单位的工作或某一大项重要工作，内容和写法要比规划具体、深入，要比设想正规、细致，要比方案简明、集中，要比安排扩展、概要。

(4) 方案。方案是计划中内容最为复杂的一种。由于一些具有某种职能的具体工作比较复杂，不作全面部署不足以说明问题，因而公文内容构成势必要烦琐一些，一般有指导思想、主要目标、工作重点、实施步骤、政策措施、具体要求等项目。

(5) 安排。安排是计划中最为具体的一种格式：由于其工作比较确切、单一，不作具体安排就不能达到目的，所以其内容要写得详细一些，这样容易使人把握。方案和安排有共同之处，即写作题材都是单项的工作，即只对一项工作做出部署和安排。这也正是方案、安排与规划、设想、计划、要点的根本不同。但二者在内容范围上也有大小之分：方案的内容范围适合于上级对下级或涉及面比较大的工作，安排的内容范围更适合于单位内部或涉及面较小的工作，如《××市关于计划生育的工作安排》。

任务 3.2 总结

【目标要求】

知识目标

(1) 了解总结的概念和特点；

(2) 明确总结的作用和种类；

(3) 清楚总结的格式。

能力目标

掌握总结的写作方法。

素质要求

能够拟写一般事务性总结。

【案例分析】

售后服务是企业的命根子

佳宝技术服务中心 2015 年工作总结

2015 年，佳宝集团技术服务中心全体员工和分布在全国各地维修网点的员工一起，根据总经理关于“售后服务是企业的命根子”的指示精神，坚持“拥有佳宝电器，享受一流服务”的宗旨和“一切为了使用户满意”的标准，发扬“同心多奉献，合力创一流”

的企业精神，大力开展优质服务活动，扎扎实实地做好各项工作，实现了本年度的总体目标。

回顾一年来，我们主要做了以下几项工作。

一、优化网点建设，加强网点管理

1. 开展网点升级达标活动。

2. 开展网点调研考察。

3. 合理调整网点布局，扩大维修服务的覆盖面。

二、调整售后服务策略，适应市场和用户需要

1. 增加服务项目，扩展服务范围。

2. 转换服务形式，提高服务水平。

3. 开拓服务经营一体化道路，增强自身实力。

三、提高员工素质，深化优质服务（略）

四、开展“佳宝电器百日维修服务质量无投诉”活动（略）

2015 年是佳宝集团事业发展的关键一年，更是实现集团中期发展规划的决定性一年。我中心必须进一步贯彻落实何总关于“售后服务是企业的命根子”和总经理关于“服务先于销售”的指示精神，坚持“一切为了使用户满意”的最高标准，把售后服务工作作为首要任务，为维护佳宝信誉做出更大贡献。

2015 年 12 月 29 日

【评析】

这是一篇以新闻标题为正标题、公文标题为副标题的总结，正标题概括了总结的主题，副标题写明单位名称并概括总结的具体内容。总结的内容总结了佳宝集团技术服务中心坚持服务宗旨、发扬企业精神，大力开展优质服务活动，扎扎实实地做好各项工作的具体做法。从加强管理、调整服务、提升素质和开展活动四个方面进行总结。结尾处强调今后的工作方向和重点。

【知识提要】

3.2.1 总结的含义与特点

（1）总结的含义。总结是对过去一定时期的工作或一项活动（包括学习或思想的实践等活动）进行全面、系统的回顾与思考、分析和研究，从中找出经验教训，形成理论化、系统化、规律化的书面材料，并用以指导未来实践，是事务文书的常用文体。常见的“小结”“体会”“回顾”等都属于总结。

（2）总结的特点：

1）反映工作实践本质；

2）展示工作实践过程；

3）语言表达夹叙夹议。

3.2.2 总结的分类

总结的应用范围非常广泛，种类很多。

(1) 按内容划分，可分为生产总结、工作总结、学习总结、思想总结、活动总结等；

(2) 按范围划分，可分为国家总结、地区总结、个人总结等；

(3) 按时间划分，可分为年度总结、季度总结、月份总结等；

(4) 按功能划分，可分为经验性总结、汇报性总结等；

(5) 按性质划分，可分为综合性总结和专题性总结两大类。

3.2.3 总结的作用

总结是从以往的事实中获取宝贵的经验教训，以供今后改进工作。因而，通过总结，可以为后者提供借鉴，推广先进，预防错误；总结还能够沟通上下级的联系，交流信息，可以使人们避免在无知和盲目中走弯路，使人们尽快步入捷径，使经验得到有效的传播。通过总结，可以使人们形成理论联系实际的工作作风，避免决策的空洞与苍白。具体来说，总结的作用包括以下几个方面：

(1) 推动工作前进的必要依据。任何一项工作，不管是个人或团体去开展都需要多次反复操作、辛勤劳动才能完成。每一次具体实践，都有成绩与失误、经验与教训，及时总结就会及时获得经验吸取教训，提高认识和工作技能。不断实践、不断总结，那么人们对客观事物的认识也就越来越深刻，所进行的事业通过总结才会不断发展、前进。

(2) 提升工作能力的重要途径。一个人的工作能力是指他承担某项工作、执行某项业务或任务的能力。具体表现有两方面：一是他的专业知识水平，二是他解决处理实际工作的能力。在实践中两者经常是糅合在一起、相得益彰。因此，认真做好工作总结是提高工作能力的重要手段。

(3) 争取上级支持的最佳渠道。一项工作或任务完成之后必须进行总结，在总结中全面深入地回顾、检查，找出成绩与失误、吸取经验与教训，实事求是地做出正确评价。通过总结把成绩、经验、问题和今后的努力方向等向上级部门汇报，能引起领导的重视，争取领导的支持和指导。

3.2.4 总结的格式与写法

总结的种类和内容较多，在写法上没有一个固定的格式。怎样能够准确、鲜明、生动地把工作中的主要规律反映出来，就怎样写。要因具体情况而定，灵活多样。当然，由于人们在长期的实践中形成一定的写作格式，因此总结通常由标题、正文、落款三部分组成。

3.2.4.1 标题

总结的标题写法比较灵活，常见的有以下几种：

(1) 公文式标题。由“机关名称+时限+内容+文种”四部分组成，这类标题常用于工作总结。如《××市交通管理局 2013 年减员增效工作总结》；有时也可将第一项省略，如《1999 年春季植树造林工作总结》。

(2) 文章式标题。这类标题多用于经验总结。如《加强监督管理，防范金融风险》。

（3）正副式标题。即用正标题概括总结内容，用副标题标明单位名称、时间期限、总结种类等内容。这类标题多用于专题性总结。如《严肃党纪国法，推进反腐倡廉——外经贸委党委专项整风总结》。

3.2.4.2 正文

这是总结的中心部分，由前言、主体和结语三部分组成。

（1）前言部分。这部分通常用来说明撰写总结的目的，或者概述总结的内容，使人们对总结对象的基本情况有所了解。

常见的写法有以下几种。

概述式。概括交代总结所涉及的时间、环境、开展工作的背景、主要做法和成绩等，使读者对工作的全貌有个总体了解和认识。要求文字高度概括、言简意明。

评述式。即在开篇用简要的语言、夹叙夹议的方式，对总结的主要问题、做法、成绩等进行总体的评价，阐述全文的基本观点，提纲挈领，统领全文。

结论式。即在文章开头对整个工作活动做一个概括式的结论，把主要成绩，也就是“成果”展示出来，并点明其作用和意义，阐明总结的核心所在，然后在主体部分谈经验，讲做法。

（2）主体部分。这部分可分为两大方面内容：一是成绩和经验，此部分要用翔实的材料将工作介绍清楚，最好用鲜活的实例和有说服力的数字；然后指明取得成绩的做法和体会，从中找出规律性的东西。二是问题和教训，此部分要求实事求是地将工作中的失误和不足写出来，并深刻分析产生问题的原因，指出应从中吸取的教训。也有些总结先集中写成绩和问题，再集中写经验和教训。无论采用哪种写法，都必须使这部分做到有材料、有观点、有情况、有分析，而且材料具体、情况客观、观点正确、分析有力。

这部分在写法上可采用以下几种写法：

一是标题分列式。即把工作活动中具有典型性的经验、做法归纳成几个部分，也就是把主要内容分为几个论题进行阐述，每个部分提炼出一个概括性强的小标题，以揭示出一个中心内容。各部分之间既存在一定的逻辑联系，又具有内容上的相对独立性。这种写法眉目清晰、中心明确，读者容易把握总结的主旨所在。

二是方面划分式。即按工作内容的所属类别把主体划分为若干个方面，如理论学习、队伍建设、机构改革、后勤管理等，然后逐一阐述每一方面工作中的做法、问题、经验、体会等具体内容。如果问题复杂、内容繁多，每个方面还可以划分为几个小的层次段落。大型的综合性总结宜采用这种形式。

三是阶段划分式。即把工作活动的整个过程，从开始到完成，按时间先后顺序划分为几个密切相连的阶段，然后分别阐述每个阶段中的做法、成绩、问题和认识等内容。每个阶段可采用列序号或加小标题的方法领起，阶段之间采用一些过渡性词语自然衔接，使整个正文浑然一体、秩序井然。

（3）结语。正文结语要简明、概括。行文要自然、有力，给人以鼓舞，文字不宜过长。既可概括归纳全文主要内容，点明今后努力方向；也可针对问题提出改进意见。总的要求只能是结论式的、粗线条的，切不可添枝加叶，把总结的结尾扩展到小型的计划。当然，有些带有工作建议的总结（一般均为上报公文），其结尾还应占有相当大的文字比重；也有许多总结主体写完就自然收束，不再另加结语。

3.2.4.3 落款

总结的落款部分的写法与计划完全相同。

3.2.5 写作注意事项

为使写出的总结真正起到应有的作用，在写作总结时应注意以下几点：

（1）深入调查，占有材料。

（2）加工整理，选择典型。

（3）提炼观点，找出规律。

（4）层次清晰，突出重点。

（5）语言要准确、简明，数据要精确可靠。

【规范例文】

【例文 3-3】

大学毕业总结

大学四年即将毕业，现在总结如下。

大学，曾经是一度梦想的地方。高中时我们记着老师“辛苦 3 年，幸福 30 年”的教诲，那时考上大学是我们所有人的梦想。如今大学生活结束，不仅仅是获得一个本科毕业证，还学到了扎实的专业知识，这是我走向未来人生之路的基石。

如果大学可以重来，我一定会制订一份完整的计划，而不是留下那么多遗憾。有人说“计划没有变化快，所以不要制订计划”，但对我而言制订计划还是有必要的，我是自制力不强的人，当完成计划任务时会有一种如释重负的感觉，一种达到目标获胜的感觉。

大学让我学会做人，善于社交。“纸上得来终觉浅，绝知此事要躬行”，任何事情经历一次得到的教训会使你刻骨铭心。我性格内向，不善于社交，原因是来自农村，不自信。后来出去做兼职，出去招生，我们劝说家长把孩子送到贵族学校上学，说完话自己都觉得可笑。可见，社交能力需要慢慢锻炼，多参加活动。

通过社会实践和专业实习，逐渐让我明晰了一个道理：企业需要的往往不是最优秀的人，而是最适合的人，因为最优秀的人往往忠诚度最低，随时可能跳槽，做事的核心是做人。

【例文 3-4】

×××财政局××××年上半年工作总结

区政府：

今年以来，我局在区委、区政府的正确领导下，以党的十九大精神为指针，深入开展学习实践科学发展观活动，紧紧围绕区委、区政府工作重心，认真履行财政职能，多方培植财源，狠抓增收节支，推进财政改革，强化财政监督，财政工作实现了时间、任务双过半的目标，取得了较好的成绩。现将上半年工作总结及下半年工作计划报告如下：

在这半年中，我局取得了许多工作成效。狠抓财政收入，保持稳定增长；强化预算约束，保证重点支出；完善制度建设，促进财政改革；强化财政监督，加大监管力度；加强会计管理，重视会计教育；规范政府采购，节支效果明显；构建民生财政，社会保障到位；盘活国有资产，做好资金融通。全区财政工作虽然情况良好，一般预算收入保持了稳定增长，财政收入总量继续扩大，但仍存在一些突出的矛盾和问题：

一是经济收入结构不尽合理；二是财政税收收入增长乏力，后续财源仍然不足；三是支出压力大，收支矛盾突出；四是由于行政事业性收费政策调整，增收难度加大，完成全年财税收入任务压力巨大。

为此，要采取的主要工作措施：一是深入基层调研，创新工作方法；二是强化日常考核，设置奖惩措施；三是完善问责机制，理清责任主体。

×××财政局

××××年××月××日

【课堂训练】

（1）总结有哪些种类？

（2）总结有什么作用？

【实训平台】

★问题诊断

下面是一篇工作总结，仔细阅读，从内容到语言，从逻辑到语序，看有哪些不妥之处，试予以指出。

××厂2015年青年工人业务培训工作总结

我厂应该参加业务培训的青年职工有84人，去年底普测合格有28人，还有56人需要继续培训。为了切实抓好青工业务培训这项工作，我厂于今年一月办起业务培训班。下面谈谈我们的初步做法和今后打算。

总公司《关于切实搞好青年职工业务培训工作的通知》下达以后，厂里十分重视。经了解，我厂接近婚龄的女青年较多，要尽快完成业务培训任务，为方便大家，决定在厂里开办业务培训班。

为了保证教学质量，必须加强教学管理。我们制定了“学员守则”“考勤制度”等必要的规章制度，并且各班配备了正副班长，负责考勤和收发作业。定了制度就要严格执行。有一段时间各班出勤率、作业完成率普遍不高。我们根据群众意见，规定无故旷工一次，扣发当月绩效奖金100元；两次不完成作业扣200元。这件事对学员震动很大，出勤率、作业完成率都有所提高。

但是，光有这些还不够，还应该积极采取措施，帮助职工解决学习和生活中的具体困难，为他们解除后顾之忧。

在青工业务培训方面，我们取得了一些成绩，但也存在不少问题。目前，两个快班已经结业，对于考核及格的，我们将举办业务骨干培训班，让他们继续学习提高。对于考核不及格的，我们打算把他们插入慢班继续补课，待明年六月份再参加统一考核，争取明年全部完成业务培训任务。

2015年12月

★**思维训练**

(1) 总结的前言部分有哪几种写法?

(2) 总结写作中有哪些注意事项?

★**情景模拟**

你选修《大学生就业指导》后,在老师的指导下,通过自我分析的360度评估、职业兴趣、职业性格、职业价值观,需要对自己的认知做一小结。请分析自己的兴趣、性格、能力、价值观,充分地了解自己、认识自己,就在学习或工作中,应该保持怎样的态度,如何提升自身能力、发扬优点、认真做事,如何待人接物,顺应职场等,拟写一份“职业规划自我分析小结”。

【写作训练】

请你为自己的某项工作或实习(训)写一篇总结,找出经验和不足。

【知识链接】

省委大笔杆教你如何写好年终总结

总结总结,先总后结,总是总揽情况,结是结晶思想。总的情况要清楚,我的体会是“三要”。

一要“两下功夫”,弄清“半熟”情况。

很多总结是“给我总结”,自己的情况当然是清楚的,再扩大一点,写本单位工作总结,情况至少是比较清楚的。但这种清楚和比较清楚对于写总结报告来说还只能算个基本清楚,我把它叫做“半熟”状态,还需要朝着“更加清楚”的方向“下更深功夫”。

功夫一:“纵、横、大、新”四遍梳理。“纵”是从时间上梳理,“横”是从事件上梳理,“大”是从大事上梳理,“新”是从创新(亮点)上梳理。“纵横”梳理是基础梳理,“大新”梳理是上层梳理,真正要写进总结报告的事情,主要是大的事情和富有创新亮点的事情。

功夫二:跳出局外对照比较。“当局者迷,旁观者清”。我们有必要跳出来看一看,请别人说一说,和外面比一比,这样,就更清楚哪些是真正成绩,哪些是主要问题,哪些事大哪些事小,哪些当写或不当写。尤其是经验总结和先进材料,一定要比较,找出“个性事”“特色事”“独立事”“亮点事”。

二要“六听三看三查”,弄清“陌生”情况。

更多总结是“替人总结”。我们经常受命去总结某个地方或某个部门的工作,怎样在很短的时间内把一片从未接触过的领域摸清楚,变陌生为熟悉,变外行为内行?我的体会是多听多看多查。

“六听”:即听主要领导宏观讲,听中层干部中观讲,听职工和群众微观讲;听正面的了解成绩,听中间的了解情况,听反面的了解问题。有了前三听情况就有了个“八九不离十”,加上后三听情况就更加明了清晰,正所谓“兼听则明,偏信择暗”。

“三看”：即看材料、看数据和看现场。看材料包括看综合性材料、看单型材料、看方方面面的材料，有时不妨再看看举报材料。看材料其实是走捷径，写得好的材料是可以为己所用的，但也容易被牵着走，自己要有判断。看数据包括看年度月度的报表，看一天的原始数据，看一个阶段的数据变化。当前经济社会各方面的总结，越来越重视数据这一块。看现场包括看准备了的现场，看随机抽样抽到的现场，有时也要看负面现场。现场最具真实性和生命力。

“三查”：即查上情，了解上一级直至中央精神；查外情，了解外地经验甚至外国经验；查史情，了解历史状况和发展变化情况。“查三情”很重要，它决定总结报告对“六听三看”所获材料的取舍。

三要从情况总汇到情况总揽。

我理解的情况总汇是“一天说不完”，情况总揽是“一两句话可以说明白”。

前者是说情况了解得全面丰富，后者是说情况掌握得准确要害。用两个词形容，前者可以“铺天盖地”，后者一定“顶天立地”。前者是基础，后者是升华。总汇需要花功夫，总揽需要有能力，这种能力是从总体上驾驭、从宏观上把握、能够提纲挈领的能力。而我们有的时候，会困在大量的材料里，“坐拥其中”走不出去、“陷足里面”拔不出来。从总汇到总揽须有一个过程，一个学习与锻炼的过程，一个培养与成长的过程，一个从低到高的过程。

任务3.3 会议记录

【目标要求】

知识目标

(1) 了解会议记录的准备工作；

(2) 掌握会议记录的基本要求；

(3) 熟悉会议记录的分类；

(4) 知晓会议记录的特点；

(5) 清楚会议记录的重点。

能力目标

(1) 能做好一般性会议的会议记录；

(2) 掌握会议记录的写作技巧。

素质要求

(1) 能够弄清会议记录与会议纪要的区别；

(2) 熟知会议记录的写作格式。

【案例分析】

×××有限公司办公室会议记录

时间：××××年×月××日星期×

会议地点：×××

会议主持人：×××

会议记录人：××

出席人：公司各部门人员

缺席：×人

会议内容：

公司召开了业务会议，为了公司的良好发展，提出了以下内容。

×××经理提出：

(1) 关于公司人员的重新分配，从今天开始，×××着重投入于网络的优化，做好网页的宣传，而新入职的办公室助理则接手×××之前担任的行政工作内容，其他人继续做好自己的岗位。

(2) 严格管理业务部，业务是最重要的模块，要加大力度抓紧和投入。

(3) 严格执行考勤制度，一个月内迟到两次要相应地扣除工资，遵守打卡制度，如有特殊情况，需提前通知请假，然后请假的员工需在次日到梁经理处补名。

(4) 有关座位的重新编排，把业务部的人员规划在一起，让公司有一个严谨、规范的形象。

(5) 最后，规范一个专门对外接受咨询的 QQ 账号，每天专门由×××一人负责登录，然后分派给业务员，到月末统计网上咨询了解公司产品和信息的客户人数。这样有利于决定加大还是保持公司的投入力度。

××总经理提出：

(1) 加强生产、销售，销售是重点，需要用心做，另外还提议员工多走车间，这样可从中更好地了解产品的参数和构造。

(2) 对商品的投放力度要加大，努力完善网站的优化。

(3) 尤其外贸部这一模块，需对其进行更详细的细化、整理。最后，×××总结出做业务最重要的是快和专业。

×××提出：

(1) 由于下班时候办公室没有业务员的情况下仍然有电话打进，×××建议将电话转接到业务员的手机，能够及时接到电话。

(2) 办公室的仪容要靠大家一起整理，小至每一个人的座位，大至公司的财产保护，尽力改善公司的形象，让别人看到公司的规范。

(3) 同事之间应该互相提出建议，一起做到进步和努力。

最后，×××总结了今天的会议内容，每一个员工都需要用心投入，付出与收获是成正比的，公司的发展离不开每一位员工的努力。

【评析】

这是一份某公司例行办公会议的会议记录，对于会议的时间、地点、主持人、记录人、出席人、缺席情况、会议内容及发言情况都做了翔实的记录。内容大体完整，在最后应该有“散会”字样，同时还要有会议主持人、记录人的签字。

【知识提要】

3.3.1 会议记录的准备工作

记录人员在开会前要提前到达会场，并落实好用来做会议记录的位置。安排记录席位时要注意尽可能靠近主持人、发言人或扩音设备，以便于准确清晰地聆听他们的讲话内容。从某种程度上讲，记录人员比一般与会人员更为重要，安排记录席位要充分考虑其工作的便利性。

3.3.2 会议记录的基本要求

（1）准确写明会议名称（要写全称），开会时间、地点，会议性质。

（2）详细记下会议主持人、出席会议应到和实到人数，缺席、迟到或早退人数及其姓名、职务，记录者姓名。如果是群众性大会，只要记参加的对象和总人数，以及出席会议的较重要的领导成员即可。如果某些重要的会议，出席对象来自不同单位，应设置签名簿，请出席者签署姓名、单位、职务等。

（3）忠实记录会议上的发言和有关动态。会议发言的内容是记录的重点。其他会议动态，如发言中插话、笑声、掌声，临时中断以及别的重要的会场情况等，也应予以记录。

记录发言可分摘要与全文两种。多数会议只要记录发言要点，即把发言者讲了哪几个问题，每一个问题的基本观点与主要事实、结论，对别人发言的态度等，作摘要式的记录，不必“有闻必录”。某些特别重要的会议或特别重要人物的发言，需要记下全部内容。有录音机的，可先录音，会后再整理出全文；没有录音条件，应由速记人员担任记录；没有速记人员，可以多配几个记得快的人担任记录，以便会后互相校对补充。

（4）记录会议的结果，如会议的决定、决议或表决等情况。

会议记录要求忠于事实，不能夹杂记录者的任何个人情感，更不允许有意增删发言内容。会议记录一般不宜公开发表，如需发表，应征得发言者的审阅同意。

3.3.3 会议记录的记录重点

会议记录应该突出的重点有：

（1）会议中心议题以及围绕中心议题展开的有关活动；

（2）会议讨论、争论的焦点及其各方的主要见解；

（3）权威人士或代表人物的言论；

（4）会议开始时的定调性言论和结束前的总结性言论；

（5）会议已议决的或议而未决的事项；

（6）对会议产生较大影响的其他言论或活动。

3.3.4 会议记录的注意事项

（1）真实准确。要如实地记录别人的发言，不论是详细记录，还是概要记录，都必须忠实原意，不得添加记录者的观点、主张，不得断章取义，尤其是会议决定之类的东西，更不能有丝毫出入。真实准确地要求具体包括：不添加、不遗漏、依实而记；清楚，首先是书写要清楚，其次，记录要条理分明、突出重点。

(2) 要点不漏。记录的详细与简略，要根据情况决定。一般地说，决议、建议、问题和发言人的观点、论据材料等要记得具体、详细。一般情况的说明，可抓住要点，略记大概意思。

(3) 始终如一。始终如一是记录者应有的态度。就是指记录人从会议开始到会议结束都要认真负责地记录到底。

(4) 注意格式。格式并不复杂，一般有会议名称、会议基本情况和会议内容。会议基本情况包括时间、地点、出席人数、主持人、缺席人、记录人；会议内容，这是会议记录的主要部分，包括发言、报告、传达人、建议、决议等。

(5) 前后有序。凡是发言都要把发言人的名字写在前，同时，一定要先发言记录于前，后发言记录于后。记录发言时要掌握发言的质量，重点要详细，重复的可略记，但如果是决议、建议、问题或发言人的新观点要记具体详细。

3.3.5 会议记录的写作技巧

一般说来，有四条：一快、二要、三省、四代。

一快，即记得快。字要写得小一些、轻一点，多写连笔字。要顺着肘、手的自然去势，斜一点写。

二要，即择要而记。就记录一次会议来说，要围绕会议议题、会议主持人和主要领导同志发言的中心思想，与会者的不同意见或有争议的问题、结论性意见、决定或决议等做记录，就记录一个人的发言来说，要记其发言要点、主要论据和结论，论证过程可以不记。就记一句话来说，要记这句话的中心词，修饰语一般可以不记。要注意上下句子的连贯性、可讯性，一篇好的记录应当独立成篇。

三省，即在记录中正确使用省略法。如使用简称、简化词语和统称。省略词语和句子中的附加成分，比如“但是”只记“但”，省略较长的成语、俗语、熟悉的词组，句子的后半部分，画一曲线代替，省略引文，记下起止句或起止词即可，会后查补。

四代，即用较为简便的写法代替复杂的写法。一可用姓代替全名；二可用笔画少易写的同音字代替笔画多难写的字；三可用一些数字和国际上通用的符号代替文字；四可用汉语拼音代替生词难字；五可用外语符号代替某些词汇。但在整理和印发会议记录时，均应按规范要求办理。

3.3.6 会议记录的特点

(1) 综合性。会议记录是在对会议中各种材料、与会人员的发言以及会议简报等进行综合分析和概括提炼基础上形成的，它具有整理和提要的基本特点。

(2) 指导性。这一特性包含两层含义：一是会议本身的权威性；二是会议记录集中反映了会议的主要精神和决定事项。因而记录一经下发，将对有关单位和人员产生约束力，起着类似于指示、决定或决议等指挥性公文的作用。会议记录还可以作为与会同志向单位领导汇报、向群众传达的文字依据。

(3) 备考性。一些会议记录主要不是为了贯彻执行，而是向上汇报或向下通报情况，必要时可作查阅之用。

3.3.7　会议记录的分类

按照会议性质来分，会议记录大致有办公会议记录、专题会议记录、联席（协调）会议记录、座谈会议记录等。

办公会议记录是记述机关或企业、事业单位等对重要的、综合性工作进行讨论、研究、议决等事项的一种会议记录。办公会议记录一般有例行办公会议记录，即记述例行办公会议情况及其议决事项的会议记录和现场办公会议记录，即为解决某重大问题而召集有关方面和有关单位在现场研究、议决或协商的办公会议记录。

专题会议记录是专门记述座谈会讨论、研究的情况与成果的一种会议记录。其主要特点是主题的集中性与观点意见的分层性相结合，既要归纳比较集中、统一的认识，又要将各种不同观点和倾向性意见都归纳表达出来。

3.3.8　会议记录与会议纪要的区别

会议纪要有别于会议记录。二者的主要区别如下。

第一，性质不同。会议记录是讨论发言的实录，属事务文书。会议纪要只记要点，是法定行政公文。

第二，功能不同。会议记录一般不公开，无须传达或传阅，只作资料存档；会议纪要通常要在一定范围内传达或传阅，要求贯彻执行。

第三，载体样式不同。会议纪要作为一种法定公文，其载体为文件，享有《中国共产党机关公文处理条例》《国家行政机关公文处理办法》（以下简称《条例》《办法》）所赋予的法定效力。会议记录的载体是会议记录簿。

第四，称谓用语不同。会议纪要通常采用第三人称的写法，以介绍和叙述情况为主。会议记录中，发言者怎么说的就怎么记，会议怎么定的就怎么写，贵在“原汤原汁”不走样。

第五，适用对象不同。作为公文的会议纪要，具有传达告知功能，因而有明确的读者对象和适用范围。作为历史资料的会议记录，不允许公开发布，只是有条件地供需要查阅者查阅利用。

第六，分类方法不同。会议纪要种类很多。按其内容，可分为决议性纪要、意见性纪要、情况性纪要、消息性纪要等；按会议的性质，可分为常委会议纪要、办公会议纪要、例会纪要、工作会议纪要、讨论会纪要等。而会议记录通常只是按照会议名称来分类，往往以会议召开的时间顺序编号入档。对会议纪要的分类，有助于撰写者把握文体特点，突出内容重点，找准写作角度；对会议记录的分类则主要是档案管理的需要。

【规范例文】

【例文 3-5】

××市城市综合管理委员会市容整顿专项工作会议

时间：4 月 8 日上午

地点：管委会会议室

主持人：李××（管委会主任）

出席者：杨××（管委会副主任）、周××（管委会副主任分管城建）、李××（市建委副主任）、肖××（市工商局副局长）、陈××（市建委城建科长）及建委、工商局有关科室宣传人员。街道居委会负责人。

列席者：管委会全体干部

记录：邹××（管委会办公室秘书）

讨论议题：

1. 如何整顿城市市场秩序；

2. 如何制止违章建筑、维护市容市貌。

杨主任报告城市现状：我区过去在开发区党委领导下，各职能单位同心协力、齐抓共管，在创建文明卫生城市方面取得了一定成绩，相应的城市市场秩序有一定进步，市容街道也较可观。可近几个月来，市场秩序倒退了……

讨论发言（按发言顺序记录）

肖××：个体商贩不按规定到指定市场经营，管理不得力、处理不坚决，我们有责任。

罗××（工商局市管科科长）：市场是到了非整不可的地步了。我们的方针、办法都有了，过去实行过，都是行之有效的，现在只要大家齐心协力，问题是能够解决的。

秦××（××居委会主任）：整顿市场纪律我们居委会也有责任。我们一定发动群众配合好，制止“乱摆摊、乱叫卖”的现象。

陈××：对犯规者一是教育，二是处罚。“不教而杀谓之虐”，我们首先宣传教育，如果施工单位仍我行我素不执行，那时按文件处罚处理，他们也就无话可说。

周××：城市管理我们都有文件、有办法，现在是贵在执行，职能部门是主力军，着重抓，其他部门配合抓。居委会把居民特别是“执勤老人”（退休职工）都发动起来，按七号文件办事，我们市区就会文明、清洁，面貌改观……

与会人员经过充分讨论、协商，一致决定如下。

1. 由工商局牵头，居委会和其他部门配合，第一周宣传、第二周行动，监督实施，做到坐商归店，摊贩归点，农贸归市，彻底改变市场紊乱状况。

2. 由管委会牵头，城建委等单位配合对全区建筑工地进行一次检查。然后召开一次施工单位会议，对违章建筑、违章工场限期改正。一个月内改变面貌。过时不改者，坚决照章处理。

散会。

主持人：×××（签名）

记录人：×××（签名）

【课堂训练】

（1）会议记录与会议纪要有哪些区别？

（2）会议记录是否可以公开发表？

【实训平台】

★问题诊断

下面是某学校就业指导处工作人员对学校的就业工作会议做的记录，根据你所学的会议记录这种事务文书的相关知识，指出存在的问题。

就业工作会议记录

会上王书记做了重要讲话，他指出：在今后的一段时间里，做好毕业生就业工作的各项准备工作仍是日常工作的重中之重。第一，学生目光不够长远，扩展领域面狭窄；第二，就业信心不流畅，就业渠道不够畅通；第三，学生关于就业方面的积极性不足，没有从根本上认识到就业问题的严峻性，仍然沉浸在自己的象牙塔中。

就这一系列问题李院长提出了几点建议：第一，学生从开始就应该把目光要放长放远，除了本专业之外，扩展自己的认知领域，把自己的目标点亮表明；第二，本院系要努力改善学生的就业信息流通渠道，保障渠道的流畅性和连续性，开展一系列毕业生招聘会等活动，为学生就业做好基础工作；第三，进一步强化责任意识，坚定地做好促进毕业生充分就业工作的决心和信心。

最后刘院长就学生就业工作提出进一步的要求：一是要进一步提高认识，加强实习就业基地建设；二是拓宽渠道，整合资源，千方百计收集岗位信息；三是加强与学生家长的联系，切实保证家长对学院的信任，消除家长因外界原因而产生的孩子就业焦虑。

★思维训练

（1）会议记录在格式内容方面有哪些必备要素？

（2）做会议记录时在书写上有哪些技巧？

（3）会议记录一经存档就不能随便调阅，你认为是这样吗？

★情景模拟

请根据以下材料，设定参会人员，拟写一份研讨会会议记录。

某社区为组织学习李林森同志先进事迹召开专题研讨会，会上观看了《李林森同志先进事迹报告会》《燃尽生命写忠诚》等一系列学习教育片。李林森同志由宣汉县副县长调任万源市市委常委、副市长，后任万源市市委常委、组织部部长、党校校长至今。李林森同志在万源工作近 6 年时间里，兢兢业业、任劳任怨，最后积劳成疾。近两年，他先后进行过 4 次大手术和多次化疗，一旦病情稳定，他就忘我地投入工作。至今年 4 月，他的病情严重恶化，不得不再次入院治疗，这时，他才得知自己身患重病，生命垂危。他是全国“创先争优”活动涌现出来的先进典型。

【写作训练】

班委会召开会议，你可以以记录员的身份进行记录，注意要符合要求。

任务 3.4 调查报告

【目标要求】

知识目标

（1）了解调查报告的含义和特点；

(2) 明确调查报告的作用和种类；

(3) 清楚调查报告的写作格式。

能力目标

掌握调查报告的写作方法。

素质要求

能够撰写一般事务调查报告。

【案例分析】

环境调查报告

通过对调查问卷的分析，发现了很多问题，公共场合，只有57%的人将垃圾进桶，说明半数多一点的人注重公共环境卫生，其余43%的人这种观念不强，说明大家卫生习惯很不好，我建议大家都来提高自己的素质，不要乱丢垃圾。

在少用塑料袋的调查中，64%的人认识到这一点，36%的人没注意到，说明人们的头脑中环保概念不足，我建议政府和环保组织应该加强倡导的力度，并且政府应该加大经费投入。

在家庭生活中，废袋妥善处理的占到42%，随意的占到58%，问题很严重，我建议大家一定要把废包装袋处理好。

对于满地废包装袋的现象，感受习惯的占6%，说明很多人还没有意识到废袋的危害性。讨厌的占21%，说明大家对环境的审美意识还是有的。无奈的占到48%，说明多数人对废包装袋很讨厌，但囿于人们的自私和丑陋的习惯，无法纠正这一恶习，或者说这是一个严重的社会问题，人们单靠一两个人无力解决。担忧的人占到25%，说明很多人担心环境的污染。我们一定要想办法处理好废包装袋。

支持控制汽车尾气排放的人占到93%，说明大家认识到尾气排放的危害性。不了解的人占7%，说明这些人还缺乏认识。我建议大家一定要控制尾气排放，大家一起来努力，环境一定会好转的。

对包装袋造成的环境污染和资源浪费，有71%的人认识到了，这很好。对于食品分装太小，用袋太多以至于严重污染环境，有32%的人认识到。

其实最后两个问题是很严重的，而政府又是最没有注意的，我建议政府应该规定包装的规格，避免环境恶化和资源浪费。

【评析】

这是关于人们生活环境的一篇调查报告，从行文上看是个人的调查行为，同时报告内容直接写调查结果和简要分析，没有前言或开头部分，没有交代调查的目的，同时也没有说调查的地点及时间。报告也没有结尾部分，并没有一个总体的概要式的结论。

【知识提要】

3.4.1 调查报告的含义、作用和特点

3.4.1.1 调查报告的含义

调查报告是对某一事件、某一人物、某一问题，通过周密、深入的调查研究，进行系

统、科学的整理、归纳、分析后撰写的书面报告。

调查报告的运用范围十分广泛，它既是机关事务文书中的重要文体，又是企事业单位常用的应用文体，还是新闻媒体上常见的新闻体裁之一。

3.4.1.2 调查报告的作用

具体来说，调查报告的作用体现在以下三个方面。

（1）信息传递作用。调查报告的信息传递作用体现在两个方面：一方面，调查报告通过调查反映社情民意，把基层的信息、群众的要求汇报给上级机关，为政府和其他管理部门制定有关的方针、政策提供依据；另一方面，也可通过调查报告把党和政府的方针、政策的具体执行、落实情况，反馈给上级机关，为相关部门提供具体的事实材料。

（2）指导表彰作用。调查报告通过对先进、典型事例的发掘、剖析，揭示新生事物、先进事例的内在规律，可以起到扶植新生事物、倡导先进方法、表彰先进、弘扬正气的作用。调查报告树立的典型、总结的经验，对相关部门、行业、系统的工作有较大的启迪价值。

（3）通报惩戒作用。除了树立正面典型以外，调查报告也可以揭露社会生活中的某些丑恶现象、实际工作中的不良做法和某些干部的渎职腐败行为，从而起到打击歪风邪气、端正社会风气、纯洁干部队伍的作用。

3.4.1.3 调查报告的特点

（1）针对性强。调查报告的性质决定了写调查报告必须有明确的目的，一是为了给决策者提供决策的依据；二是发现典型，总结经验，指导工作；三是为领导机关了解情况、处理实际问题提供依据。调查报告的针对性就体现在撰写目的上，因此，调查报告要从实际出发，有针对性地调查研究、总结经验，回答人们最关心的问题，提出现实生活中迫切需要解决的问题。调查报告的针对性越强，社会作用就越大。

（2）真实准确。调查报告的主旨是调查研究后所揭示的客观事物的本质和规律，一般要有明确有力的观点。因此，写调查报告所涉及的典型事件必须是自己亲自调查了解到的情况，绝不能是道听途说、东拼西凑一些虚假的材料。在调查报告中，由于观点或结论是全部依据事实做出来的，所以它必须做到事实确凿、全面和完整。

（3）叙议结合。调查报告的表达采用叙议结合的方式，主要用叙述，同时也兼有分析、议论，即以叙为主，以议为辅。调查报告不追求事件的曲折波澜，只求叙说清楚。调查报告还要对调查材料中得出的结论以画龙点睛的手法进行适当的分析、议论，点到即止，不做展开，不反复论证，有时也将观点融于事实之中，用事实说话。

3.4.1.4 调查报告的类型

按照不同的标准，调查报告可以有不同的分类。通常按报告所反映的内容分为以下4种类型：

（1）典型经验调查报告。典型经验调查报告是为了推广实际工作中成绩突出的单位或个人的典型经验，而进行的专题调查，调查报告着重介绍他们的具体做法和体会，并将其上升到理论的高度加以概括、提炼。这种介绍经验的调查报告不仅可以起到表彰先进、树立典型的作用，而且可以以点带面，推动其他单位的工作。

（2）问题弊端调查报告。问题弊端调查报告主要揭露社会生活中某些不良现象和社会弊端。它针对工作和生活中发生的重大事故或出现的严重失误进行调查，通过全面、深入、细致的调查分析，用确凿的事实，说明事故或问题发生的原因、情况和结果，指出其产生的背景及性质，说明其危害性，以引起相关人员的注意，避免重蹈覆辙。

(3) 现实情况调查报告。现实情况调查报告要比较系统、深入、完整地反映某一地区、某一系统、某一部门、某一方面的基本情况，使人们可以较全面地了解调查对象各个方面的情况、变化发展的过程和应注意的问题，所反映的内容比较广泛。无论是各个领域的现状和历史情况，还是各个阶层的基本情况，都可以通过调查研究，提出一些带有政策性、方向性、倾向性的问题，以引起全社会的关注，并为领导机关和管理部门研究社会情况、制定有关方针政策提供依据。

(4) 新生事物调查报告。新生事物调查报告以社会现实中某种新近产生或新近有了长足发展的事物为对象，以反映现实生活中的新生事物为主，主要全面反映新生事物的存在状态、呈现的特点，分析它的性质和意义，指出它的发展规律和前景，预测它的发展趋势，以引起人们的关注。

3.4.2 调查报告的结构和写法

调查报告的基本结构一般由标题、正文和结语三部分组成。

(1) 标题。调查报告写作时究竟如何拟写标题，要视具体情况而定，要根据内容的需要来安排，就标题本身而言，做到醒目、鲜明、简练即可。常见的调查报告标题有两种形式：单行标题和双行标题。

1) 单行标题。单行标题一般有两种写法，一种是类似公文标题的写法，即写明事项、范围和文种等，其特点是准确、严谨，如《关于硕士毕业生就业情况的调查报告》；另一种和一般文章的标题写法相同，如《IT 女性巾帼何以不让须眉?》等。

2) 双行标题。双行标题也称正副标题，与新闻专访的标题相似，一般正标题揭示调查报告的主题，类似一般文章的标题写法；副标题说明调查的对象、事项和范围等，对正标题起补充说明作用。如《竞争在今天，希望在明天——全国洗衣机用户问卷分析调查报告》等。

(2) 正文。调查报告的正文一般包括前言、主体两个部分。

1) 前言。前言着重介绍调查的基本情况或者提出问题。基本情况一般包括三个方面的内容：一是调查工作本身的基本情况，包括调查的目的和起因，调查的地点和时间，调查的对象、范围和方法等；二是调查对象的基本情况，包括有关背景、成绩和问题，产生的效果及其影响等；三是调查研究结论的提示。在前言部分就提出问题，是调查报告常用的手法，开门见山地告诉读者调查报告的重点、要点，以引起读者对调查课题的关注，促使读者思考。

2) 主体。主体是调查报告的核心内容，也是对调查研究结果的具体引证、论说部分。这部分内容包括作者所要报告的主要事实和观点，材料丰富、内容复杂，其结构形式主要有以下三种：

①叙述式。叙述式又称纵式结构，其特点是按事件和问题发生、发展、结局的先后顺序安排材料，把事件和问题的来龙去脉夹叙夹议地叙述清楚。这种结构形式多用于事件较单一、过程性强的调查报告。

②并列式。并列式又称横式结构，其特点是按事件、问题的性质，把内容分成几个

部分，并列地组织材料和观点。这种结构形式主要用于总结经验做法、反映问题和分析情况的调查报告。

③递进式。递进式结构在介绍典型经验和揭露问题的调查报告中应用得比较普遍，其特点是逻辑性强、结构严密。由于递进式调查报告是按作者介绍经验和分析问题的思维顺序安排材料，并层层推进、逐步深入的，所以报告的主旨非常鲜明和集中。

此外，主体的常用结构形式还有对比式、因果式、交错式等，不论采用何种结构形式，主体的内容都要写得充实具体、中心突出、层次分明、条理清楚。

（3）结语。结语是调查报告的结束语，要求简洁、凝练，言尽即止，不要拖泥带水，更不能画蛇添足。结语可对主体部分的内容进行概括，明确升华主题；也可以指出不足、存在的问题或提出新的问题，启发思考；还可以针对问题，提供有益的建议。如果调查报告正文完结，内容已阐述清楚，全文应当自然结束。

3.4.3 调查报告的写作要求

（1）深入调查研究，用事实说话。调查报告的功能就是用调查得来的情况反映工作实际。用事实说话是指深入实际进行客观细致的调查，充分地掌握材料，用调查材料直接或间接表明作者的认识。因此，全面深入具体地反映调查对象的实际情况是调查报告的核心内容，也是写好调查报告的前提和基础。

（2）叙议结合的表达方法。调查报告以叙述情况、反映事实为主要内容，但必须对事实情况做必要的分析，以达到透过现象看本质的目的。因此，叙议结合、夹叙夹议是主要的表达方法。初写调查报告，往往不会把握叙与议的“度”，导致“议”得多而“叙”得少，究其原因，一是掌握的调查材料少，所谓“材料不够，议论来凑”；二是没有把握好调查报告的写作特点，把议论分析当作重点。正确的方法是叙述应具体，是主要的写作内容；议论要少而精，并且要紧紧围绕事实，就事论事，找出根源、切中要害、言简意赅、画龙点睛。

（3）分析研究材料，提炼科学观点。调查报告不但要有大量的事实依据，还要有作者的观点和结论。因此，在充分掌握材料的基础上，还必须对材料进行认真的分析与研究，从中提炼出科学的观点。也就是说，要运用正确的思想和科学的方法对材料去粗取精、去伪存真，并进行由此及彼、由表及里的深入认识；要对材料进行分析、综合、归纳，从而发现事物内在的联系和本质特征，找出规律性的东西，形成科学的观点，用以指导工作。

【规范例文】

【例文 3-6】

我校大学生读书现状调查报告

一、前言

“读书破万卷，下笔如有神”“读万卷书，行万里路”，自古以来读书成为人们修身养性的不二法宝。读书可开阔眼界，可增长见识，可陶冶情操，可升华思想。当代大学生作为未来社会建设的预备力量，肩负着时代和社会赋予的历史使命，在培养能力的同时，更应该多读书，从而掌握知识，增强知识储备。为此特开展此次调查。

1. 调查目的：了解我校大学生的读书现状

2. 调查时间：××××年××月××日

3. 调查方式：问卷式

4. 调查地点：××××××

5. 调查对象：我校大学生，男生 50%，女生 50%

二、调查结果分析

现状一：读书时间少，阅读量少，选择盲目

调查显示，23.4%的人基本上不看书，37.3%的人平均每天读书时间在 1 小时以内，30.3%的人平均每天读书时间为 1~2 小时，只有 9%的人平均每天读书时间超过 2 小时。当被问及每学期读书的本数时，37.4%的人表示会读 2~4 本，46.7%的人表示会读 4~6 本，只有 15.9%的人表示会读更多。被问及如何选择书籍时，64.5%的人表示不知读什么书，更多时候会读别人推荐的或看过的书，27.8%以作者为选书依据，43.7%的人注重书的内容，32.5%的人看网上排名，28.6%的人看定价。

现状二：很多同学意识到读书的重要性，但在行动上却相差甚远

调查显示，约 86.7%的同学认为课外读书是非常重要而且有益的，但是在读书时间和读书量上却没有体现。大多同学只是打着丰富阅读量的旗号，其实并没有认真去阅读，只不过看看热闹而已，所以收获也不是很大；还有的学生以学习时间紧张为借口，而不去借阅课外书，放弃原来的读书计划。可见同学们对读书的作用还没有全面而清醒的认识。有的人过于功利，只注重读书对自己的现时作用，却不懂得厚积薄发、读万卷书才能行万里路的道理；另有少部分人对读书的看法比较极端，认为只有课外书籍才是真正有用的东西。

现状三：读书类型多种多样，针对性不强，效果不明显

通过调查发现，大多数同学喜欢看的书都是杂志和通俗小说，女同学中 56.5%的人平时的课外阅读对象是杂志，而男同学中 67.6%的人的课外阅读对象是科幻小说，由于同学们读书目的不明确，没有结合自己的需求选择图书，使得读书内容过于零散不成体系，在一定程度上影响了读书的效果。读书本应广泛涉猎，汲取各种营养，但是同学们在读书时却只选择一两类来读，而没有真正博览群书，限制了自己的视野，久而久之自己的见识与知识储备也没有得到应有的、更好的扩充。

现状四：读什么和如何读是主要困惑

在调查中发现，我校同学在阅读中最主要的困惑是不知道读什么书和不知道怎么读，比例分别是 46%和 31%。在是否需要专家导读的调查中，56%的学生认为很需要和比较需要。这说明交流图书资讯和加强专家导读是大多数同学的需求。

三、大学生读书现状成因

（一）学生自身读书功利性的影响

事实上，急功近利的阅读习惯也在不少大学生身上蔓延。调查显示，每年临近全国四、六级英语考试，外文书库的借阅率要远远高于平时，全国计算机等级考试也使计算机类图书的借阅量成倍增长。临考抱佛脚，考试过后这些书几乎无人理睬。我们走访校园各大书店时也发现，书店内摆在最显眼位置、最畅销的也往往是各类备考书。同时，消遣性的市场图书也受到不少大学生的欢迎，而一些古典严肃的经典文学艺术丛书却遭遇冷落。

盲目性也是目前大学生读书中存在着的一个普遍问题。不少大学生并没有从中学被动的、以考试为中心的学习模式中走出来。学生们把读书当成是专业学习之外的“课外”的事情，缺乏按照社会需求和个人兴趣系统进行知识配置的意识。

（二）受众多外部因素影响，读书时间无法保证

作为在校大学生，并非每个人都可以在课业、交际和读书之间找到完美的平衡，影响大学生读书时间甚至读书心态的外部因素众多。调查结果表明，大学生很容易受这些因素的影响而降低自己的读书时间和质量。很多同学认为自己不经常读书的原因是受外部因素的影响，而对于这些因素，27%的同学认为是时间太紧，22%的同学认为是课业压力太大，21%的同学归咎于周围没有读书氛围。另外，12%的同学因为人际交往活动频繁而没有时间读书，8%的同学受家庭生活背景的影响没有阅读的习惯，所以不常读书，而有5%的同学易受社会舆论的影响而改变自己的读书计划。种种数据表明，大学生自主排除外界干扰坚持读书计划的能力还有待提高。

（三）图书馆图书陈旧，导致借阅不便

通过调查发现，很多同学对于校图书馆的藏书提出很多意见，校图书馆很多藏书已经泛黄、破旧，而且很多当下流行的畅销书图书馆都没有及时补充，而且很多图书馆藏书都是老版和旧版。

四、改变读书现状的建议

（一）端正心态，树立正确的观念

以前，大家总爱说“学以致用”。但为什么学了都一定要用、一定要有立竿见影的成效呢？其实，我们对待阅读不应太功利，很自然、很平静地来阅读吧。当你进入阅读的世界，它就会为你展开一片新的天地。如今，生活压力很大，各方面的诱惑也很多，我们更需要保持一块心灵的净土。哪怕每天读一篇文章，读一首诗，或者读几句话也行，只要养成习惯，阅读就会成为你生活中的一部分。在阅读专业知识书籍的同时，追求一下精神阅读也是一种很不错的选择。

（二）明确定位，明智选择阅读书籍

兴趣爱好固然重要，但处于专业储备阶段的我们没有一定的专业素养是绝对不行的，在学习期间多读一些涉及专业知识的书籍，既有利于对专业知识的深入理解，又有利于更好地将所学知识应用到实践中。还有，同学们应该合理安排自己的阅读时间，充分利用课余时间和假期多读书、读好书。还应养成良好的读书习惯，读书时该泛读的内容就泛读，该精读的内容就应静下心来细细品读，从而提高阅读效率。读书勿求多，而贵在精，贵在平时的积累。

（三）增强校园读书氛围

首先，学校应重视学生的读书情况，营造良好的读书环境和氛围，除了整修扩建图书馆，还可将某个月或某个周定为读书月或读书周，开展多种活动带动学生们多读书、读好书。其次，学校还可以以公告的形式定期向学生们推荐一些值得阅读的书籍。最后，学校应该鼓励和支持相关社团举办有关读书之类的活动，比如读书交流会、知识竞赛、知识讲座等。调查显示，有54.3%的人表示他们会关注相关活动，他们解释说，通过关注相关活动，有时会学到新的知识，有时可借此明确读书的方向，有时可引发读书的兴趣。

（四）充分利用图书馆

1. 图书馆应及时添加新的书籍，满足学生的求知需要。书籍所涉猎的范围要尽量广泛。

2. 完善各项服务设施，方便学生在馆内长时间阅读。

3. 设立图书角，汇集同学们自有的书籍刊物，自由借阅，提高资源的利用率。

4. 通过展览和声像技术手段，介绍新书，展示专题文献资料，针对大学生的思想和生活实际，开展读书鉴赏等活动，指引、激发大学生潜在的阅读需求和阅读兴趣，调动大学生的学习积极性，提高大学生的文化修养及阅读鉴赏能力，如发动学校的专家、教授向学生推荐文献，提供导读书目，对有关书籍进行剖析，尤其是及时疏导流行热潮对学生购书、读书的误导和对热门网站的点击，引导学生多读书、读好书。

（五）利用多种方式与手段，培养大学生的阅读能力

1. 利用多种媒体引导阅读

充分依靠和利用校报、广播、有线电视、橱窗、校园网和校内各社团的刊物等大众传播媒介，通过有关采访报道、交流对话等形式，从各角度、全方位地对大学生阅读提供直接的帮助。新颖生动的读书心得和书评文章，通过有声广播、报纸文字、电视画面等途径的宣传，可以使大学生在潜移默化中受到启示，从而达到辅导读者、提高大学生阅读品位、形成良好读书风气的目的。

2. 组织书评活动

通过组织书评活动，发挥书评的导向功能，用书评来进行正确的引导，以把握大学生的阅读倾向，帮助大学生辨析、判别文献信息内容的是非、真伪、优劣，并通过正确的舆论导向，把文献信息和大学生紧紧地联系在一起，引导大学生阅读。此外，大学生通过书评、网评了解有关信息，能激起阅读欲望，增强识别能力，从而学会在信息海洋中遨游，获得无穷的知识。

3. 发挥学生社团的作用

加强学生读书社团的建设和管理，成立由图书馆负责的学生读书团体，有效地支持、管理好学生读书社团的活动，有组织有计划地开展各种竞赛活动，使社团活动与阅读指导、讨论结合起来，使其沿着“读好书、好读书”的轨道发展。

五、小结

总而言之，读书是大学生不可忽视的重要学习方法和环节，发现自己在阅读中存在的问题并及时解决，对提高读书效率和水平至关重要。当代大学生应充分重视并从现在开始行动，养成良好的读书习惯，为自己将来适应社会发展需要打下坚实的基础。

资料来源：百度文库。http://wenku.baidu.com/

【课堂训练】

（1）调查报告都有哪些种类？

（2）调查报告有哪些写作要求？

【实训平台】

★问题诊断

下面是一篇关于中学生消费情况的调查报告，请指出存在的问题。

关于中学生消费调查报告

中学生是我们这个社会群体的重要组成部分，国民经济的不断发展，消费观念的转变，个人消费也逐步增加，虽然中学生还属于无收入阶层，但在有些地方已成为消费领域的强势群体。我们设计了一份简单明了的调查问卷表，对本校同学做一次调查，共发放110份调查问卷，收回100份，整个调查过程得到同学们的支持与配合，进展顺利，本文摘取几方面作重点报告。

零用钱的来源

从来自100份中学生的调查问卷中，98%的中学生零用钱都来自父母，很多家长可能有“再穷也不能穷孩子”的念头，对子女的消费要求都尽量满足，即使是家庭经济状况并不富有的家庭。

零用钱的流向

经过调查，我们发现，当前中学生主要消费有两大去向：一是买零食，占42%，充分体现了青少年嘴馋的天性；二是买学习用品，占37%。

用钱是门学问

从调查中我们发现，零用钱的使用全部由自己支配，但使用的计划性、节制性不强。有计划的只有26%，其他都无计划或无节制。当被问及如果有人向你借钱，你会借给他吗？88%的中学生选择看情况，说明目前的中学生在这方面的处理上还是比较谨慎理智的。

结束语

作为中学生，还没有在社会上工作的能力，但到了将来，也许你就会感觉到钱的来之不易，可能会很后悔自己中学时所做的事，所以，我们不要让生命留下任何遗憾，从现在起就要学会好好利用自己手上的钱，正确地去消费。

★思维训练

（1）调查报告与总结有哪些区别？

（2）调查报告一个人能完成吗？

★情景模拟

大学生谈恋爱是一个普遍现象，但现象的背后有怎样更深层的原因，试做一篇调查。

【写作训练】

根据社会上出现的一些现象，就现有的周边环境，比如校园的师生、街市的市民做一项调查，看一看这些不同的人群对该现象的反应，分析原因后得出自己的结论。

【知识链接】

调查报告与总结的区别

调查报告和总结在写作上有许多相通之处，特别是介绍典型经验的调查报告和专题性的工作总结，无论从反映的内容或表达的形式上来看，都非常接近，但也有不同点。

（1）从取材的范围看。调查报告反映的面较广，可以推广经验，可以反映情况，也可以研究、揭露问题，而总结往往是总结本单位某个阶段贯彻执行党的路线、方针、政策的情况，或某项工作的具体经验。

(2) 从反映的内容看。调查报告比较集中地说明一个问题、一项事情，或者是阐述成绩，或者是揭露矛盾，一般不是既全面写成绩，又详细写问题的。而总结一般要考虑全过程，既要有基本情况的回顾，又要写取得的成绩、经验，存在的问题和教训，还要写今后的努力方向，这些方面都要有所交代，当然也要注意重点突出、主次分明、详略得当。

(3) 从反映的时效来看。一般来说，调查报告配合形势的宣传要比总结迅速、及时，因为总结要到一定阶段才能撰写。

(4) 从使用的人称看。调查报告通常是调查组或记者来采写别单位的，常常用第三人称；而总结通常是本单位自己动笔撰写的，常常用第一人称。

任务3.5 规章制度

【目标要求】

知识目标

(1) 了解规章制度的含义和特点；

(2) 明确规章制度的作用和种类；

(3) 清楚规章制度的写作格式。

能力目标

掌握规章制度的写作方法。

素质要求

能够拟写专项工作的规章制度。

【案例分析】

公司物品采购、入库、出库、归还管理办法

为了切实使公司在物品采购、使用方面节省支出，降低消耗，提高物品的使用效率，特制定本办法。

一、物品的采购

(1) 公司购买的工作所需用品，原则上均纳入公司年度购物计划，并填制年度购物呈报表，经综合办主管核准，报总经理批准报备签字后方可购买。

(2) 临时急需购买之物品，在保证质量的前提下，价格要低于或等于市场价，不得以高于市场的价格购买物品。

(3) 物品的采购原则上由物品采购人员和出纳（会计）一起购买，不得由一个人购买。

(4) 如所购物品属瑕疵产品或伪劣产品，由采购人员负责退货，若给公司造成经济损失，由采购人员照价赔偿。

二、物品的入库与出库

(1) 采购人员将物品购回后要填写物品入库单，凭销货发票和入库单到财务部按规定办理报销手续。入库单上必须要有经办人、物品保管人、项目部负责人签字和综合办主管的认可签字。物品入库后，保管、会计要及时填写台账。

(2) 出库：物品出库时，项目部经理或综合办主任签字后，物品保管员和领用人员要在物品出库单上同时签字。

三、物品的归还

(1) 领用人将所用的物品归还时，物品保管员要对物品的完好状况，损毁程度仔细检查，并将检查情况计入物品归还记录单，报综合办主管或项目部经理复检，同意入库后方可入库。

(2) 如果所归还的物品损毁情况严重，超出正常使用时磨损、折旧的范围，物品保管员按照公司的相关规定，有权要求物品领用人做出相应的赔偿并将情况上报综合办主管或项目部经理。

四、如领用之物品价格昂贵，物品损毁程度严重或丢失，要将情况如实上报总经理，由总经理做出处理。

【评析】

这是一个公司内部的有关物品采购、入库、出库、归还等管理方面的一项规章制度，就本项业务来说已经是比较全面和细致了，但就一个公司全面的管理来说，这只是各项业务的一个方面。但不管怎样，一个公司也好，一个机关也罢，只有建立健全各项规章制度，才能更有效地进行管理，才能提高工作效率，提升工作水平。

【知识提要】

3.5.1 规章制度的含义

规章制度通常是指国家机关、企事业等用人单位的规章制度，是用人单位制定的组织劳动过程和进行劳动管理的规则和制度的总和，也称为内部劳动规则，是用人单位内部的“法律”。用人单位制定规章制度，要严格执行国家法律、法规的规定，保障劳动者的劳动权利，督促劳动者履行劳动义务。最新修订的《中华人民共和国劳动合同法》第八十条规定：“用人单位直接涉及劳动者切身利益的规章制度违反法律、法规规定的，由劳动行政部门责令改正，给予警告；给劳动者造成损害的，应当承担赔偿责任。”

3.5.2 规章制度的种类

规章制度包括行政法规、章程、制度、公约四大类。不同的类别，反映不同的需要，适用于不同的范围，起着不同的作用。

3.5.2.1 行政法规类

(1) 条例。条例是具有法律性质的文件，是对有关法律、法令做辅助性、阐释性的说明和规定；是对国家或某一地区政治、经济、科技等领域的某些重大事项的管理和处置做出比较全面、系统的规定；是对某机关、组织的机构设置、组织办法、人员配备、任务职权、工作原则、工作秩序和法律责任做出规定或对某类专门人员的任务、职责、义务、权利、奖惩做出系统的规定。它的制发者是国家最高权力机关、最高行政机关（国务院各部委和地方人民政府制定的规章不得称“条例”）。例如《失业保险条例》。

（2）规定。规定是为实施贯彻有关法律、法令和条例，根据其规定和授权，对有关工作或事项做出局部的具体的规定。是法律、政策、方针的具体化形式，是处理问题的法则。主要用于明确提出对国家或某一地区的政治经济和社会发展的某一方面或某些重大事故的管理或限制。规定重在强制约束性。它的制发者是国务院各部委、各级人民政府及所属机构。例如《关于制止低价倾销工业品的不正当价格行为的规定》。

（3）办法。办法是对有关法令、条例、规章提出具体可行的实施措施；是对国家或某一地区政治、经济和社会发展的有关工作、有关事项的具体办理、实施提出切实可行的措施。办法重在可操作性。它的制发者是国务院各部委、各级人民政府及所属机构。例如《南方工业学校班主任工作考核办法》。

（4）细则。细则是为实施“条例”“规定”“办法”作出的详细、具体或补充的规定，对贯彻方针、政策起具体说明和指导的作用。它的制发者是国务院各部委、各级人民政府及所属机关。例如《“对外汉语教师资格审定办法”实施细则》。

3.5.2.2 章程类

章程是政府或社会团体用以说明该组织的宗旨、性质、组织原则、机构设置、职责范围等的纲领性文件，具有准则性与约束性的作用。它的制发者是政党或社会团体。例如《中国共产党章程》。

3.5.2.3 制度类

（1）制度。制度是有关单位和部门制定的要求所属人员共同遵守的准则，是机关单位对某项具体工作、具体事项制定的必须遵守的行为规范。它的制发者是机关团体、企事业单位及其部门。例如《安全生产制度》《××地区环保局廉政制度》。

（2）规则。规则是机关单位为维护劳动纪律和公共利益而制定的要求大家遵守的关于工作原则、方法和手续等的条规。它的制发者是机关团体、企事业单位及其部门。例如《全国安全生产委员会专家组工作规则》《南方工业学校图书馆借书规则》。

（3）规程。规程是生产单位或科研机构，为了保证质量，使工作、试验、生产按程序进行而制定的一些具体规定。它的制发者是机关团体、企事业单位及其部门。例如《车间操作规程》《计算机操作规程》。

（4）守则。守则是机关团体、企事业单位要求其成员遵守的行为准则，它倡导有关人员遵守一定的行为、品德规范。它的制发者是机关团体、企事业单位及其部门。例如《全国职工守则》《汽车驾驶员守则》《高等学校学生守则》。

（5）须知。须知是有关单位、部门为了维护正常秩序，搞好某项具体活动，完成某项工作而制定的具有指导性、规定性的守则。它的制发者是有关单位、部门。例如《观众须知》《参加演讲赛须知》。

3.5.2.4 公约类

公约是人民群众或社会团体经协商决议而制定的共同遵守的准则。是人们为了维护公共秩序，经集体讨论，把约定要做到的事情或不应做的事情，应该宣传的事情或必须反对的事情明确写成条文，作为共同遵守的事项。它的制发者是人民群众、社会团体。例如《居民文明公约》《北京市各界人民拥军优属公约》。

3.5.3　规章制度的重要性

企业的规章制度是企业规范运行和行使用人权的重要方式之一，企业应最大限度地利用和行使好法律赋予的这一权利。

（1）规章制度的主要功能：

1）规范管理，能使企业经营有序，增强竞争实力；

2）制定规则，能使员工行为合规，提高管理效率。

（2）规章制度的重要意义：

1）制定企业规章制度是建立现代企业制度的需要；

2）制定企业规章制度是规范指引企业部门工作与职工行为需要；

3）企业的规章制度是完善“劳动合同制”，解决劳动争议不可缺少的有力手段。

【规范例文】

【例文 3-7】

公司车队管理制度

一、车辆管理

1. 本公司的车辆由仓储部管理，并指派专人负责对车辆调度。

2. 车辆应由专职驾驶员驾驶，需由他人驾驶时，应告知车辆状况并到车队调度处备案。专任驾驶员应每周实施定期检查及保养，以维持机件寿命，确保行车安全。行车途中注意安全行驶及遵守交通规则，若有违规罚款，由驾驶员负担。

3. 各部需要使用车辆时，应事先填写“用车通知单”一式二联，经单位主管领导核准后交仓储部车队调派。“用车通知单”应详细填写用车时间、路径、起止目的地。

二、驾驶员管理

1. 公司驾驶员必须遵守《中华人民共和国道路交通管理条例》及有关交通安全管理有规章制度，安全驾车。出车时一定保证证件齐全。

2. 驾驶员应爱惜公司车辆，平时注意保养清洁和及时维修。

3. 驾驶员应抽适当时间擦洗自己所开的车辆，以保持车辆的清洁。

4. 驾驶员出车归来后及时登记当日出车路桥费，实际出车路线等其他特殊情况。

5. 驾驶员对自己所开车辆的各种证件的有效性应经常检查。

三、车队服务范围及费用分配

1. 车队服务范围：销售部要求送货上门的客户不包括主机厂相关人员的其他业务要求，制造部外加工单位、采购部、财务部、质管部、仓储部的零星用车。

2. 车队各类车型费用标准按 2015 年标准和统计口径执行。

3. 内部费用以“用车单”为准，按各部实际用车里程数与标准单价计算。

【课堂训练】

（1）规章制度都有哪些种类？

（2）你能说出几种较熟悉的规章制度？

【实训平台】

★问题诊断

下面是一个案例，请分析规章制度的效力范围。

某 IT 公司在公司规章制度中规定：凡私拿公司财物者，一经发现，立即辞退。员工李某一天下班时，看到公司地上放着一团废线头，想到家里正缺一块抹桌布，就顺便装进包里。下班出公司时被保安查出，该公司立即将李某辞退。李某不服诉至劳动仲裁，要求恢复劳动关系。劳动争议仲裁委员会依合理性原则裁决支持了李某的仲裁请求。

★思维训练

（1）根据下面语段表述，你能区分它属于规章制度的哪一类吗？

1）统计法是调整统计部门在管理统计工作、进行统计活动过程中与其他相关方面发生的社会关系的行为规范的总称。它是由国家制定的关于统计活动的行为准则。

2）本会的宗旨是服务会员，建立与完善会员职业道德规范和执业准则，监督实施注册税务师行业自律管理，协调行业内外部关系，维护国家和社会公众利益，维护纳税人和会员合法权益，促进行业健康发展。

3）礼貌待客，微笑服务；货真价实，买卖公平；信誉第一，顾客至上；诚实守信，践行诺言。

（2）规章制度有法律效力吗？

（3）在公共场所，我们经常看到温馨提示语，请问这些是规章制度吗？

★情景模拟

在××小区建立之初，物业管理公司为把小区管理好、建设好，同时也想为业主服好务，准备特制定一项小区住户公约，请以物业管理者的身份制定发布此公约。

【写作训练】

请为学校拟写一份校园文明公约。

任务 3.6　简报

【目标要求】

知识目标

（1）了解简报的含义；

（2）知晓简报的分类；

（3）清楚简报的架构。

能力目标

掌握简报的写法。

素质要求

能够准确把握简报的选稿。

【案例分析】

上半年工作会议简报

2015 年 7 月 9 日上午，为进一步推进××区社会综合治税工作，研究分析存在的问题，小结上半年工作，做好下半年工作安排，针对有在建项目和重点项目的成员单位，在××镇成功召开了××区社会综合治税半年工作会议。

出席该会议的有以下成员单位的相关领导及信息员，××区国税局、××区地税局、××区财政局、××区各镇办、××区交通局、××区城管局、××区水利局、××区国土分局、××区住建局、××区城投公司、××工业园区及××区社会综合治税办公室。会上××区地税局副局长袁××、××区社会综合治税办公室负责人张××先后做了重要讲话。

会议首先对 2015 年度上半年的工作做出了汇报：2015 年 1～6 月共采集信息×条，其中国地税交换信息×条，办证信息×条，涉税信息×条，其他信息×条。1～6 月通过社会综合治税信息协助税务机关征收税款×万元。其中，国税征收×万元，地税征收×万元，纳入重点税源跟踪管理×个项目。

其次，会议通报了今年××区税收工作的征纳大环境，税收任务重，任务完成具有艰巨性，形势很严峻。一方面要保证国家税收优惠政策的贯彻执行，另一方面要保证国家税收资源不被流失。

最后，会议针对上半年的工作中存在的问题，对下半年工作提出具体工作思路和工作目标：要求××区社会综合治税各成员单位在××区委、区政府的领导下，按照区委、区政府的要求认真履行部门职责，增加工作责任心，统一思想，提高认识，协助税务机关切实做好协税护税工作。把××区社会综合治税工作做到全区一盘棋，确保财税任务完成。

【评析】

这是一份工作会议简报，报头部分有报名但没有期号，也没有编印单位和编印日期，与报核之间没有横线隔开，虽然报核的内容比较简洁，条理也很清楚，但没有报尾，显得结构不够完整。

【知识提要】

3.6.1　简报的含义

简报是指我们日常工作中就一个事项或事件以刊印文件的形式简单地向主管单位领导或下属部门做的简述报告和简要通报。

3.6.2　简报的分类

常见的简报有三种：一是会议简报，主要反映会议交流、进展情况；二是情况简报，反映人们关注的问题，供机关领导参考；三是工作简报，报告重大问题的处理情况以及工作动态、经验或问题等。

3.6.3　简报的内容架构

要做一个好的简报，可以依从下列三个步骤。

（1）计划。对小学生做的简报，要活泼简明；对大学生做的简报，要清楚而不含糊。在会议室做简报，可以讲得快一点；在学校的礼堂做简报，因为回音的影响而要慢慢讲。当时间不够，就要对内容有所删减。所以要事前计划可以怎样放弃而不会遗漏最重要的内容。

（2）准备。先设立主题，然后是这个简报的各个目的；之后开始写大纲、涵盖的范围。简报应该鼓励讲者和听众的互动，引起他们学习的兴趣，并鼓励他们做出回应。

（3）发表。现今发表简报，都会借助简报软件，而很少印出或手写投映片，所以在发表时要好好熟悉。避免在简报上引入过量的动画，以免听众分神。如果简报内容对听众很重要，可以考虑把讲稿放在每一张投映片的笔记栏内，并把全份投映片连同笔记打印交与听众。

3.6.4 简报的特点

简报具有一般报纸新闻性的特点，这是共性；它又有如下特点：

（1）内容专业性强。一般由有关单位、部门主办，专业性十分明显。如《人口普查简报》《计划生育简报》《水利工程简报》《招生简报》等，分别由主办单位组织专人撰写，传递该项工作的各种信息，包括情况、经验、问题和对策等，一般性的东西少说，无关的东西不说，专业性的东西多说。

（2）篇幅特别简短。简报姓“简”。简，是它区别于其他报刊的最显著的特点。一期简报甚至只登一篇文章，几段信息，或一期几篇文章，总共一两千字，长的也不过三五千字，读者可以用很短的时间把它读完，适应现代快节奏工作的需要。简报的语言必须简明精炼。

（3）限于内部交流。简报一般在编报机关管辖范围内各单位之间交流，不宜甚至不能公开传播，特别是涉外机关和专政机关主办的简报更是如此。有的简报，往往是专给某一级领导人看的，有一定的保密要求，不能任意扩大阅读范围。

3.6.5 简报的作用

（1）反映情况。通过简报，可以将工作进展情况以及工作中出现的新情况、新问题、新经验，及时反映给各级决策机关，使决策机关了解下情，为决策机关制定政策、指导工作提供参考。

（2）交流经验。简报体现了领导机关的一定指导能力，通过组织交流，可以提供情况、借鉴经验、吸取教训，这样对工作有指导和推动作用。

（3）传播信息。简报本身即是一种信息载体，可以使各级机关及从事行政工作的人互相了解情况，吸收经验、学习先进、改进工作。

3.6.6 简报的种类

简报的种类，按时间分，有定期的简报、不定期的简报；按性质分，有工作简报、生产简报、学习简报、会议简报；按内容分，有综合反映情况的简报和反映特定情况的专题简报。

（1）日常工作简报，又称业务简报。这是一种反映本地区、本系统、本部门日常工作或问题的经常性简报。它包含的内容较广，工作情况、成绩问题、经验教训、表扬批评，对上级某些政策或指示执行的步骤，措施都可以反映。它常以定期或不定期的形式出现，在一定范围内发行。

(2) 中心工作简报，又称专题简报，它是一种阶段性的简报。它往往是针对机关工作中某一时期的中心工作、某项中心任务办的简报，中心工作完成，简报也就停办了。

(3) 会议简报是会议期间反映会议情况的简报，它是一种临时性的简报，内容包括会议中的情况、发言及会议决定等。规模较大、时间较长的会议常要编发多期简报，以起到及时交流情况、推动会议的作用。小型会议一般是一会一期简报，常常在会议结束后写一期较全面的总结性的情况反映。

(4) 动态简报，包括情况动态和思想动态。这类简报的时效性、机密性较强，要求迅速编发，发送范围有一定限制，在某一个时期、某一阶段要保密。

3.6.7 简报的写法

(1) 报头：

1) 简报名称一般用套红印刷的大号字体。如有特殊内容而又不必另出一期简报时，就在名称或期数下面注明“增刊”或“××专刊”字样。秘密等级写在左上角，也有的写“内部文件”或“内部资料，注意保存”等字样。

2) 期号，可写在名称下一行，用括号括上。

3) 编印单位。

4) 印发日期写在与编印单位平行的右侧。

在下面，用一道横线将报头与报核隔开。

(2) 报核。报核，即简报所刊的一篇或几篇文章。简报的写法是多种多样的，因此，它的形式也较灵活。大多数是消息，包括标题、导语、主体、结果和穿插在叙述中的背景材料。除了消息，还有别的文体，所以，不是每篇简报都有这几项内容。

1) 简报的标题类似新闻的标题，要揭示主题、简短醒目。

2) 导语通常用简明的一句话或一段话概括全文的主旨或主要内容，给读者一个总的印象。导语的写法多种多样，有提问式、结论式、描写式、叙述式等。导语一般要交代清楚谁（某人或某单位）、什么时间、干什么（事件）、结果怎样等内容。

3) 主体用足够的、典型的、有说服力的材料，把导语的内容加以具体化。

4) 结尾或指明事情发展趋势，或提出希望及今后打算。如果主体部分已经把事情说清楚，那就不必再加结尾了。

5) 背景。即对人物、事件起作用的环境条件和历史情况。背景可以穿插在各个部分。

(3) 报尾。在简报最后一页下部，用一横线与报核隔开，横线下左边写明发送范围，在平行的右侧写明印刷份数。

3.6.8 简报的格式结构

简报的种类尽管很多，但其结构却基本相同，一般都包括报头、标题、正文和报尾四个部分。有些还由编者配加按语，成为第五个组成部分。

简报一般都有固定的报头，包括简报的名称、期号、编发单位、发行日期、保密等级和编号。

(1) 简报名称。印在简报第一页上方的正中处，为了醒目起见，字号易大，尽可能用套红印刷。

(2) 期号。位置在简报名称的正下方，一般按年度依次排列期号，有的还可以标出累计的总期号。属于“增刊”的期号，要单独编排，不能与“正刊”期号混编。

(3) 编发单位。应标明全称，位置在期号的左下方。

(4) 发行日期。以领导签发日期为准，应标明具体的年、月、日，位置在期号的右下方。

(5) 密级和保存要求。密级要求印在报头的左上角顶格。分别标明“机密”“绝密”等字样。

(6) 编号。编号位于报头右上方，保密性简报才用编号，一般简报不用编号。

报头部分与标题和正文之间，一般都用一条粗线拦开。

有些简报根据需要还应标明密级，如“内部参阅”“秘密”“机密”“绝密”等，位置在简报名称的左上方。

报尾部分应包括简报的报、送、发单位。报，指简报呈报的上级单位；送，指简报送往的同级单位或不相隶属的单位；发，指简报发放的下级单位。如果简报的报、送、发单位是固定的，在需要临时增加发放单位时，还应注明“本期增发×××（单位）”。报尾还应包括本期简报的印刷份数，以便于管理、查对。报尾部分印在简报末页的下端。

【规范例文】

【例文3-8】

共青团江西城市学院委员会
江西城市学院　社团联合会
工作简报

2015年第12期（总第120期）2015年12月6日

创新创业　学术争先
——江西财经大学第十九届学生学术节开幕

11月8日晚6时30分，江西财经大学第十九届学生学术节在枫林校区大学生活动中心开幕。副校长肖华茵教授，校团委书记王金海副教授、副书记刁金文老师，校学生会主席张翘同学出席了开幕式。

开幕式上，学生会副主席韩晋龙同学简要介绍了本届学生学术节的主要内容。他说，与上一届学术节相比，本届参与人数有所提高，注册模拟公司1894家，较去年增加15.6%，报名184支辩论队伍，较去年增长10%；活动项目有增加，推出的模拟活动由23项增至24项，竞赛项目由16项增至20项；模拟公司模拟性有提高，在全球性金融危机大背景下，引入了成本概念和金融理念，强化模拟公司经营成本意识，发挥江财学术币流通性作用，以提高模拟企业的实战能力；工作制度更加规范，制定了《江西财经大学学术币使用规范》和《江西财经大学第十九届学生学术节百强企业评选办法》等制度，坚持公平、公正原则，强化活动质量。

接着，校团委王金海书记讲话。他首先总结了18年来历届学生学术节取得成功的原因，并向参与第十九届学术节的同学们提了三点希望：一是牢牢把握学术节主题，不断提升自身学术水平，锻炼创业实践能力；二是坚持理论联系实际，不断提升理论创新水平；三是坚持团队合作，不断培育学术氛围。讲话完后，王金海书记宣布第十九届学生学术节开幕。

随后是学术节辩论赛揭幕战暨表演赛开赛。正方会计学院代表队和反方法学院代表队就“理在情先”还是“情在理先”展开了精彩辩论。

寓情于景　寓教于剧

——第五期心协委员培训班开班暨首届校园心理情景剧大赛开赛仪式

金秋的天空深邃高远，金秋的丹桂漫天飘香。在这美好的季节里，校心理健康协会在枫林校区大礼堂隆重举行“新思路、心起航”第五期心协委员培训班开班暨首届校园心理情景剧大赛开赛仪式。校党委副书记王金华教授，校团委书记王金海副教授、副书记刁金文老师以及各学院分团委书记出席了开幕式。

校心理健康协会会长杨晓莉在仪式上介绍了本届心协委员培训班校园心理情景剧大赛总体情况。本期心协委员培训班将继续秉承“放飞心声，真诚沟通，助人自助，将爱传递”的心协宗旨，坚持以“宣传普及心理健康知识，帮助同学们预防和调节各种心理问题，塑造健康人格，掌握人际交往技巧”为目的，开展3次关于心理知识、咨询技巧方面的讲座。校园心理情景剧大赛就是，把生活、学习中所遇到的心理问题和解决心理问题的途径通过自编、自导、自演表演的情景剧表现出来，从而达到心理健康教育的目的。首届校园心理情景剧大赛经过初赛、校区决赛后将在培训班结业时进行决赛大会演。

校党委副书记王金华教授在仪式上发表重要讲话。他强调，大学生心理健康教育事关和谐校园的建设，事关广大同学的健康成长。他结合近期我国高校发生的一些突发事件，介绍了诱发大学生心理健康问题的多因性，阐述了大学生心理健康教育的迫切性。他要求全校团员干部积极通过专业培训以长知识、增才干，在工作中及时掌握学生心理动态，及时化解矛盾，关注特殊学生群体，用专业知识解决大学生中存在的心理问题；同时他也希望全校团员干部一定要重视自身心理健康问题，把握自己，健全自己。最后，他殷切希望学员们认真参与，履行职责，克服困难，扎实工作，圆满完成各项学习任务。

报：学院宣传部

抄：学院团委

送：学院社团部

（共印×份）

【课堂训练】

（1）什么是简报？

（2）简报必须要有“期号”吗？

【实训平台】

★问题诊断

下面是一份简报，根据所学相关知识，仔细阅读，看有哪些不妥之处，请予以指出。

省级优秀暑期社会实践团队评选答辩会举行

5 月 16 日，省级优秀暑期社会实践团队及个人（以下简称省优团队和省优个人）评选答辩会在大学生活动中心举行。此次答辩会由校团委大学生社会实践中心主办。校党委宣传部副部长×××，校团委副书记×××，研究生工作部的老师××等担任了答辩评委。省优团队评选答辩会在当日上午举行。

第一个进行答辩的是校团委组织的支援西部暑期社会实践队，他们通过 PPT 展示了从募捐衣物到将衣物一路送往西部的历程以及众多媒体的关注和社会的强烈反响，让人们感受到心灵的震撼和支援西部的任重道远，赢得了评委和现场观众的好评。

答辩会期间，×个团队通过幻灯片、视频、电子杂志等多种方式对他们的活动进行了精彩的展示，提供了丰富的实践活动资料，现场气氛十分热烈。

答辩会于上午 11：40 结束。据悉，将有十余支团队通过答辩成为学校申请省级优秀社会实践团队的代表。下午 14：30，省级优秀个人评选答辩会举行，有 27 参选个人参加了答辩会。省级优秀暑期社会实践团队及个人评选结果将于近日通知。

据了解，今年的暑期社会实践活动形式多样，内容丰富。各支实践队伍远赴大江南北，走入大山深处，甚至远上青藏高原。主题包含对社会现状的调查，对革命先烈的寻访等等。各支队伍受到了当地人民和政府的好评，将学子的良好形象带到全国。

★思维训练

(1) 下面一段话摘自某份简报，你能说出是简报的什么部分吗？

国有大中型企业的经营机制必须改革，不革除原有体制的弊端，不转换经营机制，"搞活"就是一句空话。但是，只看到自己的短处和弊端而看不到自己的长处和优势，就会丧失信心，甚至把企业干部职工的心气弄散。

(2) 简报在印发的过程中有没有发送范围的限制？

★情景模拟

下面是某公司在"三八"国际劳动妇女节开展的职工活动，请以公司活动简报的形式将这一有意义的情况向全公司通报。

阳春三月，草长莺飞，正是踏青时。在"三八"国际劳动妇女节来临之际，研发中心组织开展了"摘草莓，庆三八"活动，旨在丰富女职工的业余生活，让大家贴近自然，放松身心。3 月 8 日上午，女职工们一行十几人奔赴位于新昌交警大队附近的无公害草莓园开始草莓采摘活动。田野园间，大家或欣赏风光，或拍摄美景，或三五交流，每个人的脸上都绽放着绚烂的笑容，尽情享受着泥土和青草的芬芳，言语间无不流淌出舒适和惬意；蔬果大棚中，她们在收获着甜蜜，举手投足间留下的是那缤纷的倩影。此次活动充分展现了公司对女职工的尊重和关爱，促进了同事间的了解与交流，使大家感受到节日带来的欣喜和快乐，从而以更加饱满的精神状态投入到以后的工作之中。

【写作训练】

以班级活动或团支部活动为素材，拟写一份班级活动简报。

【知识链接】

简报的写作要求

第一，抓准问题，有的放矢。

简报应该围绕本单位的实际，反映那些最重要、最典型、最新鲜、最为群众关心、最需要引起注意的问题。一是围绕领导决策，抓“超前型”问题。在领导进行某项活动或者将要讨论决定问题之前，搞小超前，努力收集与此有关的情况，经过筛选加工、研究提出可供领导参考的建议和方案。二是在领导决策之中，抓“追踪型”问题。努力掌握决策贯彻执行的情况、各方面有什么反应、发生什么偏差，迅速地反馈给领导，使领导能及时纠正偏差，使决策逐步完善。三是要着眼大局，从小中见大。收集情况时，就要从全局考虑，从小处着手，深入上点，“解剖麻雀”，抓住有代表性的小问题，做推广放大的思考，挖掘和开拓更广泛深刻的含义。四是抓新情况、新经验、新问题。在改革、开放的过程中，许多新情况、新问题，迫切需要领导去认真研究和解决，制定符合实际的方针、政策和措施。所以，必须花气力积极地收集、捕捉这类信息，抓这类的问题，提供领导参阅。五是注意抓倾向性、苗头性的问题。对这类问题若不及时发现和注意解决，而任其发展，可能会酿成大问题，给工作带来不应有的损失。六是抓突发性问题。如假期寝室大范围被盗，直接关系到学校治安管理和全体学生切身利益的问题。得到这类信息后，应迅速向领导报告。

抓准问题，应该注意四点：(1) 从全局着眼。简报的作者必须站在单位领导的高度、全局的高度去观察事情、分析问题。一定要跳出自己工作岗位的“小天地”，放眼全局，做到“全局在胸”。(2) 善于抓趋势。所谓趋势性问题，既不是偶然发生的问题，也不是个别的问题，而是反映事物发展的动向性问题。这种动向，有好的，也有不好的，不论哪一种，只要及时抓住，就能提炼出有针对性的好的简报主题。掌握了事物发展的趋势，了解了本单位工作和生产下步朝着哪个方向发展，再去观察问题，就能是非清楚。符合事物发展方向的先进经验、障碍事物发展的不良倾向以及事物发展遇到的实际问题，都是撰写简报应该抓准的问题。(3) 善于抓苗头。所谓苗头性问题，就是那些代表新生事物的先声、新创造的火花、新经验的先导，具有强大的生命力，采写简报应该对这种代表事物发展方向但还处于萌芽状态的苗头性问题予以高度的注意。不能只注意那些众所周知的典型性事物，还必须特别留意尚未引起人们注意的细小之事，认真剖析、放大比较、沙里淘金，抓出“小中见大”的带有典型意义的问题，用简报宣传、反映。(4) 具备工作敏感。所谓工作敏感，是指作者对于单位内外各种客观事物具有敏锐的观察能力、判断能力和预见事物发展进程的能力，以及能够及时、准确反映事物的能力。我们要抓准问题，从长远看，必须不断地提高自己的工作敏感。工作敏感不是一日之功，它是长期学习、观察和实践的结果。

第二，材料准确，内容真实。

简报作为加强领导和推动工作的重要工具，内容必须保证绝对真实、准确。否则，就会造成不良后果。简报一是要准确。不允许对那些心理活动、环境、气氛等无形的事实搞“合理想象”。必须深入调查研究，不走马观花、浮光掠影，更不可“听风就是雨”，保证材料绝对真实可靠。也就是说，要做到简报所选用的任何材料，包括人名、地点、时间、情节、数字、引语、因果关系等，都完全准确无误，没有丝毫的虚构、夸张、缩小和差错。特别在估计成绩和宣传先进时，更要严格把握分寸，有一说一，有二说二，实事求是，恰如其分，留有余地。二是要强调真实性。必须注意做到不为迎合而弄虚作假，不赶“浪头”追时髦，不歪扭写作角度，不搞事态发展的“提前量”，必须忠实于事实，保证符合事物本来面貌。

第三，简明扼要，一目了然。

简报的写作必须注意做到简短、明快，用尽可能少的文字说清楚必须说明的问题。一是注意主题集中，一稿一事，不贪大求全。一份简报只抓住一个问题，不搞面面俱到才能使简报的主题凝聚、篇幅短小，问题说得透彻。如果简报所涉及的内容较多，可以把想说的问题进行归纳、提炼，抓住最能反映事物性质的东西做主题，重点来写，其他则一概摒弃；也可以将可写的几个问题，各写一期简报分期介绍，一期一个重点，上篇一个侧面，千万不可使几个观点纠缠在一篇简报上。二是注意精选材料，围绕主题精心挑选典型事例。简报所使用的材料和其他文章一样，总是以个别反映一般，不能也没有必要写尽事物的整体。因此，撰写简报之前，必须对材料进行分析研究，精心选择。凡是能够表现主题的材料，都要注意加以精选，不可轻易放过；凡是与主题无关的材料，即使十分生动，也必须忍痛割爱、坚决舍弃。选择材料还要注意选择典型材料。典型材料具有代表性，最能反映事物的本质。筛选出最能代表一般的典型材料加以使用，做到不堆砌、不罗列、不雷同、少而精。要通过材料的剪裁突出主题、缩短篇幅，使简报的主题充分而明确地表现出来，使简报的内容更加简洁。三是注意既要求简，又要写精。简报求简，是在说明问题的前提下求简。“简”，应该是服从内容的需要，不能由一个极端走向另一个极端。

第四，讲究时效，反应迅速。

简报是单位领导对一些问题做出决策的参考依据之一，也是单位推动工作的一个重要手段。简报的功能，决定了简报的编者必须讲求时效。这就要求简报的作者思想敏锐、行动敏捷，对问题反映得快，对材料分析得快，写作构思快，动笔成稿快，同时，还要求简报文秘 114 版权所有，全国文秘工作者的 114 的编辑、签发、打印、发稿速度快，共同把握发稿时机。

第五，内容实在，不空洞。

简报的写作既不同于文字作品，也不同于评论文章。文学作品的创作，靠刻画形象来表达主题思想；评论文章的写作，靠理论论证来阐述观点。简报和新闻报道一样，是靠用现实生活中活生生的生活事实来宣传党的路线、方针、政策。用事实说话，是简报的主要特征之一，也是我们编写简报应该注意的一个重要问题。

任务 3.7 编者按

【目标要求】

知识目标

（1）理解编者按的含义；

（2）熟悉编者按的分类；

（3）掌握编者按的语言特色。

能力目标

能正确写作编者按。

素质要求

培养编辑文稿的能力。

【案例分析】

编　者　按

翻译事业作为学术研究的重要组成部分，对于推动学术事业的发展，沟通中外学术交流，使我国学术界了解、接触并与国际学术前沿接轨，无疑具有重大作用。但在目前我国学术事业蓬勃发展的景象之下，翻译事业的意义却被估计不足，其在学术发展中的重要地位未得到充分重视。翻译作品很少被承认为学术成果，也很少获得立项资助的机会；一些翻译作品的质量也令人担忧。有鉴于此，本期《学林》特刊发三篇文章，就此问题发表看法，以期能引起学界的进一步思考。

【评析】

这是《学林》特刊就翻译作品现状的三篇文章写得一篇编者按，提出了关于翻译作品的一些意见和见解。同时引出三篇文章，以示读者。

【知识提要】

3.7.1　编者按的含义

编者按是编辑人员对一篇文章或一条消息所加的意见、评论等，常常放在文章或消息的前面。也称作“编者案”。它是应用写作研究的重要文体之一。就是编者（不是作品的作者）对作品的解释或引申。编者按可以表明编者的态度和意见，也可以提示要点，还可交代背景；补充材料或借题发挥，一般起强调重点、表明态度的作用。编者按一般放在报道的文前，有时也放在文章的中间。

“按”是“按语”的简称，“按语”也写作“案语”，就是写在前面（或后面）的话。过去的文人，将写一点关于某事的主旨、相关情况、说明等叫作“案语”，后来也写作“按语”。

3.7.2　编者按的作用

编者按，通常是作者表明写作的出发点，或者是说明。是通过这个说明为了让读者看得更明白或者得到更多的信息而增加的一些特别的说明引导。

也有一些通过编者按来进行避免内容牵扯法律的部分，来告知阅读者内容的来源，或者某些保护自身利益方式。如：“编者按：感谢×××给予本文内容大力的支持。或本文内容仅供参考，并无抄袭或商业用途，侵犯版权请联系×××”等等。

3.7.3 编者按的种类

一般说来，编者按分为以下几种：

(1) 介绍性。一般来说，篇幅比较长的，说理比较深奥的文章，适合写这类的编者按。对于篇幅比较长的，以梳理情节、归纳主题、点出最大特点为主要内容；对于比较深奥的文章，应以通俗易懂的语言将文章大意复述出来为重中之重。

(2) 评论性。一般来说，特点不甚鲜明的文章，编者需要通过自己的分析加以凸现，以便于读者快速把握；还有一些有争议的话题或者观点，也非常适合这种编者按。

(3) 综合性。这类编者按就有以上两种编者按的特点，只是在具体的撰写过程中，可以根据文章本身的特点，确定编者按的侧重点，或以介绍为主，或以评论为主，或二者兼顾。因而，以上两种编者按需要注意的问题，在这类编者按中，都不可偏废。

3.7.4 编者按的语言特色

编者按是报刊、书籍编者对新闻、文章阅读后连同稿件一起发表的说明、批注或考证性文字，也叫“按语”“案语”。所以编者按不是一种固定的单独运用的文体，而是在编稿过程中经常使用的一种处理方式。它是最简短、最轻便的言论形式之一，在编辑工作中用途很广。编者按通常 200 字左右，甚至更短，有时仅三言两语，但要能够切中要点。它没有独立的标题，位置也较自由。是一种最简短最轻便的评论形式，是编者对新闻报道所做的说明和批注。

【规范例文】

【例文 3-9】

编　者　按

今年的 12 月 1 日是第 18 个“世界艾滋病日”。今年的主题是：遏止艾滋，坚守承诺。艾滋病是一种危害大、死亡率极高的严重传染病，目前世界上没有治愈的药物和疫苗。

预防传播是控制这一疾病的唯一办法。在我国艾滋病蔓延形势严峻，全国已有艾滋病感染者约 84 万人，疫情波及 31 个省（自治区、直辖市），艾滋病病例报告数呈上升趋势。但由于社会对艾滋病病人普遍的歧视与恐惧心理，导致有些艾滋病病毒感染者处于隐蔽状态，因此专家估计，中国现有艾滋病感染者人数已超过了 100 万人！并且艾滋病正由从高危人群向一般人群传播，女性感染者大幅增加，经性传播和母婴传播艾滋病的比例逐年增长。北京艾滋病感染者年增幅度 40.6%。

我们需要加强艾滋病的防治宣传工作。一是了解艾滋病的传播途径；二是掌握艾滋病的预防措施；三是积极参与到防治艾滋病的公益事业上来。在艾滋病宣传日的今天，我们将和你一起去了解艾滋病，了解它的传播途径、预防措施、一同去关爱艾滋病病人，参与艾滋病的防治工作，为营造和谐社会、和谐家庭做出努力。

【例文3-10】

编 者 按

最近，社会上涌现出了一批先进人物和感人事迹。包工头孙某遭遇车祸遇难后，弟弟代其给工人发放工资，是诚信典范；徐老师身患绝症却不下讲台，捐助灾区，帮助他人，是无私奉献的楷模；吴女士为救坠楼女童而受伤，折射出朴实、善良、勇敢、无私的美德。这是社会主义核心价值体系的生动体现，说明主流价值观念是健康的（总体概括精神实质）。因此，各级党员领导干部要学习这些典范的先进事迹，践行核心价值体系，争做道德楷模。

【课堂训练】

（1）编者按的含义是什么？

（2）编者按有什么作用？

【实训平台】

★问题诊断

下面是一段编者按，有什么不妥之处请指出。

编 者 按

（2015年6月29日《新安晚报》）

今年的梅雨季节从一开始就向我们展示了它的威力——刚刚过去的这个周末简直像从水里捞出来的，我省多地降雨量达到大暴雨级别，滁河、全椒两个蓄洪区炸坝泄洪。而接下来的一周，我省降雨仍将持续，雨带先从北向南移，然后又从南向北席卷我省。

★思维训练

（1）编者按有哪些分类？

（2）编者按的语言有什么特点？

★情景模拟

一位读者在看了《青年报》转载《上海戏剧学院学报》的消息后来信说："余杰的文章《余秋雨，你为什么不忏悔》因收录该文的新书《想飞的翅膀》已经出版，不难找来一读。而余秋雨给余杰的那封信却不知何处可觅，希望贵报编辑提供方便。"请在摘录刊发"余秋雨给余杰的那封信"之前拟写一篇编者按。

【写作训练】

国际志愿者日就要到了，某城市日报社准备报道一系列优秀志愿者，请为这版特别报道拟写一篇编者按。

【知识链接】

编者按写作三点要牢记

（1）要进行概括和提炼。要善于从全局的角度分析问题和认识事物；善于透过事物的表面现象揭示其实质和内在规律；善于从理论的高度、写法的高度提炼、升华文章的主题；善于寻找不同的切入点和着眼点，使按语别有新意。

(2) 言简意赅，点到为止。中公教育专家认为，由于与文章同时刊出，不需要重复文章中所提供的事实和见解，可以省略缘由和论据，直截了当地做出分析、评判和表态，让读者迅速得其要义。因此，编者按语贵在画龙点睛、点到即止，切忌拖沓冗长，让人不得要领。

(3) 明快犀利，讲究分寸。编者按语篇幅虽然短小，但应立场鲜明、文风明快犀利，不论是褒扬、提倡，还是针砭、反对，都应有明确的态度和倾向性。同时，中公教育专家提醒考生，还要讲求说理的艺术，把握好分寸。过分激烈和用词失当的语言、咄咄逼人和盛气凌人的态度，只会引起读者的反感，收不到应有的效果

另外，从写作的角度看，编者按应做到层次分明、内容精粹；而具体的语言操作应具有切实性、针对性、简明性等特色。

项目4　日用文书

任务4.1　条据

【目标要求】

知识目标

(1) 了解一般性条据的结构、写法及注意事项;

(2) 掌握说明性条据写法;

(3) 熟悉凭证类条据的写法及作用。

能力目标

能够针对生活中一些需要条据写作的场景写出正确的条据。

素质要求

能够根据给定情景正确选择条据文种。

【案例分析】

收到陈××人民币壹拾万元整，年利率15%。 刘×× 2018年5月8日

2018年6月，原告陈××持被告刘××出具的一份书面凭证到法院起诉，要求被告偿还借款10万元及利息15000元，该条内容如上。

一审法院经过开庭审理并报审判委员会研究认为，原告陈××主张被告刘××向其借款的书证是被告出具的收条，被告对自己出具的收条不否认。

从收条内容分析，日常的交易习惯，出借人收到借款人所借款额时，不应有利息的约定，故可以认定被告出具的收条实质上为借款借据。

被告刘××辩解认为原告陈××向其借款并已归还，事后原告为达到离婚的目的而要求其补办收款收条，被告对其辩解主张应承担举证责任。现被告所举证据不足以证明自己反驳的主张。遂判决被告偿还借款本息，原告胜诉。宣判后，被告不服，提出上诉。

二审法院经审理后认为，当事人对自己的诉讼请求所依据的事实有责任提供证据加以证明。被上诉人陈××主张上诉人刘××借其现金10万元，并要求上诉人偿还，提供的主要证据为一份收款凭证，凭证上虽注明了利率，但并不因此当然得出双方存在借贷关系的必然结论，而且该凭证并不明确为欠款凭证。此外，被上诉人陈××在原审审理中对其出借资金来源及相关内容作了伪证，此后提供的证人证言也不能直接证实其借给上诉人刘××10万元的事实存在，加之被上诉人陈××自己当庭陈述借款事实时前后说法不一，同时因上诉人刘××与被上诉人陈××近年来一直有经济往来，被上诉人陈××也曾从上诉人刘××处取款，因此，被上诉人陈××主张事实所举证据不充分，原审法院认定事实不清，适用法律不当。遂做出终审判决：撤销原判，驳回陈××的诉讼请求。

【评析】

这到底是一张收条还是一张借条？看来，日常生活一张普通的条据也是非常重要的，它本身有着相应的法律效力，我们切不可随便处置，甚至当成儿戏！

本案的争议焦点就在于如何认定原告所提交的这张书面凭证。一、二审法院完全不同的判断带给了我们更多的思考。

【知识提要】

4.1.1 条据的含义

条据是便条和单据的合称，是日常生活中最常见而又最简便的说明类和凭证类的应用文的总称。常用的说明类的条据有请假条、留言条、托事条等；凭证类的条据有借条、欠条、领条、收条及收据等。作为起某种说明和凭证作用的条据，它们通常都有一个固定的格式。

4.1.2 条据的写法

在第一行中间写“借条”“欠条”“领条”“收条”等，表现条据的性质，同时也说明时间。如果是代收或代领等，则在“收到”或“领到”等的前面加上一个“代”字。

第二行开头写对方（个人或单位）的名字或名称。然后写物件名称、数量或金额。金额后面要写上“整”字，以防添加或涂改。

正文写完后，另起一行，空两格写“此据”二字，也可省略不写。

在条据的右下方写明所在单位的名称和经手人姓名（盖章）及写条据时的年月日。具体来说，不同条据的写法还各有不同的要求。

4.1.2.1 说明类的条据的写法

（1）请假条。请假条是指因故需要请假而写给有关当事人的便条。主要说明请假的原因和时间。请假的原因必须充分并符合有关的规章制度。

请假条的格式与书本基本相似，分称呼、正文、署名和日期。

称呼，要顶格写，表示对对方的尊重。正文，空两格写在称呼的下面，用最简单的文字写清请假的理由。正文下一行的最右边写上请假人的姓名，署名的下一行写上日期。如果由他人代笔，落款要署上代笔人的姓名，并写清与请假人的关系。

请假条

办公室张××主任：

我因感冒发烧，今天不能上班，特此请假。

附：医院证明

请假人：洪××（签名）

2015 年 5 月 17 日

（2）留言条。在日常生活中，有事情要通知对方，或有事托付对方，对方不在，却又没时间等候对方回来，写张字条留给对方。这种条子就是留言条。

留言条的格式也分四部分：称呼、正文、署名和日期。

称呼要顶格写，条子留给谁就称呼谁。在称呼下一行空两格写正文，简单明了地把你要给对方说的事情写清楚。在正文下面写清楚谁留的条子，并在署名的下一行写清年、月、日。

> 留言条
>
> 邵×××教授：
>
> 今天上午找你，有重要事情商量，巧不相遇，不能久等。明日上午八时半我准时再来，务请等候。
>
> 邱××留言（签名）
>
> 2015年8月16日上午9时

（3）托事条。托人办事条，委托他人代办某事时所写的条子。写作格式比较简单，主要包括：标题，即“托事条”，写在便条上面居中的位置；称谓，即“被委托人”，要顶格写；正文，办何事，即所托事项，有数字要大写；在正文末尾要有敬语；结尾，即“署名”和“日期”，写在右下角。

> 托事条
>
> 梁××同学：
>
> 你需要的《反思郭沫若》与《郭沫若书信集》两书已到，请速来系图书室借阅
>
> ××大学××学院图书馆　赵××
>
> 2015年9月3日

4.1.2.2　凭证类的条据的写法

（1）借条。

1）标题。借据的标题可以由两种方式构成：其一，直接由文种名构成。即在正文上方中间写上“借条”或“借据”字样。其二，在第一行空两格后写上“今借到”作为标题，而正文的其他内容放在下一行顶格写，其实这是一种省去标题的借据的写法。

2）正文。正文要写明下列一些内容：首先，从哪里得到了什么东西，数量多少。要写出所借的钱物的数目及物品的品种、型号、式样、规格等。借出方也需写清楚。从单位借出的钱物要写上所为何用。其次，写明归还的具体日期或大致时间，有较为复杂的情况，则要写明具体归还的方法。

3）落款。要写上写借条者的单位名称和经手人姓名或借方个人的姓名。必要时需加盖公（私）章，以示负责。单位、个人名称前一般写上“立据人”或“借款人”字样。在署名上还要写上借钱物的具体时间。年月日要写完整，不要只写月日。

基本格式如下。

借 条
今向（单位或个人名称）借到（钱或物名称）共（数额或数量），（时间天数、月数或年数）后归还。此据。 立据人：（求借单位或个人）签章或签字 ××××年×月×日

（2）欠条。欠条是个人或单位在欠款、欠物时写给有关单位或个人的凭证性应用文。欠条今天也有人称作“白条”，是在日常生活中常见的一种凭据类条据。

1）欠条通常适用于下列几种情况。

借了他人或单位的钱物到时不能归还，或不能全部归还，有部分的拖欠，此时就需写张欠条。

在购买物品或收购产品时，因不能支付或不能全部支付他人的款项而要写张欠条。借了个人或公家的钱物，事后补写的凭证，也可以称作欠条。

2）欠条可以有不同的分类。欠条从发文的角度看可分为两类：一类是单位欠个人或其他单位的钱物时所出具的欠条；另一类是个人欠他人或单位的钱物而写的欠条。从欠条的内容看，欠条还可以分为欠物条和欠款条两种。

3）欠条写作要注意以下事项：

欠条是付还欠物、欠款或索要欠物、欠款的凭据，所以在写欠条时不可潦草从事。同时欠条要好好保存，以防丢失。

欠条是人们在日常交往中的一种借还凭证，一般不具有法律的约束力，因此必要时可在立欠条时经由一定的法律程序，以防后患。

欠条务必要字迹清晰，不可涂改。若不得不改动的，则需由改动方在改动处加盖公章（私章）或个人签名

钱款数字要大写。

要注意欠条与借条有所不同，欠条适用范围比借条要广泛，借条约定的事项表明的债权债务关系比欠条要更为清楚、明确。

4）欠条一般由标题、正文、落款三部分组成。

①标题。欠条的标题一般由文种名构成，即在正文上方中间以较大字体写上“欠条”两字。也有的在此位置写上“暂欠”或“今欠”字样作为标题，但这种标题正文则在下一行顶格写。

②正文。欠条的正文要写清欠什么人或什么单位什么东西、数量多少，并要注明偿还的日期。

③落款。落款要署上欠方单位名称和经手人的亲笔签名，是个人出具的欠条则需署上立欠方个人的姓名，并同时署上欠条的日期。单位的要加盖公章，个人的要加盖私章。

欠 条
欠远华装饰公司装饰费共捌万元整，今付伍万元整。尚欠叁万元，本公司承诺欠款定于2016年5月1日前结清。 光明有限责任公司办公室（公章） 2015年12月31日

以上欠条，在提及钱款数字时注意了大写的使用，用语通俗明白，不会引起人们的误解。篇幅短小精悍，说明清楚，是这篇例文的优点。

(3) 领条。领条是领取物品的个人或单位的一种文字根据，它是在发放和领取物品的过程中，时常使用的一种应用文样式。

怎样写好领条要注意以下几个方面：领取物品的同志要当面清点好所领物品的品种和数量，如实写到领条上；数字要用大写。大写的十个基数是：壹、贰、叁、肆、伍、陆、柒、捌、玖、拾；如领取的是钱，又是整数，在数字后面要加上个“整”字，以防别人增添；要掌握领条的写作格式。领条由标题、正文、署名和日期等四部分组成。

具体写法如下。

1）标题。有两种写法：在第二行中间写“领条”二字；在第二行中间写“今领到”三个字。

2）正文。如果标题写的是“领条”，正文要从下一行低两格写起；如果标题写的是“今领到”三字，正文要从下一行顶格写起，转行仍顶格写。正文要写什么单位、领到什么东西、领多少等内容。数字要大写。有时既有小写，又在括号内写一次大写。

3）署名。一定要写在正文右下方。重要的领条，要加公章或私章；有的署名既写单位名称又写个人姓名，遇此情况，最好既盖公章又盖私章，如果只盖一个章，则盖公章。

4）日期。写在署名的下面，要写年月日。有人只写月日，一般不可取。

领　条

今领到后勤处发到的8月份劳保用品，计肥皂拾肆条、香皂拾肆条、毛巾捌条、手套捌双、灭蚊灵叁筒。

此据

经手人：汽车班张××

2014年7月25日

(4) 收条。收条是收到东西的个人或单位写给发送东西的个人或单位的一种凭据。它是简单的然而却是经常使用的一种应用文样式。

怎样写好收条要注意：一是点清收到的东西的种类、数量，绝对做到准确无误，不出差错；二是要熟悉收条的写作格式，一个完整的收条，由标题、正文、署名和日期四部分组成。

1）标题。写在正上方，字要大一号，写法有两种：只写“收条”二字；写“今收到”三个字。

2）正文。写法有两种：

如果标题写成“收条”正文写在标题下面一行。空两格。

如果标题写成“今收到”三个字，正文写在标题下，顶格写。

3）署名。写在正文下靠右边一点，要是发送的人或单位同你很熟悉，只署上自己的姓名就行了，假如收到东西的个人或单位同发送东西的个人或单位生疏，要在姓名的前面写上单位名称，以便查找。如果收到东西的个人或单位很多，收到东西的个人或单位亦应既写单位名称又写个人姓名。必要时盖章或按指印。

4）日期。写在署名的下面，独占一行，写全年月日。

收 条

今收到黄××同志归还的借款伍佰元整。

自贡市图书馆会计室
经手人：××（签字）
2015 年 12 月 18 日

4.1.3 条据写作的注意事项

对外使用的条据，写对方单位名称要用全称。是物品要写明名称、规格、数量；是金钱要写明金额，必须用大写，以防涂改。数字前不留空白，数字后面要写量词，如“元”“个”“双”“斤”等。条据中的文字如果确实需要改动，要在涂改处加盖印章，以示负责。

【规范例文】

【例文 4-1】

托 事 条

××叔叔：

有一件事麻烦您，如果方便的话，请您代购一本××出版社出版的《中考复习指南》，书款带上。听说县新华书店有货。谢谢！

小明托
2015 年 2 月 16 日

【例文 4-2】

借 条

刘××向张××借款人民币 4000 元（肆仟元整），定于 2017 年 12 月 31 日前归还。

特立此据为凭。

借款人：刘××（签字）
2016 年 3 月 31 日

【例文 4-3】

欠 条

原借杜××同志人民币 300 元（叁佰元整），已还 150 元（壹佰伍拾元整），尚欠 150 元（壹佰伍拾元整），两个月内还清。

刘××
2016 年 5 月 8 日

【课堂训练】

（1）为什么要学会写条据呢？生活中我们真的很需要吗？

（2）生活中我们还能见到哪些因欠赌资或是高利贷的条据，你认为它有效吗？

【实训平台】

★问题诊断

下面是一张条据，根据你所学知识，仔细阅读分析，看其中有哪些不妥之处，请指出。

> 欠　条
>
> 今借到郭××同学1500元整，明年初一定还上。借款人：黄××（签字）

★思维训练

（1）三国演义中有一个著名的故事，就是刘备借地驻守荆州，东吴大将鲁肃数次索要都没有结果，原来鲁肃手持的借书是这样写的：

"备承蒙权弟惠言举荐，受天子洪恩封荆州牧，今江陵为荆州治所，暂借为驻守，希有所作为，安一方百姓，拒八方盗贼，保江东太平，若贼子剪灭，天下安康，明年必当奉还，谨上！"

刘备此书颇为狡诈，把还让的条件设置得太过巧妙，东吴方面一时也不好讨要。

（2）借条和欠条有什么区别？

（3）条据中涉及钱物的数目时一定要用汉字大写吗？

★情景模拟

公司财务部经理张××接到总经理办公室通知，明天派她去省城总公司汇报上季度财务工作，不能参加公司的党支部会议。她需要向支部书记顾××请假，她该怎样写请假条？

【写作训练】

（1）同学家里有事，情况紧急，请你帮助他写一张请假条转交给老师。

（2）你是学生会的成员，学校召开运动会，需要一些彩旗、花束等用品，委托你到学校后勤部门借用这些物品，后勤人员按要求让你写一张借条。

【知识链接】

条据写作的注意事项

在写凭证条据时，我们一定要注意以下几点：

（1）钱和物的数目字要大写，要与前面的字紧相连，不能有空格，总数目如果在拾和贰拾之间等，要写为壹拾元（个、件）、壹拾叁万元（个、件）等。

（2）"元"、"角"之后，应写"整"或"正"字，以防涂改，但在"分"后面切记不写"整"或"正"字。

（3）条据最好不要涂改，如果确实需要改动，必须在改正后的地方加盖当事人双方的图章或手印。

任务 4.2　介绍信、证明信

【目标要求】

知识目标

(1) 认识介绍信、证明信的含义和用途;

(2) 明确介绍信、证明信的特点和类型;

(3) 知晓各类介绍信、证明信的适用范围。

能力目标

掌握各类介绍信、证明信的写法。

素质要求

能够写出规范的介绍信、证明信。

【案例分析】

××集团有限公司

介绍信

××介字　第××××号

重庆渝建交信息咨询有限公司:

兹介绍 ××× 同志(壹人)身份证号5102321976××××××××前来你处联系办理 企业网上投标报名 事宜。请接洽。

(有效期×天)

(单位盖章)

2019 年×月×日

【评析】

这是一封某集团公司介绍本单位人员到重庆渝建交信息咨询有限公司办理企业网上投标报名相关事宜的介绍信。标题"介绍信"表明本件的属性及作用,称谓准确,办事人数明确,办理事项清楚,发文单位具体,日期交代无误,同时交代了有效期限。只是在语言方面"前来你处"说法是否得当,还是要仔细推敲。

【知识提要】

4.2.1　介绍信

4.2.1.1　介绍信的含义

介绍信是用来介绍联系接洽事宜的一种应用文体,是应用写作研究的文体之一。是机关团体、企事业单位派人到其他单位联系工作、了解情况或参加各种社会活动时用的函件,它具有介绍、证明的双重作用。使用介绍信,可以使对方了解来人的身份和目的,以便得到对方的信任和支持。

4.2.1.2 介绍信的种类

介绍信有两种类型：一种是印好格式的介绍信，使用的时候按空白项目填写即可；另一种是用公用信笺书写的介绍信。

4.2.1.3 介绍信的特点

（1）介绍信主要用于联系工作、洽谈业务、参加会议、了解情况时的自我说明。

（2）对于持信人而言，介绍信具有介绍、证明双重作用。

（3）语言精练庄重，多用“兹”“请接洽为荷”等语。

（4）语气客气礼貌。

4.2.1.4 介绍信的写作规范

A 书信式介绍信

书信式介绍信一般不带存根，内容包括标题、称谓、正文、结尾、署名和日期印章等五部分。

（1）标题。一般是在信纸的第一行居中写上“介绍信”三个字，有些也可省略。

（2）称谓。称谓在第二行，要顶格写，要写明联系单位或个人的单位名称（全称）或姓名，姓名后加“同志”“先生”“女士”等称呼，称呼后要加上冒号。

（3）正文。要另起一行，空两格写介绍信的内容。介绍信的内容要写明如下几点：用“兹”“今”“现”起首；然后依次说明被介绍者的姓名、身份、随行人数、联系事项等，有必要时也可写上职称或职务等。介绍随行人数时一般要大写；最后用“请接洽为荷”“请接洽为盼”等语礼貌提出对收信单位或个人的希望、请求。

（4）结语。要写上“此致敬礼”等表示祝愿和敬意的话。

（5）署名。出具介绍信的单位名称写在正文右下方，并署上介绍信的成文日期，加盖单位公章。

注意：这种介绍信写好之后，一般装入公文信封内。信封的写法同普通信封的写法相同。

B 表格式介绍信

一般由本文、存根和间缝三部分组成。

（1）本文。内容和书信式相似，但一般在标题下一行要填写介绍信的字号，如“××介字第××号”，还要在结语下注明该介绍信的有效期限，有效天数要大写。

（2）存根。内容与本文一致，但针对对象不同，本文是对外介绍，存根是备案留底，所以表述角度不同。

（3）间缝。存根同正文之间有一条虚线，虚线上即有“××字第××号”字样。这里可照存根第二行“××字×号”的内容填写。要求数字要大写，如“壹佰叁拾肆号”，字体要大些，便于从虚线处截开后，字迹在存根联和正文联各有一半。同时，应在虚线正中加盖公章。

注意：这类介绍信写好后，也应装入公文信封内。信封的写法同普通信封相同。

4.2.1.5 介绍信的写作要求

（1）接洽事宜要写得具体、简明。

（2）要注明使用介绍信的有效期限，有效天数一定要大写。

(3) 字迹要工整，不能随意涂改。

4.2.1.6 介绍信写作的注意事项

(1) 要坚持实事求是的原则，优点要突出，缺点不避讳，最好是用已经取得的成就和事实替代华而不实的修饰语，恰如其分地介绍自己。

(2) 要态度诚恳，措辞得当。用语应委婉而不隐晦，自信而不自大。

(3) 篇幅不宜过长，言简意赅，在有限的篇幅中突出重点，同时文字要顺畅，字迹要工整。

4.2.2 证明信

4.2.2.1 证明信的含义

证明信是根据确凿的证据来证明某人的身份、经历、学习、职称等问题和或事件事情的真实情况时使用的凭据类书信体应用文书，简称证明。

4.2.2.2 证明信的种类

证明信根据内容大致分三个类型：一是存档材料所需；二是证实情况所需；三是作为证件所需。根据出具证明者的不同，一般将证明信分为组织证明信和个人证明信。组织证明信的材料一般来源于单位档案，或来自调查研究；个人证明信的内容则完全由个人负责，必要时还需要证明者所在单位签署属实与否的意见。

4.2.2.3 证明信的写法

A 标题

常见的写法是只标示文种名称，即在第一行居中用较大字体书写“证明”“证明信”“证明书”。标题也可以写成“证明事由+文种名称”的形式，如“学历证明”“关于××问题的证明”等。

B 称谓

在标题之下另起一行顶格书写受信者的名称，称谓后加冒号。称谓是单位名称的应当书写其全称或规范化简称，也可以在单位名称后加上对相关单位负责人的称呼。有些证明信没有固定的受信者，则省去称呼。

C 正文

在称谓或标题之下另起一行空两格开始书写，根据出具证明的主动与否有所区别和侧重。

(1) 被动发往对方的证明信。根据受信者的要求，写清所要证明的事项。如要求证明人物经历，就要写清楚被证明人的主要经历的时间、地点和所担任的职务等；如要求证明某一事件，就要写清被证明事件发生的时间、地点、参与者的姓名及其在事件中的地位、作用和事件的前因后果。这部分内容的繁简要根据受信者的要求而定，对方没要求的就不必写。

(2) 主动发往对方的证明信。这种证明信多是作为证件之用的，如派遣本单位人员外出活动时开具证明作为机动证件使用，以保证其工作、生活、食宿等事项的正常进行，简要写清被证明人的必要信息和祈请协助事项即可。

正文写作还要注意：一是事实必须准确，不能凭空想象、信口开河，更不能掺杂个人好恶；二是态度要鲜明，是就是，不是就不是，不要吞吞吐吐，瞻前顾后，有所顾忌；三是不能使用“大约”“好像”“可能”等模糊语言，也不能答非所问。

D 结语

在正文之下另起一行空两格书写“特此证明”，后不必加标点符号。结语也可以写成“此证”。

E 落款

在结语的右下方署上证明者的名称。在署名的下方写上开具证明信的日期。证明者的名称可以是单位名称也可以是个人姓名。如果证明者的名称是单位名称，应当书写其全称或规范化简称。如果证明者的名称是个人姓名，前面可以加上“证明人”等字样。

F 附项

如果个人出具的证明需要所在单位签署属实与否的意见，则在落款左下方开始另起一行空两格书写签署意见。一般写上所在单位对证明人的情况及对证明内容的态度，在签署意见的右下方署上单位名称和日期，并加盖公章。如果是单位出具的供有关人员外出做证件之用的证明信，则在落款左下方另起一行空两格书写有效期限。

有的证明信为便于对方联系确认，则附上单位地址、电话等信息。

【规范例文】

【例文4-4】带存根的介绍信

介 绍 信（存根）

字第××号

兹介绍××同志×人前往××××联系××××××××××××。

××××年×月×日

……………………第……………………号……………………

介 绍 信

字第××号

×××：

兹介绍××等同志×人，前往你处联系××××××××事宜，请予接洽并给予协助。

此致

敬礼

×××（公章）

（有效期××天）××××年×月×日

【例文4-5】固定格式证明信

证 明 信

××局办〔××××〕××号

×兹证明我单位同志（ ），因（ ）到（ ），请解决交通、住宿问题。

特此证明。

×××局（盖章）

××××年×月×日

【例文 4-6】作为证件用的证明信

证　明　信

我厂工程师×××同志，技术员×××同志，前往湖北、广东、海南等省，检查并修理我厂出产的××牌热水器，希有关单位给予帮助。

特此证明。

××省××市×××厂（公章）

××××年×月×日

【例文 4-7】作为材料存入档案的证明信

证　明　信

××县委组织部：

××××年×月×日来信收到。根据信中要求，现将贵部×××同志的爱人、××同志的情况介绍如下：

××同志，现年××岁，中共党员，是我公司财务处主管负责人，高级会计师，本人和家庭历史以及社会关系均清楚。该同志对工作认真负责，近年来多次被评为市级劳动模范。

特此证明。

××公司（公章）

××××年×月×日

【例文 4-8】个人出具的证明信

证　明　信

××局负责同志：

陈××原为我校中文系××级学生，曾担任前学生会主席职务，在校期间，该生遵守学校各项规章制度，没有参与任何不利于安定团结的活动。

特此证明。

证明人：宫××

××××年×月×日

【课堂训练】

（1）请同学们思考：介绍信留有存根是否必要？

（2）介绍信有时能起到证明信的作用，你知道吗？

【实训平台】

★问题诊断

下面是一家公司为外派的几名员工开具的一封介绍信，根据你所学相关知识，仔细阅读，找一找其中有哪些不妥之处，请指出来。

介 绍 信

我公司×××同志，×××同志，×××同志等几名同志前往北京、广东、上海、南宁等省，检查并修理我公司出品的××牌新型节能热水器，希有关单位给予帮助。

特此证明。

××省××市×××厂（公章）

××××年×月×日

★思维训练

（1）现在是信息时代，只要你身边随时携带身份证，因公出差是不是就不用单位给你开具介绍信或证明信了？

（2）邹××在公司上班一年了，因为做文秘工作，很少外出办事，经理要求她到同行业某公司走访学习一个月，为了更好地和对方沟通，她请求公司人事部门为其开具一份证明其身份的证明信。如果你是公司人事部门的同事，你怎么给她开具这份证明信？

（3）介绍信可以做证明信用，那证明信可以代替介绍信吗？

★情景模拟

攀枝花市时尚建筑装修有限公司准备派遣员工吴××一人去泸州市蓝鸟房地产开发有限公司洽谈该公司一处名为“御景豪庭”楼盘 5 号楼主入口大门装饰工程一事，请以公司的名义给吴××开具一份单位介绍信。

【写作训练】

（1）小王是某公司公关推广部职员，现在要到外地一家公司洽谈合作意向，公司人事部将为她开具一封介绍信，假如你是人事部的同事，你怎样给她开具？

（2）柳××，女，现年 36 岁，1987 年 9 月考入××大学学习，是×××教授的研究生，1994 年 9 月毕业。由于历史原因，毕业时未能发给研究生毕业证书。现工作单位人事部门要求到原学校开具一份证明其学业身份的证明信，请你以其原就读学校××大学校长名义为其开具一份证明。

【知识链接】

证明信的分类

证明信的分类有很多种，依据不同，分类也不同。比如从证明信的内容来看，我们可以将证明信分为证明某人身份、证明某人某一时期的工作经历和证明某件事情真相的证明信等。

从证明信具体的存在方式上来划分的话，我们还可以将证明信分为公文式、书信式、便条式等三种格式。

证明信还可以从开具证明的人的不同而分为以组织的名义所发的证明信和以个人的名义所发的证明信两种。而以组织的名义所发的证明信还可再分为普通书写的证明信和印刷证明信两种。

（1）以组织名义所发的证明信。这种证明信多数是证明某人曾在或正在该单位工作的证明信。它可以证明此人的身份、经历、职务，以及同该单位的所属关系等真实情况。这种材料的来源一般源于该单位的档案，或来自调查研究。

以组织名义所发的证明信可采用普通书信形式，一般都是该单位的负责人或文书根据真实的档案或调查的材料，来组织书写的一种证明性书信。篇幅可长可短，视具体情况而定。

以组织名义发出的印刷式的证明信则是一种较方便的已事先把格式印好，只需填进主要内容的一种证明信。这种证明信一般留有存根，以备今后查看。这是一种较为正规的证明信。

(2) 以个人名义所发的证明信。这类证明信，由个人书写。证明信的内容完全由个人负责。写这样的证明信，个人一定要严肃认真、仔细回忆，不得信笔由缰、马马虎虎。个人所写的证明信一般都以个人名义、采用书信体格式。

任务 4.3　演讲词

【目标要求】

知识目标

(1) 了解演讲词的含义；

(2) 熟悉演讲词的特点；

(3) 掌握演讲词的写作。

能力目标

能熟练拟写一篇主题鲜明的演讲词。

素质要求

能很好把握演讲词的写作结构。

【案例分析】

勿忘国耻　奋发图强

当各位同学在校园里散步的时候，当某些同学还沉迷在网络游戏的时候，当我们在教室里感受着大学生活的时候。我们可曾想过，在几十年前的那场战争，多少无名英雄战死沙场。而我们是怎样对待这样来之不易的和平？我们是怎样对待我们现有的幸福生活？我们可曾想过，我们是否真的热爱自己的祖国？

时光飞逝，转眼间一切已经成为历史。而我们是怎么对待这段历史的？

在我们每个人的心灵深处都有一颗火热的爱国心。当祖国需要我们的时候我想很多人都能挺身而出，献出自己的一切，包括生命。

可是有些人却做了不爱国的事。我想很多同学的手机里都有很多拿“英雄人物”开玩笑的段子。当我们看见这些信息一笑而过的时候，难道我们只是笑笑吗？他们用生命用鲜血为我们换来了幸福和平的生活，可我们却拿这些英雄开玩笑。这样好吗？

当日本在战争中遗留的毒气依旧杀伤我国人民的时候。我想很多人是这样想的——还好中毒的人不是我。难道我们的素质只有这么高吗？而在日本学生的历史书上却没有一点有关侵略战争的事件，可以说多数的现代日本学生已经忘记了那段他们祖辈犯下的罪行。难道我们也要像日本学生那样把它忘记吗？

我们已经远离了曾经的血雨腥风，远离了硝烟四起。难道我们也远离了爱国主义吗？我们是离开了那些过去。可是我们又来到了一个战场，这里没有血腥，这里没有了刀光剑影。这场战争是知识的战争，是技术的战争，是争夺人才的战争。

或许很多人认为，我们来上大学的目的是为了以后有个好工作，找个伴侣幸福地度过余生。可是在这背后却体现了你现在的爱国主义。当我们参加工作的时候，我们已经成为一名“战士”，一名为了祖国的经济建设战斗的战士。我们的知识就是我们战斗的武器。我们也在捍卫着自己的祖国。祖国需要人才，也许我们以后工作的时候所创造出来的东西远远比它的经济价值还要高。

未来是我们的，未来的国家需要我们来建设，大家之所以坐在这里，一个高尚的理由就是为了祖国，为了祖国的繁荣，为了祖国可以在世界舞台上立于不败之地。

【评析】

这是在纪念抗日战争胜利 70 周年系列活动中某高校学生演讲比赛中的一篇演讲词，字里行间无不透露着强烈的爱国之情，在分析过往和现实的同时，也倾注了对未来的渴望。

【知识提要】

4.3.1 演讲词的含义

演讲词也叫演说辞，它是在较为隆重的仪式上和某些公众场所发表的讲话文稿。演讲稿是进行演讲的依据。

演讲词是人们在工作和社会生活中经常使用的一种文体。它可以用来交流思想、感情，表达主张、见解；也可以用来介绍自己的学习、工作情况和经验等。演讲稿具有宣传、鼓动、教育和欣赏等作用，它可以把演讲者的观点、主张与思想感情传达给听众以及读者，使他们信服并在思想感情上产生共鸣。

4.3.2 演讲词的特点

演讲和表演、作文有很大的区别。首先，演讲是演讲者就人们普遍关注的某种有意义的事物或问题，通过口头语言面对一定场合的听众，直接发表意见的一种社会活动。其次，作文是作者通过文章向读者单方面的输出信息，演讲则是演讲者在现场与听众双向交流信息。严格地讲，演讲是演讲者与听众、听众与听众的三角信息交流，演讲者必须能控制住自己与听众、听众与听众情绪的应和与交流。所以，演讲稿具有以下三个特点。

第一，针对性。演讲是一种社会活动，是在公众场合以思想、感情、事例和理论来晓喻听众，打动听众，“征服”群众的宣传，必须要有现实的针对性。所谓针对性，首先是作者提出的问题是听众所关心的问题；其次是要懂得听众有不同的对象和不同的层次，写作时要根据不同场合和不同对象，为听众设计不同的演讲内容。

第二，可讲性。演讲的本质在于“讲”，而不在于“演”，它以“讲”为主、以

“演”为辅。由于演讲要诉诸口头，拟稿时必须以易说能讲为前提，要求则是“上口入耳”。

第三，鼓动性。演讲是一门艺术。好的演讲自有一种激发听众情绪、赢得好感的鼓动性。要做到这一点，首先要依靠演讲稿思想内容的丰富、深刻，见解精辟，有独到之处，发人深思，语言表达要形象、生动，富有感染力。如果演讲稿写得平淡无味、毫无新意，即使在现场“演”得再卖力，效果也不会好，甚至相反。

4.3.3　演讲词的写作结构

从内部结构来说，演讲需要形成或创造现场的情绪氛围，所讲的内容应该较为集中，最多只能讲两三个问题，而且还得很紧密地在逻辑上串联起来，以层层推演的方式，一环扣一环地展开，这时最忌的是平面罗列，尤其成为大忌的是先亮论点，后举例子。演讲稿的结构分开头、主体、结尾三个部分，其结构原则与一般文章的结构原则大致一样。但是，由于演讲是具有时间性和空间性的活动，因而演讲稿的结构还具有其自身的特点，尤其是它的开头和结尾有特殊的要求。

（1）开头要抓住听众，引人入胜。演讲稿的开头，也叫开场白。它在演讲稿的结构中处于显要的地位，具有重要的作用。瑞士作家温克勒说：“开场白有二项任务：一是建立说者与听者的同感；二是如字义所释，打开场面，引入正题。”好的演讲稿，一开头就应该用最简洁的语言、最经济的时间，把听众的注意力和兴奋点吸引过来，这样，才能达到出奇制胜的效果。

（2）主体要环环相扣，层层深入。这是演讲稿的主要部分。在行文的过程中，要处理好层次、节奏和衔接等几个问题。层次是演讲稿思想内容的表现次序，它体现着演讲者思路展开的步骤，也反映了演讲者对客观事物的认识过程。演讲稿用过渡句或“首先”“其次”“然后”等语词来安排层次。节奏是指演讲内容在结构安排上表现出的张弛起伏。演讲稿结构的节奏既要鲜明，又要适度。平铺直叙、呆板沉滞，固然会使听众紧张疲劳，而内容变换过于频繁，也会造成听众注意力涣散。所以，插入的内容应该为实现演讲意图服务，而节奏的频率也应该根据听众的心理特征来确定。

衔接是指把演讲中的各个内容层次联结起来，使之具有浑然一体的整体感。由于演讲的节奏需要适时地变换演讲内容，因而也就容易使演讲稿的结构显得零散。衔接是对结构松紧、疏密的一种弥补，它使各个内容层次的变换更为巧妙和自然，使演讲稿富于整体感，有助于演讲主题的深入人心。

（3）结尾要简洁有力，余音绕梁。结尾是演讲内容的自然收束。美国作家约翰·沃尔夫说：“演讲最好在听众兴趣到高潮时果断收束，未尽时戛然而止。”这是演讲稿结尾最为有效的方法。演讲稿的结尾没有固定的格式，或对演讲全文要点进行简明扼要的小结，或以号召性、鼓动性的话收束，或以诗文名言以及幽默俏皮的话结尾。但一般原则是要给听众留下深刻的印象。

4.3.4　演讲词写作的注意事项

（1）了解对象，有的放矢。演讲稿是讲给人听的，因此，写演讲稿首先要了解听众对象：了解他们的思想状况、文化程度、职业状况如何；了解他们所关心和迫切需要解决的问题是什么，等等。否则，不看对象，演讲稿写得再花工夫，说得再天花乱坠，听众也会感到索然无味、无动于衷，也就达不到宣传、鼓动、教育和欣赏的目的。

(2) 观点鲜明，感情真挚。演讲稿观点鲜明，显示着演讲者对一种理性认识的肯定，显示着演讲者对客观事物见解的透辟程度，能给人以可信性和可靠感。演讲稿观点不鲜明，就缺乏说服力，就失去了演讲的作用。演讲稿还要有真挚的感情，才能打动人、感染人，有鼓动性。因此，它要求在表达上注意感情色彩，把说理和抒情结合起来。既有冷静的分析，又有热情的鼓动；既有所怒，又有所喜；既有所憎，又有所爱。当然这种深厚动人的感情不应是“挤”出来的，而要发自肺腑，就像泉水喷涌而出。

(3) 行文变化，富有波澜。构成演讲稿波澜的要素很多，有内容、有安排，也有听众的心理特征和认识事物的规律。如果能掌握听众的心理特征和认识事物的规律，恰当地选择材料，安排材料，就能使演讲在听众心里激起波澜。换句话说，演讲稿要写得有波澜，主要不是靠声调的高低，而是靠内容的有起有伏、有张有弛，有强调、有反复、有比较、有照应。

(4) 语言流畅，深刻风趣。要把演讲者在头脑里构思的一切都写出来或说出来，让人们看得见，听得到，就必须借助语言这个交流思想的工具。因此，语言运用得好还是差，对写作演讲稿影响极大。要提高演讲稿的质量，不能不在语言的运用上下一番功夫。要让语言口语化、通俗易懂、生动感人、准确朴素、洗练简洁。

(5) 认真修改，精益求精。从事任何文体的写作都要重视修改，认真修改，精心修改，写作演讲稿自然不能例外。例如，林肯在接到要他做演讲之后，在指挥战争、奔忙国事的情况下，亲自起草演讲稿，并把演讲稿念给白宫的佣人听。直到演讲的前一天晚上，他还在旅馆的小房间里再次推敲、修改演讲稿。

【规范例文】

【例文4-9】

新员工演讲词

我来到洛弛虽然只有一个月的时间，但在这短短的一个月里，却让我感到公司领导对工作的精益求精、不断创新，对员工的无微不至……让我感到加入洛弛是幸运的。能成为公司的一员，我感到无比自豪，相信这种自豪感将使我更有激情地投入到工作中。

作为一名进入一个全新工作环境的新员工来说，尽管在过去的工作中积累了一定的工作经验，但刚进入公司，难免还是有点压力。为了能让自己尽早进入工作状态和适应工作环境，有问题及时请教同事，积极学习工作所需要的各项专业知识，努力提高自己的业务水平。这段时间我学到了很多知识，自己的技术水平也得到了很大提高，过得非常充实和快乐，再累也是值得的！在这里，我要特别感谢在这段时间帮助过我的领导和同事，正是因为有了他们无微不至的关怀和不厌其烦的帮助，才使我得于尽早从那种紧张情绪中解放出来，使我尽快地适应了环境，全情地投入了工作！因为正如我了解的那样，洛弛关心自己的每一个员工，给每一个员工足够的空间展现自己！

在洛弛，我喜欢业务员这个工作岗位，因为这个岗位具有很高的挑战性，能让我把十多年的知识学以致用，并能很好地发挥我制定计划、处理问题等方面的能力，正因为对工作的喜欢，使我能全情投入到工作中去。我知道唯有积极的行动才能带来丰硕的成果。为了做好销售这项工作，我正用心地做着领导交给我的每一项任务。

对于我来说，洛弛是一个区别于以往的新环境，所接触的人和事物一切都是新的。作为新员工，我会去主动了解、适应环境，同时也要将自己优越的方面展现给公司，在充分信任和合作的基础上会建立良好的人际关系。除此之外，我还要时刻保持高昂的学习激情，不断地补充知识，提高技能，以适应公司发展。在工作中我可能会有迷惑和压力，但是我相信只要能端正心态、有十足的信心勇敢地走下去，就一定会取得成功。

社会在发展，信息在增长，挑战也在加剧。我不仅要发挥自身的优势，更要通过学习他人的经验，来提高自身的素质。洛弛公司的发展目标是宏伟而长远的，公司的发展就是我们每个人的发展，我相信我有能力把握机遇，与洛弛一起迎接挑战！

【课堂训练】

（1）演讲词有什么特点？

（2）怎样写好演讲稿的开头？

【实训平台】

★问题诊断

民国时期，有一次，山东主政的韩复榘主席挺胸凸肚出现在齐鲁大学校庆演讲台上。未开口倒也威风凛凛，大有学界泰斗之状；口一张，原形毕露，信口雌黄，粗俗不堪。搞得满座师生愕然，哗然，昏昏然。请同学们根据所学相关知识，指出它存在的问题。

诸位，各位，在其位：

今天是什么天气？今天是演讲的天气。开会的人来齐了没有？看样子大概有个五分之八啦，没来的举手吧！很好，都到齐了。你们来得很茂盛，敝人也实在很感冒。今天兄弟召集大家，来训一训，兄弟有说得不对的地方，大家应该互相谅解，因为兄弟和大家比不了。你们是文化人，是从笔筒里面爬出来的，都是大学生、中学生和留洋生，你们这些乌合之众是科学科的，化学化的，都懂七八国的英文。兄弟我则不同，是大老粗，是从炮筒里面钻出来的，连中国的英文也不懂。……今天能到这里讲话，真使我蓬荜生辉，感恩戴德。其实，我没有资格给你们讲话，讲起来嘛，就像……就像……对了，就像对牛弹琴。

★思维训练

1. 演讲词必须有讲稿吗？

2. 演讲的时候不光要备稿，还要有听众，你认为呢？

★情景模拟

有如下一组数据，请依据这些资料，在查阅相关资料，在班级开展一次以“保护环境，维护生态”为主题的演讲会。

近年有关部门调查统计：

内蒙古草原退化严重，已经到了惊人的程度。6359 万多公顷可利用草地面积中，目前退化草地面积已达 3867 万公顷，占可利用草原的 60%。素以水草丰美著称的全国重点牧区呼伦贝尔草原和锡林郭勒草原，退化面积分别达 23%和 41%，鄂尔多斯草原的退化最为严重，面积达 68%以上。

以往沙尘暴基本上是从阿拉善盟和巴彦淖尔市的沙漠地带发起，现在东移到乌兰察布市和锡林郭勒盟，向世人拉响了最令人担忧的生态警报：美丽的锡林郭勒草原也已严重沙化。内蒙古乃至世界上最为典型的草甸草原东乌珠穆沁旗，草场退化面积已占全旗可利用草场的66%以上。以荒漠草原为代表的阿拉善盟和鄂尔多斯市，草原退化、沙化之势更加严峻。与20世纪50年代相比，阿拉善左旗的草地覆盖度降低了30%~50%，目前荒漠和半荒漠已占到了这个旗草地的96.9%。

【写作训练】

响应学校“庆国庆——祖国在我心中”演讲比赛，拟写一篇演讲稿。

【知识链接】

演讲词的写作技巧

一、了解听众对象

演讲词是讲给人听的，因此，写演讲词首先要了解听众对象，了解他们的思想状况、文化程度、职业状况如何；了解他们所关心和迫切需要解决的问题是什么等。否则，不看对象，演讲词写得再花功夫，说得再天花乱坠，听众也会感到索然无味，无动于衷，也就达不到宣传、鼓动、教育和欣赏的目的。

二、观点鲜明，感情真挚

演讲词观点鲜明，显示着演讲者对一种理性认识的肯定，显示着演讲者对客观事物见解的透辟程度，能给人以可信性和可靠感。演讲词观点不鲜明，就缺乏说服力，就失去了演讲的作用。演讲词还要有真挚的感情，才能打动人、感染人，有鼓动性。因此，它要求在表达上注意感情色彩，把说理和抒情结合起来。既有冷静的分析，又有热情的鼓动；既有所怒，又有所喜；既有所憎，又有所爱。当然这种深厚动人的感情不应是“挤”出来的，而要发自肺腑，就像泉水喷涌而出。

三、行文变化，富有波澜

构成演讲词波澜的要素很多，有内容，有安排，也有听众的心理特征和认识事物的规律。如果能掌握听众的心理特征和认识事物的规律，恰当地选择材料，安排材料，也能使演讲在听众心里激起波澜。换句话说，演讲词要写得有波澜，主要不是靠声调的高低，而是靠内容的有起有伏，有张有弛，有强调，有反复，有比较，有照应。

四、语言流畅，深刻风趣

要把演讲者在头脑里构思的一切都写出来或说出来，让人们看得见，听得到，就必须借助语言这个交流思想的工具。因此，语言运用得好还是差，对写作演讲词影响极大。要提高演讲词的质量，不能不在语言的运用上下一番功夫。写作演讲词在语言运用上应注意以下五个问题：

(1) 要口语化。“上口”“入耳”这是对演讲语言的基本要求，也就是说演讲的语言要口语化。演讲，说出来的是一连串声音，听众听到的也是一连串声音。听众能否听懂，要看演讲者能否说得好，更要看演讲词是否写得好。如果演讲词不“上口”，那么演讲的内容再好，也不能使听众“入耳”，完全听懂。如在一次公安部门的演讲会上，一个公安战士讲到他在执行公务中被歹徒打瞎了一只眼睛，歹徒弹冠相庆说这下子他成了“独眼龙”，可是这位战士伤愈之后又重返第一线工作了。讲到这里，他拍了一下讲台，大声说：“我‘独眼龙’又回来了！”会场里的听众立即报以热烈的掌声。演讲词的“口语”，不是日常的口头语言的复制，而是经过加工提炼的口头语言，要逻辑严密、语句通顺。由于演讲词的语言是作者写出来的，受书面语言的束缚较大，因此，就要冲破这种束缚，使演讲词的语言口语化。为了做到这一点，写作演讲词时，应把长句改成短句，把倒装句必成正装句，把单音词换成双音词，把听不明白的文言词语、成语改换或删去。演讲词写完后，要念一念，听一听，看看是不是“上口”“入耳”，如果不那么“上口”“入耳”，就需要进一步修改。

(2) 要通俗易懂。演讲要让听众听懂。如果使用的语言讲出来谁也听不懂，那么这篇演讲词就失去了听众，因而也就失去了演讲的作用、意义和价值。为此，演讲词的语言要力求做到通俗易懂。列宁说过：“应当善于用简单明了、群众易懂的语言讲话，应当坚决抛弃晦涩难懂的术语和外来的字眼，抛弃记得烂熟的、现成的但是群众还不懂的、还不熟悉的口号、决定和结论”。(《社会民主党和选举协议》) 鲁迅也说过：“为了大众力求易懂。”(《且介亭杂文。论旧形式的采用》)

(3) 要生动感人。好的演讲词，语言一定要生动。如果只是思想内容好，而语言干巴巴，那也算不上是一篇好的演讲词。广为流传的恩格斯、列宁、斯大林的演讲，毛泽东的演讲，鲁迅的演讲，闻一多的演讲，都是既有丰富深刻的思想内容，又有生动感人的语言。语言大师老舍说得好：“我们的最好的思想、最深厚的感情，只能被最美妙的语言表达出来。若是表达不出，谁能知道那思想与感情怎样好呢?”(《人物、语言及其他》) 由此可见，要写好演讲词，只有语言的明白、通俗还不够，还要力求语言生动感人。怎样使语言生动感人呢？一是用形象化的语言，运用比喻、比拟、夸张等手法增强语言的形象色彩，把抽象化为具体，深奥讲得浅显，枯燥变成有趣。二是运用幽默、风趣的语言，增强演讲词的表现力。这样，既能深化主题，又能使演讲的气氛轻松和谐；既可调整演讲的节奏，又可使听众消除疲劳。三是发挥语言音乐性的特点，注意声调的和谐和节奏的变化。

(4) 要准确朴素。准确，是指演讲词使用的语言能够确切地表现讲述的对象——事物和道理，揭示它们的本质及其相互关系。作者要做到这一点，首先，要对表达的对象熟悉了解，认识必须对头；其次，要做到概念明确、判断恰当、用词贴切，句子组织结构合理朴素，是指用普普通通的语言，明晰、通畅地表达演讲的思想内容，而不刻意在形式上追求词藻的华丽。如果过分地追求文辞的华美，就会弄巧成拙，失去朴素美的感染力。

(5) 要控制篇幅。演讲词不宜过长，要适当控制时间。德国著名的演讲学家海茵兹·雷德曼在《演讲内容的要素》一文中指出：“在一次演讲中不要期望得到太多。宁可只有一个给人印象深刻的思想，也不要五十个证人前听后忘的思想。宁可牢牢地敲进一根钉子，也不要松松地按上几十个一拨即出的图钉。”所以，演讲词不在乎长，而在乎精。

五、认真修改，精益求精

从事任何文体的写作都要重视修改，认真修改，精心修改，写作演讲词自然不能例外。例如，林肯在接到要他作上述演讲之后，在指挥战争、通权国是的情况下，亲自起草演讲词，并把演讲词念给白宫的佣人听。直到演讲的前一天晚上，他还在旅馆的小房间里再次推敲、修改这篇演讲词。再如，1883 年 3 月 14 日，马克思与世长辞。恩格斯作了《在马克思墓前的讲话》的著名演讲。演讲草词是这样开头的：“就在十五个月以前，我们中间大部分人曾聚集在这座坟墓周围，当时，这里将是一位高贵的崇高的妇女最后安息的地方。今天，我们又要掘开这座坟墓，把她的丈夫的遗体放在里边。”作者考虑后进行了修改，写成："三月十四日下午两点三刻，当代最伟大的思想家停止了思想。让他一个人留在房里总共不过两分钟，等我们再进去的时候，便发现他在安乐椅上安静地睡着了——但已经是永远地睡着了。"两者比较，后者入题较快，演讲一开始就抒发了对逝者的无限敬爱和万分惋惜的心情，使现场的人们也沉浸在对马克思的缅怀与崇敬之中。正是这种认真的态度和精心的修改，才为他的每次演讲的成功提供了有力的保证。

任务4.4 策划书

【目标要求】

知识目标

(1) 了解策划书的概念和特点；

(2) 明确策划书的作用和种类；

(3) 清楚策划书的写作格式。

能力目标

掌握策划书的写作方法。

素质要求

能够拟写一般商业活动的策划书。

【案例分析】

寝室文化活动策划书

活动背景

当我们成为大学生的那一刻，我们的学习生活方式发生了巨大的改变，我们不再成天埋头苦读于沉闷的教室，寝室随之成为我们的最基本组成单位了。因此，丰富我们的大学生活，营造互助互爱、积极愉悦、学习氛围浓厚的寝室氛围对我校学风的完善、文化的深化、"信敏廉毅"精神的传承显得尤为重要。

活动目的

通过本次活动的开展，希望同学们能在准备中增进彼此间的了解、深化相互的友谊、融洽学校氛围。各分院也可以发挥专业优势，展示自己的才学，相互切磋、互相激励。在呼应中国建立"节约型社会"、学校建立"节约型校园"的主题的同时，激发大家的创新意识，体现"××学子"的思维活跃的特点。

活动时间

初赛：3月25—26日

决赛：4月8日晚18：20（18：30开始）

活动地点：国际交流中心学术报告厅

活动构成

一、寝室文化艺术节征文大赛

二、寝室文化艺术节书画、摄影展

三、寝室文化设计大赛

活动流程

(略)

【评析】

这是一所大学开展寝室文化创意活动的策划书，交代了活动背景和目的，设定了活动时间和地点，介绍了活动的构成和流程，但缺少活动经费的预算和人员分工，更没有注意事项以及可能出现的风险意外需要怎样变通，这些在活动的前期准备中是一定要考虑进去的。从行文可以看出，这不是该校第一次举办这样的活动了，策划书还是不完善是不应该的。

【知识提要】

4.4.1 策划书的含义

策划书即对某个未来的活动或者事件进行策划，并展现给读者的文本。策划书是目标规划的文字书，是实现目标的指路灯。撰写策划书就是用现有的知识开发想象力，在可以得到的资源的现实中尽可能最快地达到目标。

4.4.2 策划书的分类

策划书一般分为商业策划书、创业计划书、广告策划书、活动策划书、营销策划书、网站策划书、营销型网站策划书、项目策划书、公关策划书、婚礼策划书、医疗策划书等。

4.4.3 策划书的基本格式

(1) 策划书名称。尽可能具体地写出策划名称，如“××××年×月××大学××活动策划书”，置于页面中央，当然也可以写出具有独特设计的正标题后将此作为副标题写在下面。

(2) 活动背景。这部分内容应根据策划书的特点在以下项目中选取内容重点阐述；具体项目有基本情况简介、主要执行对象、近期状况、组织部门、活动开展原因、社会影响以及相关目的动机。还应说明问题的环境特征，主要考虑环境的内在优势、弱点、机会及威胁等因素，对其做好全面的分析，将内容重点放在环境分析的各项因素上，对过去现在的情况进行详细的描述，并通过对情况的预测制定计划。如环境不明，则应该通过调查研究等方式进行分析加以补充。

(3) 策划书的活动目的及活动的意义。活动的目的、意义应用简洁明了的语言将目的要点表述清楚；在陈述目的要点时，该活动的核心构成或策划的独到之处及由此产生的意义（经济效益、社会利益、媒体效应等）都应该明确写出。活动目标要具体化，并需要满足重要性、可行性、时效性。

(4) 写清资源需要。列出所需人力资源、物力资源，包括使用的地方，如使用活动中心都详细列出。可以列为已有资源和需要资源两部分。

(5) 活动开展。作为策划的正文部分，表现方式要简洁明了，使人容易理解，但表述方面要力求详尽，写出能设想到的，不要有遗漏。在此部分中，不仅仅局限于用文字表述，也可适当加入统计图表等；对策划的各工作项目，应按照时间的先后顺序排列，绘制实施时间表有助于方案核查。人员的组织配置、活动对象、相应权责及时间地点也应在这部分加以说明，执行的应变程序也应该在这部分加以考虑。

这里可以提供一些参考项目：会场布置、接待室、嘉宾座次、赞助方式、合同协议、媒体支持、校园宣传、广告制作、主持、领导讲话、司仪、会场服务、电子背景、灯光、音响、摄像、信息联络、技术支持、秩序维持、衣着、指挥中心、现场气氛调节、接送车辆、活动后清理人员、合影、餐饮招待、后续联络等。请根据实情自行调节。

（6）经费预算。活动的各项费用在根据实际情况进行具体、周密的计算后，用清晰明了的形式列出。

（7）特别说明。内外环境的变化，对不可避免因素的给所制定方案的执行带来一些不利，是否有应变措施，损失的概率是多少，造成的损失有多大，必要的应急措施等也应在策划中加以说明。

（8）活动负责人。注明组织者、参与者姓名、嘉宾、单位（如果是小组策划应注明小组名称、负责人）。

（9）注意事项：

1）本策划书提供基本参考，小型策划书可以直接填充；大型策划书可以不拘泥于表格，自行设计，力求内容详尽、页面美观。

2）可以专门给策划书制作封页，力求简单、凝重；策划书可以进行包装，如用设计的徽标做页眉、图文并茂等。

3）如有附件可以附于策划书后面，也可单独装订。

4）策划书需从纸张的长边装订。

5）一个大策划书，可以有若干子策划书。

【规范例文】

【例文4-10】

工艺美术学院迎新生晚会策划书

一、晚会目的及意义

2019年，充满活力的一年，青春激昂的一年，学院迎来了又一批的莘莘学子，他们带着满腔热忱，加入福州大学厦门工艺美术学院的这个大家庭当中，为了让他们尽快地熟悉新的环境，更快地融入学校的氛围中，我院举办这次的迎新晚会，使新生感受校园的活跃气息，更带动整个校园的气氛，丰富校园生活。通过此次晚会，还可以挖掘更多的文艺人才，并为他们创造一个展示自己的舞台，更能够为新生提供一个新老生交流的平台。

二、晚会的组织

此次迎新晚会由学院文艺部组织策划，学院学生会作为强大的支持后盾，形成了一支具有凝聚力强、工作能力突出、经验丰富的主力队伍，他们成功地举办了多个大型文艺晚会，一次比一次进步，一次比一次精彩。在此次的迎新生晚会当中，我们依然会拿出十分的热诚，十分的干劲，十分的智慧，十分的努力，发挥团队精神，与老师、同学携手办出一台有我院特色的晚会。

三、晚会主题

“以心迎新”，又一届的新生入学，洋溢着活力四射的气氛，新同学进校，陌生的环境，陌生的人，陌生的场景，为了让新生感受到学院的大家庭温暖，既有家的温馨，又有活跃的气氛，以我们的热情，以我们的心去让新生在这不熟悉的校园里找到一个新的起点。

四、晚会性质

晚会将是一场充满热情，活力四射，激扬青春，以欢快为基调的迎新生晚会。

五、晚会形式及内容

晚会节目以大一、大二为主，内容不限，形式不限，符合主题，学院的艺术团、街舞队、乐队、歌唱团等社团准备节目，并进行筛选。其他由各年级段文娱部部长准备节目，最好以语言类的节目为主。所有节目需提前彩排，经过节目策划组审查之后，合格的节目方可在这台文艺晚会上表演。节目演出次序由晚会策划组决定。

此次晚会的节目要求精，最后筛选的节目每个年级段都会出一个精湛的节目，在节目当中可以穿插大一新生的介绍（以年级为单位）。

六、晚会的地点和时间地点：学院礼堂

时间：2019年9月28日

七、晚会的筹备以及安排

晚会整场负责人分为7组。

1. 节目组：由文艺部负责，对节目进行催促和质量监督。

2. 宣传组：由宣传部出海报，在学校最显眼的地方张贴海报、横幅，以及网络信息发布，广播站发布。

3. 外联组：由外联部负责晚会的赞助商，并且负责对商家承诺的服务工作。

4. 礼仪组：由生活部负责，训练礼仪小姐，届时负责迎宾工作。

5. 舞台组：由文艺部、生活部、宣传部负责，确保舞台的搭建速度及质量，晚会期间灯光设备、音响设备的安装与选制。

6. 后勤组：由办公室、外联部负责，化妆间以及化妆人员的安排。由志愿者和红十字会负责礼堂卫生的打扫。

7. 机动组：由学生会的其他成员负责，会场秩序、会场后勤保障以及处理紧急情况。

八、前期准备工作

（一）宣传工作

1. 布幕背景制作（包括主题、主办与承办单位）；

2. 海报的制作与张贴；

3. 横幅制作与悬挂；

4. 节目单的设计与制作。

（二）舞台灯光、音响的准备工作

1. 晚会器材租借。

2. 道具的准备（根据各节目所需）。

（三）晚会节目策划及彩排工作

（四）舞台布置物品、工具购买借用等

九、各阶段任务及工作分配

晚会前三个阶段。

1. 晚会策划及准备期（2019年8月23日~2019年9月10日）

本阶段主要完成宣传、节目收集及确定赞助商。

2. 晚会协调及进展期（2019年9月10日~2019年9月24日）

节目筛选及排练、中期宣传、礼仪小姐确定、舞台灯光音响确定、物品购买。

3. 晚会倒计时期（2019年9月24日~2019年9月27日）

本阶段主要完成晚会全过程确定（包括节目单确定）、最后一次彩排、末期宣传、领导邀请、场地确定、工作证制作。

十、节目单（略）

十一、资金预算（略）

【课堂训练】

（1）什么是策划书？

（2）策划书有哪些种类？

【实训平台】

★问题诊断

下面是一份活动策划书，根据你所学相关知识，仔细阅读，指出存在的问题。

×××商贸集团公司中秋节户外活动策划书

为了培养员工的团队意识，也为了增强员工爱护大自然的意识，秉承“强身健体，团结合作”的宗旨，进一步加强公司凝聚力，也给员工创造一个亲近大自然的机会。特安排此次爬山活动。活动方案如下。

一、活动目的

有句名言说：种下思想，收获行动；种下行动，收获成长；种下成长，收获命运。给员工提供一个空间和平台，丰富他们的业余生活，感受大自然的美，体会团结协作的精神。以这一个活动为媒介，加强员工间交流，展示自己的才能，开阔视野，使大家各方面都能得到全面提高和发展。

二、活动意义

爬山是户外运动，可以享受到新鲜的空气和明媚的阳光。全体员工一起爬山是一件非常惬意的事情。大家爬山、聊天、欣赏美丽的风景，心胸开阔起来。

三、活动对象

公司全体员工。

四、活动注意事项

活动就有可能出现一些意外，本次活动主要做好以下防范。

1. 凡参加者均属自愿行为，需对自己的安全负全责，鉴于户外运动具有一定的危险性，对活动中因不遵守纪律而出现意外的参加者自己承担责任，本次活动组织者会尽一切努力进行救护与援助。要一切行动听指挥。

2. 集体活动，需有互帮互助的团队精神。

3. 鞋要合脚，穿厚底防滑好的鞋子，登山服装要以易于活动为基本。衣服要宽松（运动服和休闲服为好）。

★思维训练

（1）策划书的基本格式都包含哪些要素？

（2）"运筹帷幄之中，决胜千里之外"可以理解为策划书吗？

★情景模拟

班级要在元旦搞一次联欢活动，请你制定一份策划书，请根据活动的具体内容拟写，注意要符合策划书的基本写作要求。

【写作训练】

为学院或班级开展"学雷锋活动"拟写一份策划书。

【知识链接】

大型活动策划的注意事项

一、大型活动的策划

从程序上说，大型活动策划和实施，一般要经过以下几步：

第一，立项。就是要把活动作为一个项目确定下来，这个活动要不要做，为什么做？一定要很清晰。

第二，进行调查和可行性研究。可行性研究，是一个十分重要的工作步骤。研究范围包括大型活动的校园适应性，包括校园环境和活动范围的适应性。财力适应性、效益的可行性。从效益的角度考虑，做这样的活动是否有利于我们宣传方面节省费用？如户外活动要考虑天气的情况，野外活动考虑更多的是安全设施问题，这些都是我们要进行可行性研究的范畴。

第三，提炼主题，进行创意。

第四，方案论证。

（1）成立活动筹备组，召开筹备会议。由筹备组成员共同协商对本次活动进行宏观总策划，最终将活动涉及的工作分成诸如宣传、外联、物品筹备、节目等几大部分，并将每一项工作选出负责人，同时选出本次活动的总负责人。

（2）根据筹备会议精神，认真制定活动计划书，将其作为工作的指南，一切行动原则上必须按照活动计划书进行，同时将活动程序表、活动日程安排表等关于活动的基本资料打印装订成册，保证每个负责人人手一份，这样有利于活动的有序进行。

（3）各分项负责人，组织自己小组成员展开工作，在工作中要分工明确、责任明晰、权利对等，但各负责人要以会议或座谈等形式及时进行沟通和联系、团结协作，这样以便随时了解活动的进程，同时要向自己上一级的领导汇报工作，对在自己经验和能力范围内无法解决的问题提出援助要求。

(4) 最后的一点是总结提高。对社团活动而言，要不断总结、反思，做到既有一定的模式，又有突破和创新，而非一直在一个套路中打转。不开动脑筋，不去创造一些学生喜闻乐见的新活动，社团活动就会缺乏吸引、缺乏新意。要使社团充满活力，一定要解放思想，在实践中摸索，与时俱进，开拓创新。这样的社团才会永葆生机，活动才能凝聚人心，汇聚人气，社团之路才会越走越宽广。

二、操作实施过程应注意的问题

(1) 进行必要的现场模拟。从经验看，我们应该非常重视计划方案的现场模拟。我们看到一些协会的活动，都存在这样的问题：计划很好，但是由于缺少演练或彩排，在操作过程中出现很多问题，违背了原创精神或者没有达到原创水平。所以，在原则方案确定以后，还要进一步进行现场模拟。

(2) 实施操作程序的管理。程序化管理是一种科学的管理意识，只有程序化实施，才能有标准化、科学化管理，因而实施设计，重要的是设计出操作的规范程序，这在活动中其实就是对细节的把握和处理。

(3) 方案培训。在大型活动里，为了保证活动参与人员的素质，进行培训显得尤为重要，这样不但可以保证活动的质量，而且会极大地调动活动参与人员的积极性，使其感觉到参加活动的意义在于学习和自身素质的提高而不是最终的输赢，更重要的是维护了社团的声誉和影响力。比如音乐爱好者协会、舞蹈协会、风行吉他社、演讲与辩论协会、各球类协会在举办活动的时候都可以进行培训，同时培训还有一层意思就是对活动工作人员培训，假如参与的工作人员不了解全局的策划意图，他们就不能为大型活动策划实施提供建设性的劳动，因而需要对工作人员进行方案培训，只有知情才能出力，这些可以以讲座、专门辅导、召开会议等形式进行，既简便又高效。

三、策划的技巧

在策划方面讲两个技巧性的问题，一个是策划的“眼”，这个“眼”的概念是我从文章的“文眼”，或者唱歌的“歌眼”引申出来的。大型活动策划需要创造这样一个非常精彩的地方，像一个文眼、歌眼、我们的活动之眼，这时候往往是我们创意大型活动过程中应该重点考虑的问题，要有高潮，要有精彩的地方，要把这个活动表达的更有传播性，关键看这个高潮是不是设计的好，一个活动创意的核心在哪里，这应该是关键。

任务4.5 申请书

【目标要求】

知识目标

(1) 认识申请书的含义和用途；

(2) 明确申请书的特点和类型；

(3) 知晓各类申请书的适用范围。

能力目标

掌握各类申请书的写法。

素质要求

能够写出规范的申请书。

【案例分析】

外出培训申请书

尊敬的领导：

随着公司日渐强大，对员工素质要求渐高，我本人在工作中感到知识匮乏，在日常工作中遇到许多困惑，许多难点。为了能使我本人开阔视野，拓宽工作思维，充实自我，促进我单位深入落实新标准新制度，适应单位新的发展，我愿意全面接受素质教育，这样使我本人也能享受到优秀的教育教学方法，因此决定外出培训。我相信，这次学习对我一定是获益匪浅的，必将极大地促进我对工作的积极性，提高我对工作本质的认识。对积极探索我单位全面实施素质教育具有非常大的意义。

因此，恳请领导给予批准。

此致

敬礼！

申请人：×××

××××年×月×日

【评析】

这是一份外出培训申请书。在第一行正中写上申请书的名称，由事由和文种构成，即以“外出培训申请书”为标题。标题要醒目，字体稍大。在标题下一行顶格处写出接受申请的单位组织或领导人的名称或姓名称呼，并在称呼后加冒号。正文首先要提出申请的原因，这是提出申请的具体理由。其次表述了提高自身业务水平意愿，这是十分礼貌的做法。最后要提出自己外出培训申请的决心和个人的具体要求，希望领导解决的问题等。结尾写上“此致敬礼”表示敬意的话。落款处写明了申请人的姓名及提出申请的具体日期。

【知识提要】

4.5.1　申请书的含义

申请书是个人或集体向组织、机关、企事业单位或社会团体表述愿望、提出请求时使用的一种文书。一般在要求加入共产党、共青团、少先队、工会、参军、参加某项活动，请求承担某项任务或涉及私人事务等情况下，都可使用这一文体。

4.5.2　申请书的范围

申请书的使用范围十分广泛，尤其是今天，在商品经济的大潮下，人们的交往越来越多，申请书的使用大有用武之地。个人对党团组织和其他群众团体表述志愿、理想和希望，要使用申请书；下级在工作、生产、学习、生活等方面对上级有所请求时，也可以使用申请书。申请书把个人或单位的愿望、要求向组织或上级领导表述出来，让组织和领导加深对自己或下级的了解，争取组织和领导的帮助与批准，加强上下级之间、集体与个人之间的关系，对促进社会主义物质文明和精神文明的建设具有巨大作用。申请书是一种专用书信，它同一般书信一样，也是表情达意的工具。申请书要求一事一议，内容要单纯。

4.5.3　申请书的种类

申请书的使用范围相当广，种类也很多。

（1）按作者分类，可分为个人申请书和单位、集体公务申请书。

（2）从使用范围划分，申请书可分为如下几类。

1）社会组织方面的申请。这种申请一般是指加入党派和社会团体的专用书信。如入党、入团，加入民主党派或一些社会团体等。

2）工作学习方面的申请。这类申请一般是指向单位提出工作、学习中的意愿的专用书信。如入学、退学、进修、工作调动申请等。

3）日常生活方面的申请。这类申请一般是指向有关部门提出生活需求的专用书信。如结婚申请、困难补助申请、开业申请等。

4.5.4　申请书的特点

（1）请求性。"申请"顾名思义是申述自己的理由并有所请求的意思。无论是个人在政治生活上入团、入党的申请，或者个人、单位在其他方面的申请，均是请求满足要求的一种公用文书。所以请求的特性是申请书的一个根本的特点。

（2）格式性。申请书是一种专用书信，因此它也必须按照书信的格式来行文。内容因要求不同而不同，形式都基本保持不变。

（3）程序性。申请书是个人向组织、下级向上级的行文方式，这是申请书的性质所决定的。所以申请书在语言的使用上、语言的选择上均需符合下对上的行文标准。

4.5.5　申请书的结构

由标题、称谓、正文、结语和落款五部分构成。

（1）标题。申请书的标题有两种形式：

1）性质加文种构成，如《入团申请书》。

2）用文种"申请书"作标题。

（2）称谓。另起一行，顶格加冒号写明接收申请书的单位名称或领导人姓名。如"×××团支部："系总支领导同志："等。

（3）正文。正文包括三项内容：

1）自我介绍并表明申请事项。向领导、组织提出申请什么，要开门见山、直截了当，不含糊其词。

2）申请原因。为什么申请，也就是说明申请书的目的、意义及自己对申请事项的认识。

3）表明态度并请求批准，态度诚恳有分寸，语言要朴实准确、简洁明了。

（4）结语。一般是表示敬意的话，如"此致敬礼"等；也可写表示感谢和希望的话，如"请组织考验""请审查""望领导批准"等；也可不写。

（5）落款。在右下方署明申请人姓名，并在下面注明年月日。

4.5.6　申请书写作的注意事项

（1）申请的事项要写清楚、具体，涉及的数据要准确无误。

（2）理由要充分、合理，实事求是，不能虚夸和杜撰，否则难以得到上级领导的批准。

(3) 语言要准确、简洁，态度要诚恳、朴实。

【规范例文】

【例文4-11】

助学金申请书

尊敬的领导：

我是一名喜爱读书、热爱集体并且性格开朗的男孩。我是合作民族高等专科师范学校外语系××级应用英语（藏英翻译）专业学生×××，我来自××省××市××县一个贫穷落后的山区，从很小的时候起，父母就教育我：学习的目的是为了将来可以为国家和社会贡献出自己的一分力量，所以需要的不仅是丰富的知识，更重要的是具备良好的社会责任感和个人道德修养。这种深深扎根在心中的观念使我力争成为一名全面发展的学生。

由于家庭经济贫困，全家上下6口人（爷爷、奶奶、爸爸、妈妈、姐姐和我）的生活来源仅靠双亲单薄的农业收入，加上爷爷病重，常年卧床无法下地行走，姐姐也正还在读中专；每年必须从家里拿出大部分的金钱来供给我和姐姐的学业。父母亲的担子一天比一天重了，身体状态也大不如从前了。每次回去父母为了我们的学费操碎了心，他们一天天地变老了啊！我和姐姐心里真不是滋味！很难受，如今已很难支付得起我所在学校专业的高额学杂费；平日里虽然全家省吃俭用；假日里我出去打工；但所得离我学费还相差一大截。为了继续求学，顺利完成学业。我不得不向学校提出申请，希望可以获得适当的帮助！我没有体力，我有毅力，我有激情。

我相信，苦尽甘来会有时！我告诉自己咱人穷志不穷；天行健，君子以自强不息。在物质上我可以亏待自己，可是在学习和工作方面我却时刻没有对自己放松过要求，我不会因为生活的不好而抱怨社会的不公，因为我要用我的努力来赢得公平！为了盼来苦尽甘来的那一天，我需要学校的帮助，所以我特向学校申请贫困奖学金，请学校考察，我也会在以后的学习和生活中严格要求自己，遵守学校规章制度、认真学习，积极主动配合领导工作；争取把每分钱用在该用的地方上。

恳请领导给予批准支持，不胜感激。

此致

敬礼！

申请人：×××

申请日期：××××年××月××日

【例文4-12】

大学生入党申请书

敬爱的党组织：

我是一名××大学的一名在校大学生，我郑重地向党组织递交入党申请书，志愿加入中国共产党，愿意接受党组织对我的各种考验。

现在的我刚刚进入大学不过两个月的时间，但是我在这两个月的大学生活中学到的太多的知识，我首先要做的就是申请加入中国共产党。

这不是我一时间心血来潮，而是我在高中的时候就形成的梦想，不过那时的我还达不到党组织的要求，现在的我已经是一名大学生了，我相信我可以申请入党了，我觉得自己已经达到党组织对入党人员的最低要求了。

中国共产党是中国工人阶级的先锋队，同时是中国人民和中华民族的先锋队，是中国特色社会主义事业的领导核心，代表中国先进生产力的发展要求，代表中国先进文化的前进方向，代表中国最广大人民的根本利益。党的理想和最终目标是实现共产主义。

中国共产党以马列主义、毛泽东思想、邓小平理论和"三个代表"重要思想作为自己的行动指南。党的最终目的是实现共产主义的社会制度。

我之所以要加入中国共产党，是因为只有党，才能够教育我们坚持共产主义道路，坚持一切从人民群众出发，掌握先进的社会、科技、文化本领，是因为只有党，才能引导我们走向正确的发展道路、创造更快、更好、更先进的文明。我之所以要加入中国共产党，是因为我要全身心地投入到共产主义的事业中，为中国的胜利腾飞、为中华民族的强大贡献出一份微薄而坚强的力量。

我志愿加入中国共产党，是要在党的组织内，认真学习马列主义、毛泽东思想、邓小平理论和党的基本路线，学习科学、文化和业务，不断地提高自己的思想政治觉悟。我要认真地用共产党员的标准来要求自己，全心全意为人民服务，执行党的决定，维护党的团结和统一，严守党的纪律，保守党的机密，对党忠诚，言行一致，密切联系群众，在工作、学习和社会生活中起到先锋模范作用，随时为党和人民的利益英勇斗争，为实现共产主义奋斗终生。

党的辉煌历史，是中国共产党为民族解放和人民幸福，前赴后继，英勇奋斗的历史；是马克思主义普遍原理同中国革命和建设的具体实践相结合的历史；是坚持真理，修正错误，战胜一切困难，不断发展壮大的历史。中国共产党无愧是伟大、光荣、正确的党，是中国革命和建设事业的坚强领导核心。

可能是耳濡目染了父亲对党的执着追求的原因，使我从小就树立了一定要加入中国共产党的远大志向，并且一直持续到了今天，热情更是有增无减。在高中我就开始利用课余时间研读一些有关党组织教育的书。在大一上半学期，作为刚刚跨入高等学府的我，就向党组织郑重地递交了入党申请书。目前，我仍坚持在业余时间学习有关理论知识，思想上有了极大进步。

通过学习，我已经认识到马克思主义的辩证唯物主义和历史唯物主义，是人类哲学思想和科学知识发展的结晶，是科学的世界观。

在这不断学习和为之奋斗的漫漫长路上，洒下了我无数的汗水，也耕耘出了丰硕的果实。那就是我从最初的幼稚的感性认识，逐步上升到了为共产主义奋斗终生的理性认识阶段。可以说我的入党动机就是要全心全意为人民服务。

在不断追求思想进步的同时，我时刻记得自己还是一名学生，学习是十分重要的。为此我努力学习各门文化课。此外，我还担任班长工作，为班中的同学们服务，带领同学共同建设我们的班集体。同时也在管院分团委学生会秘书部担任职位，工作踏实肯干，任劳任怨，取得了一定的成绩。因为我一直觉得一个人独善其身并不够，还应该积极地用自己的言行去影响他人。

人民需要党，党也需要人民。只要党和人民需要，我就会奉献我的一切！今天，我虽然向党组织提出了入党申请，但我深知，在我身上还还存在着不足，因此，我希望党组织从严要求我，以便使我更快进步。今后，我要用党员标准严格要求自己，自觉地接受党员和群众的帮助与监督，努力克服自己的缺点和不足，争取早日在思想上，进而在组织上入党。

今后我会更加努力地学习与工作，更加认真学习马克思列宁主义、毛泽东思想、邓小平理论，学习党的路线、方针、政策及决议，学习党的基本知识，学习科学、文化和业务知识，努力提高为人民服务的本领。

坚决拥护中国共产党，认真贯彻执行党的基本路线和各项方针、政策，带头参加改革开放和社会主义现代化建设，为经济发展和社会进步艰苦奋斗，在生活、工作、学习和社会生活中起先锋模范作用。

坚持党和人民的利益高于一切，个人利益服从党和人民的利益，吃苦在前，享受在后，克己奉公，多做贡献。自觉遵守党的纪律和国家法律，严格保守党和国家的秘密，执行党的决定，服从组织分配，积极完成党的任务。

当然现在的我还是一名大一新生，自身的能力和素质都远远没有达到党员的要求，不过我相信我是可以通过慢慢地学习锻炼自己的。请党组织给我一次机会，我一定会努力的参加到党校学习中，更好的学习党组织的理论和思想。

在不断地学习中提高自己的思想素质和理论素质，我想我是可以通过慢慢地学习加入中国共产党中来的！请党组织在实践中考验我！我志愿加入中国共产党，我志愿为共产主义事业奋斗终生！

此致

敬礼！

申请人：×××

20××年××月××日

【课堂训练】

(1) 什么是申请书?

(2) 申请书分为哪几类?

(3) 加入党组织或团组织一定要写申请书吗?

【实训平台】

★问题诊断

下面是一份农村最低生活保障申请书，根据你所学的相关知识，仔细阅读，看有哪些不当之处，请指出来。

农村低保申请书

尊敬的张××乡长：

我叫×××，户籍现在××村三组，现年××岁，体弱多病，2006年病休至今。

现在我离异孩子跟我，孩子正在上高中，家里严重透支，现在举步维艰。我上有年迈的父母需要赡养，下有尚未成人的儿子要抚养，自己也得经常看病吃药，全家人的生活让我非常的揪心，不知道怎么办才好。幸好，听说我们的这种情况可以申请低保，所以我特向你们申请低保，以度过目前的艰难时日。

申请人：×××

★思维训练

（1）申请书的正文包括哪些内容？

（2）“世界那么大，我想去看看！”这句话出自2015年4月13日河南省实验中学心理老师顾少强的辞职信内容。有人评这是“史上最具情怀的辞职信，没有之一”。顾少强是2004年7月入职河南省实验中学的一名女性心理教师。如此任性的辞职信，领导最后真的批准了。谈谈你的看法。

★情景模拟

下面是一位在医院工作的医务人员准备进行岗位调动的情况自述，你能根据她的情况为她拟写一份工作调动申请书吗？

我于2017年7月从山东大学毕业，自毕业时起来我院工作至今，在这七年里，我从一个刚刚跨出校门的毕业生，成长为一名儿科的优秀护士，由衷地感谢领导和同事们对我的培养和帮助，在这7年里我严格要求自己，向身边的每个老师学习，苦练基本功，不仅将课堂里学到的知识应用到临床，练就了过硬的穿刺技能，更是学到了如何能够更好地与患者及家长沟通。

在儿童医院工作的近两年中，我接触到儿科康复保健，就被这门学科吸引，看到那里的小患者，更是怜爱，想为他们做点什么。在医院儿科保健康复中心将扩大病房增设护理岗位之际，我非常想到儿科康复中心工作，我想开展特色护理查房及适合儿科神经康复的特色护理工作，我虽然只是一名普通的护士，但我会在工作中不断努力，积极进取，我会尽职尽责把儿科神经康复特色护理做好。

【写作训练】

请以班级经济状况不好的同学的名义写一份大学生家庭贫困补助申请书。

任务4.6 倡议书

【目标要求】

知识目标

（1）认识倡议书的含义和用途；

（2）明确倡议书的特点和类型；

（3）知晓各类倡议书的适用范围。

能力目标

掌握各类倡议书的写法。

素质要求

能够写出规范的倡议书。

【案例分析】

募捐倡议书

省行机关各部门员工你们好!

张××是我行个人金融部的一名员工，1988 年入职，2005 年离异后过着独身生活。2013 年罹患重病，目前病情不断恶化，已经出现了心衰、肾脏器功能损坏等情况，采取肾脏移植是生命唯一的希望。目前××大学附属第一医院已给出治疗方案，本次手术总体费用预计需要 36 万元。作为一名普通员工，张××在工作中诚恳热情、勤奋敬业、积极上进、兢兢业业，患病之后高额的透析费用与药费花光了他这些年来的积蓄，虽然为了这次手术东拼西凑筹集了 18 万元资金，但这些钱对于治病来说远远不够，这让张××几近陷入绝境，生活举步维艰。

为此中国银行××省分行工会倡议发起此次爱心捐款，募集资金帮助张××渡过难关。在此，我们向省行机关全体员工发出倡议：聚省行全体员工之爱心，给他一份关爱，就能改变他一生的命运，让脆弱的生命之树重生。我们希望各位同事献出你们的博爱之心，伸出你们的援助之手，付出你们的宝贵之情，积极参与救治张××同志，用大爱和善举点燃他人生的希望之光!

我们向全行员工郑重承诺：您的每一份爱心捐助都会用于张××同志的医疗开销。期待您的参与和捐助!

每位有意捐款的同事请将善款交给部门专人管理，并由专人交到工会，工会登记之后统一交到张××同志手上。

捐助时间：2015 年 10 月 20 日

中国银行××省分行工会

【评析】

这是一份在行业单位内部发起的为身患重病的员工进行募捐的倡议书。标题简单，由倡议内容和文种构成，让人一目了然，知晓主题。称谓上感觉有些不妥，应该在员工后面加上“同志们”，并要用冒号“：”与后面的问候隔开，这样也更清晰一些。正文中先介绍患重病的员工的基本状况，尤其是目前所遭遇的困境，就是治疗需要大笔花费，该同志无法承担，只好组织上，尤其是工会方面要替他着想，希望广大员工、同事们能献出一份爱心，伸一伸援手，帮助他渡过难关，挽回宝贵的生命。结尾处交代募捐办法和时间。最后落款下面没有倡议发出的时间，有点小缺憾。

【知识提要】

4.6.1　倡议书的含义

倡议书是指：由某一组织或社团拟定、就某事向社会提出建议或提议社会成员共同去做某事的书面文章。在这个定义中我们要特别注意的是，倡议书这种文种的重要目的在于“建议或提议社会成员去做某事”，这个性质决定了倡议书的主要写作内容主要围绕着对策展开。这里要特别对倡议书和宣传稿两种文种进行区分。宣传稿重在“宣传”二字，顾名思义其文书的重要目的在于将某件事或者某个决议通过文字的形式向受众宣传，因此重点在进行事情的说明，可能包含问题、产生的原因、重要的意义和做法等等，因此与倡议书重在对策有明显区别。

4.6.2 倡议书的作用

（1）倡议书具有广泛的群众性。它可以在较大范围内调动群众的积极性，使大家心往一处想，劲往一处使，齐心协力共同做好一些有益于社会的事务和开展某些公益活动。

（2）倡议书是开展精神文明建设的一个有效的方法。倡议书的内容一般是与人们的日常生活相关的一些事项。如倡议爱护花草树木，保护生态环境；倡议众志成城，同心协力，实现祖国的尽快复兴等。所有这些都有利于人们的身心健康，属于社会主义精神文明的重要内容。倡议书是一种建议、倡导，它不给人一种强制的感觉，所以在这种轻松倡导之中，宣传了真善美，使人们无形之中就受到深刻的教育。

4.6.3 倡议书的特点

（1）公开性。倡议书不是对某个人、某一集体或某一单位而言的，它往往面向广大群众，或对一个部门的所有人发出，或对一个地区的所有人发出，甚至向全国发出。所以倡议书一般要在公共场所张贴或在报刊、广播、网络媒体上播发，具有公开性。

（2）宣传性。倡议书是要公开地表明自己的主张或建议，直接目的是希望大家响应，但同时在客观上起到了宣传自己的作用。

（3）倡导性。倡议书的目的是把自己的主张变成群众的行动，但它不是通过行政命令去强制执行，而是要通过号召、建议、引导、提倡等非强制的方法来实现自己的目的。因而倡议书对任何人是没有约束力的。群众是否响应，完全出于自愿。

4.6.4 倡议书的结构

倡议书一般由标题、称呼、正文、落款四部分组成。

（1）标题：

1）由文种名单独组成，即在第一行正中用较大的字体写“倡议书”三个字。

2）标题还可以由倡议内容和文种共同组成。如“关于向灾区捐款捐物的倡议书”。

3）还可以写成正副标题的形式，如“责任同样属于我们——致全体团员青年的倡议书”。

（2）称呼。一般顶格写在第二行开头。倡议书的称呼可依据倡议的对象而选用适当的称呼。如“广大的青少年朋友们:”“广大的妇女同胞们:”“全国的叔叔阿姨:”等。有的倡议书也可不用称呼，而在正文中指出。

（3）正文。一般写三个层次。

1）倡议的理由。倡议书的发出贵在引起广泛的响应，只有交代清楚倡议活动的原因，以及当时的各种背景事实，并申明发布倡议的目的，人们才会理解和信服，才会自觉地行动。这些因素交代不清就会使人觉得莫名其妙，难以响应。

2）倡议的事项。即希望群众响应的那些主张。这是正文的重点部分。倡议的主张既要有积极意义，又要具体可行，不能脱离实际。事项单一的可在倡议理由后直接写，事项较多的可分条例项，这样往往清晰明确、一目了然。

3）鼓动群众积极响应号召。这一部分要感情充沛，有较强的感召力和鼓动性，以激发群众积极参与的热情。

（4）署名和日期。写明倡议者单位、集体的名称或个人姓名，署上发倡议的日期。

4.6.5 写作注意事项

书写倡议书要注意以下几点：一是内容应符合时代精神，切实可行，与国家的路线方针政策相一致；二是交代清楚背景、目的，理由充分；三是措辞贴切，情感真挚，富有鼓动性；四是篇幅不宜过长。

【规范例文】

【例文 4-13】

关于开展学雷锋活动的倡议书

当春风吹绿校园，我们又迎来了新一年的“学习雷锋日”。1963 年 3 月 5 日，毛泽东同志发出“向雷锋同志学习”的伟大号召，40 多年过去了，雷锋的名字铭记在亿万人的心上，雷锋的精神在神州大地发扬光大。

今天，我们作为新时代的学子，决心以实际行动积极响应老一辈无产阶级革命家的号召，顺应时代要求，增强自己责任，更加广泛深入地开展向雷锋同志学习的活动。校团委特向全校同学发出以下倡议。

一、争当学习雷锋的标兵。向雷锋同志学习，做爱党、爱祖国、爱人民、爱科学、爱社会主义，有正确人生观和价值观的合格学生。向雷锋同志学习，发扬“钉子精神”，刻苦钻研，勤奋学习，苦练报国本领，做合格的社会主义建设者和接班人。

二、争当弘扬雷锋精神的表率。立志成为献身祖国、振兴中华的有为青年，自觉地把校训“诚朴勇毅”，与雷锋精神的实质——无私奉献和全心全意为人民服务结合起来，让雷锋精神和学校精神融汇，流淌在当代学子的血液里。

三、践行基本道德规范，做一个有道德的人。努力践行社会主义核心价值体系，遵守社会公德，恪守职业道德，弘扬家庭美德，争做道德规范的实践者。

四、参加社会志愿服务，做一个助人为乐的人。努力践行“奉献、友爱、互助、进步”的志愿服务精神，开展形式多样的志愿服务活动，争做中华民族传统美德的传承者。

五、大力倡导社会新风，做一个文明健康的人。广泛开展“讲文明、树新风”活动，告别不文明行为，争做良好社会风尚的倡导者。

雷锋精神是一面永不褪色的旗帜，是一座永放光芒的灯塔，是我们的宝贵财富。让我们迅速行动起来，积极主动、满腔热情地投入到学雷锋实践活动中来，从我做起，从现在做起，从身边点滴小事做起，以务实的作风、扎实的行动，为推动中央企业改革发展和国资监管事业，进而全面推进中国特色社会主义事业、实现中华民族伟大复兴“中国梦”而奋斗。

××大学团委

××××年×月×日

【例文 4–14】

关于净化网络环境的倡议书

广大市民朋友们：

网络已成为广大网民汲取知识、增长才干、娱乐生活的重要平台。然而，极少数网民把互联网作为不负责任发表言论的工具，严重影响了正常的上网秩序。为加强互联网管理，创建绿色网上空间，现向广大市民发出如下倡议：

一、提倡网络道德。作为一名公民，应增强网络道德意识，培养良好的上网习惯，做到不信谣不传谣，形成良好的网络道德行为规范，自觉维护自己的良好形象。

二、提倡遵纪守法。作为文明的网民，应自觉遵守国家有关互联网的法律、法规和政策，坚决抵制各种蛊惑性谣言和各种不文明网络行为，保护他人个人信息和隐私，构筑起自觉屏蔽不良信息的“防火墙”。

文明上网，从现在做起，从我做起，从一点一滴做起。希望我们共同努力，共同营造良好的网络环境。

××市政府

××××年××月××日

【课堂训练】

（1）什么是倡议书？

（2）倡议书有什么作用？

（3）倡议书有哪些特点？

【实训平台】

★问题诊断

下面是一篇有关文明驾驶的倡议书，仔细阅读，根据所学相关知识，看一看有哪些不当之处，请予以指出。

关爱生命　文明驾驶　从我做起
——文明交通行动计划倡议书

分局的全体干部职工：

交通文明是城市文明的重要体现。文明出行，更关系到每一个人的生命财产安全和人生幸福。为增强全体干部职工的文明交通意识，在全局上下形成遵章守纪、相互礼让的和谐社会风尚，结合分局“关爱生命、文明驾驶”主题活动的开展，在此，我们特向分局全体干部职工发出如下倡议。

大力倡导文明交通行为：牢固树立文明行车意识，坚持文明礼让，爱心互助，自觉倡导机动车礼让斑马线、机动车按序排队通行、机动车有序停放、文明使用车灯、各行其道、遵守信号等文明交通行为，带头成为文明出行的排头兵。

自觉摒弃交通陋习：严格遵守交通规则，自觉告别机动车随意变更车道、占用应急车道、开车打手机、不系安全带、驾乘摩托车不戴头盔等交通陋习，做到行车安全有序，自觉成为文明出行的使者。

坚决抵制危险驾驶行为：坚持珍爱生命，遵章出行，杜绝酒后驾驶、超速行驶、疲劳驾驶、闯红灯、强行超车、超员、超载等一切危险驾驶行为。

让我们携起手来，从现在做起，从自我做起，文明出行，关爱生命，共同营造安全、畅通、文明、有序的交通环境，共同构建文明交通的良好社会秩序！

★思维训练

（1）倡议书的正文应该写哪些内容？

（2）倡议书的书写要注意什么？

★情景模拟

某小学一名学生身患重病，学校准备为他举行募捐活动，请根据以下情况为学校拟写一份倡议书。

某小学校三年级一班王××同学，他从 10 月下旬感冒发烧。后来发现皮下出现血点，到东营诊断为再生障碍性贫血之后，立即赶往北京救治。经过几天的煎熬，北京 307 医院也已给出了相同的诊断结果。

目前，王××同学病情还不太稳定，需要动手术，需要很多的医疗费用。为此，学校少先大队向全校师生发出倡议：发扬“一方有难、八方支援”和无私奉献的精神，伸出双手，奉献我们的爱心，以捐款方式为王××同学提供关怀和援助，为王汉青同学的康复贡献我们的一点力量。

【写作训练】

请以保护家乡的母亲河为题拟写一封倡议书。

【知识链接】

倡议书的写作技巧

一、正确的格式是确保倡议书结构完整的外在要求

完整的倡议书写作格式包括五要素，即标题、主送机关、正文、发文机关、落款。一是标题（居中）：标题=发文机关+关于+内容+发文种类。二是主送机关（顶格）：主送机关即是发文的对象。三是正文（根据给定资料进行把握）。四是发文机关（正文右下角）。五是落款（正文右下角）题干中无特殊要求可写成××××年××月××日；确保格式完整且正确。

二、规范的内容是体现倡议书整体内容的内在体现

书写的内容要依据给定资料进行确定，材料为王，根据对作答要求的指引在给定资料中寻找具体的内容，内容大致包括三个要素：一是背景介绍、引出主题；二是倡议的具体内容，可以根据材料灵活处理；三是发出倡议或者进行呼吁。在内容的安排上，倡议的具体内容是正文主体部分，需要根据给定资料进行详略得当的撰写。

任务 4.7 宣传稿

【目标要求】

知识目标

(1) 理解宣传稿的含义;

(2) 熟悉宣传稿的分类;

(3) 掌握宣传稿的特点。

能力目标

能熟练写作宣传稿。

素质要求

培养宣传写作意识。

【案例分析】

关于保障社区安全宣传稿

居民朋友们:

为保障社区安全,区政府拟开展居民安全文化教育活动。希望大家从以下三个方面积极参与,构建健康安全家园。

一、转变安全文化理念。大家要深刻认识到,规章制度是保障安全的关键,所以要严格遵守一切安全规章制度。同时,要转变观念,树立“生命第一”“生命高于一切”的理念。

二、增强自身安全意识。首先,大家要树立危机意识和防灾预警意识,要防患于未然。其次,要提高自救互救意识,在灾难面前不等、不靠、不要,积极开展自救互救行动。最后,还要树立市场保险意识,积极参加市场保险,以减少各种意外带来的损失。

三、了解日常安全须知。在家装方面,大家要使用安全建材和缆线;在生活中要管好燃气和电器;出行时要遵守交通规则,乘坐电梯时要站稳扶好;要学会使用灭火器等防灾器材。

社区安全靠大家,安全社区惠大家,让我们一起行动起来,为建设平安家园而努力。

××区政府

××××年××月××日

【评析】

这是某区政府写给社区居民关于保障社区安全的宣传稿。稿件标题直陈主题,正文以准备“开展居民安全文化教育活动”开篇,进而向广大居民提出三点希望,同时也是作安全教育宣传,结尾处发出强有力的号召,最后是落款和写作日期。应该说内容饱满,结构完整,是一篇短小精悍的宣传稿。

【知识提要】

4.7.1 宣传稿的含义

宣传稿是指按照国家有关政策文件或相关精神,以宣传某种主张、某项工作、某件事情等为目的，为获得理解、支持而撰写的应用文。

4.7.2 宣传稿的特点

宣传稿在写信息的过程中，应该做到“新、实、精、快、准”，这也是宣传稿的特点。

(1)“新”就是采写的稿件内容，必须是新近发生的新事物，富有新意。

(2)“实”就是采写的稿件内容必须客观真实，能准确反映工作中的热点、亮点，以及一些值得推广的好的做法、经验，做到真实、可靠。

(3)“精”就是信息报道要短小精悍、主题鲜明、立意新颖，让人有耳目一新的感觉。

(4)“快”就是对于刚刚发生的信息素材，要快速采访、快速撰文、快速发稿。

(5)“准”就是宣传稿采写的稿件内容，必须做到准确无误。

4.7.3 宣传稿的写作格式

一般来说，宣传稿的基本格式包含四个要素，分别是标题、称呼、正文内容、落款。

(1) 标题。一般居中书写，由文种名单独组成，即“宣传稿”三个字。标题也可以写成：关于+宣传内容+文种名。

(2) 称呼。一般顶格写在第二行开头。可依据宣传对象选用适当的称呼。

(3) 正文。一般在第三行空两格写正文，包括以下内容：宣传事由+宣传内容+呼吁号召。一般情况下按照“是什么—为什么—怎么办”的逻辑书写，开头部分介绍主题背景，中间部分阐明理由，结尾部分提出对策。

(4) 落款。落款即在右下方写明宣传者单位、集体或个人的名称或姓名，并署上日期。

4.7.4 宣传稿写作的注意事项

宣传稿的写作在日常生活中占据着越来越重要的位置，在公文写作中的地位也日益突出。所以大家对宣传稿的写作方法越来越重视，对宣传稿范文的要求也就越来越严格。写作宣传稿时要注意以下几点：

(1) 重视宣传的本身意义和作用；

(2) 懂得如何在写作中体现宣传的基本作用；

(3) 注重实践本身的报道，突出报道事件的重点；

(4) 注重在规范形式上的创新，尽量避免宣传稿出现千人一面的尴尬现象；

(5) 注意语言的专业性和书面化，做到字斟句酌，避免出现常识性错误；

(6) 富有热情、善于钻研是写好信息报道的关键。

4.7.5 如何写好一篇宣传稿

首先，选定主题。每一篇宣传稿都有主题，如何确定一个好的主题，选择的角度很重要。主题既不能脱离实际，又要能吸引读者的眼球，是一篇好稿件的入门钥匙。

其次，整理数据。稿件切忌夸夸其谈，过于自我宣传。宣传要适度，要结合工作实效谈成绩，用数据、效果影响群众，吸引注意力。

最后，用语简明、诙谐。生硬、刻板的言语是宣传稿的大忌，宣传稿面对的是大众，所以用语要通俗易懂，诙谐有度，切不可照搬总结、报告的写法。

【规范例文】

【例文4-15】

梦想，从“微创业”开始

又到一年毕业时，很多学子就要走出校园，开始人生的又一里程，各位学子可能已经对自己的工作有了安排，或者打算进入公职领域，或者打算下海从商，或者是开创一片自己的天地——自主创业。

现在，一种新的创业模式已经走入了我们的生活——微创业，即用微小的成本进行创业，或者在细微的领域进行创业。“微创业”投资微小、见效快、可批量复制或拓展。主要以网络为平台，与实体相结合而展开。这种创业模式同大学生缺乏创业资金、社会实践少但创新能力强的特点非常契合。

此外，当前政府也为“微创业”提供了众多的政策支持，提供了多种微创业平台，拓宽对经营主体的限制，减免相关费用和加大金融支持，这些都为大学生从事“微创业”提供了无限帮助。

各位学子们，你们马上要怀揣着一颗希望之心投入到新的生活中去了。从现在开始，转变你的就业观念，从“微创业”开始，托起明天的梦想。

【课堂训练】

(1) 宣传稿的含义是什么？

(2) 宣传稿有什么特点？

【实训平台】

★问题诊断

下面是宣传稿中的一个段落，有什么不妥之处请指出。

历时几年、耗资十几亿美元的全球最高大楼迪拜塔昨晚举行盛大落成典礼。这座几百层的摩天大楼高达近千米，可容纳数万人。据中国台湾《联合晚报》报道，世界最高的迪拜塔除了高度挑战极限，并拥有世界最高、最快的“智能型”电梯，分分钟就可达到顶层的世界最高室外观景台。

★思维训练

(1) 写作宣传稿要注意什么？

(2) 如何才能写好一篇宣传稿？

★情景模拟

学校运动会上你班的同学代表本专业代表队参加跳高比赛，你能为他写一篇宣传稿吗？

【写作训练】

学校成功举行了一次学术交流研讨活动，你能写一篇宣传稿吗？

项目 5　社交文书

任务 5.1　邀请信、请柬

【目标要求】

知识目标

(1) 认识邀请信、请柬的含义和用途；

(2) 明确邀请信、请柬的特点和类型；

(3) 知晓各类邀请信、请柬的适用范围。

能力目标

掌握各类邀请信、请柬的写法。

素质要求

能够写出规范的邀请信、请柬。

【案例分析】

【案例 1】

邀　请　信

尊敬的×××先生/女士：

诚挚地邀请您出席"××市创意产业协会第一届会员大会暨 2019 年××市创意产业发展研讨会"。

为进一步推动××市现代服务业的发展，把创意产业的发展推向新的阶段，兹定于 2019 年 5 月 8 日召开"××市创意产业协会第一届会员大会暨 2019××市创意产业发展研讨会"，届时将有市有关部门领导、国内创意产业界知名专家学者、主流媒体代表约 130 人莅临大会。

此次会议将成为集中展示和研究××市创意产业发展的一次盛会，将是××市创意产业发展进程中的重要里程碑。

我们诚挚地邀请您出席本届研讨会，并做主题演讲，真诚地期望您为中国创意产业谱写新的乐章！

【评析】

这是一封某市创意产业协会就召开第一届会员大会暨研讨会所发出的邀请信，被邀请的人一定是业界著名学者或专家，因此在措辞上一定要谦逊有礼，要把研讨会召开的目的、意义交代清楚，也要告知被邀请人研讨会会议时间，最后表达了邀请的诚意与态度。有所缺憾的是没有说明会议召开的地点，也没有留下联系人及联系方式。落款处也没有写明本信函的发出者和发出时间。

【案例2】

请　柬

××先生：

小儿程××与林××女士结婚，荷蒙厚仪，谨订于×月××日下午六时喜酌候教

王××暨男××鞠躬

席设聚宝饭店

恕不介催

【评析】

这是一封婚庆请柬，也叫结婚请帖，又称婚柬帖，是专门邀请亲友前来参加婚礼、婚宴的请柬，是目前在民间社交中运用最广、覆盖面最大的一种请柬，大多由新人的家长发出。文字较讲究，文言色彩较浓，且须根据邀请者与被邀请者的各种不同关系，采用不同的语词。

【知识提要】

5.1.1 邀请信

5.1.1.1 邀请信的定义

邀请信又称邀请函，是邀请亲朋好友或知名人士、专家等参加某项活动时所发的请约性书信。它是现实生活中常用的一种日常应用写作文种。在国际交往以及日常的各种社交活动中，这类书信使用广泛。

5.1.1.2 邀请信的种类

邀请信分为两种：一种是个人信函，例如邀请某人共进晚餐、参加宴会、观看电影、出席典礼等；另一种是事务信函，一般是邀请参加会议、学术活动等等。

（1）普通邀请信。这种邀请信邀请的对象一般是朋友、熟人，所以内容格式上的要求比较松，可以写得随便一些。只要表明邀请的意图，说明活动的内容、时间、地点等。但既然是邀请信，那么就一定要在信中表达非常希望对方能够参加或者出席的愿望。这种邀请信的篇幅可以非常短，有的可以用请柬的形式发出。

（2）正式邀请信。这种邀请信一般由会议或学术活动的组委会的某一个负责人来写，以组委会的名义发出，而且被邀请者通常也是属于比较有威望的人士。因此，这类邀请信的措辞要相对正式一些，语气要热情有礼。

5.1.1.3 邀请信的使用

在应用文写作中邀请信是非常重要的，而商务活动邀请函是邀请信的一个重要分支，写好它至关重要。但要注意简洁明了，看懂就行，不要有太多的文字。

商务礼仪活动邀请函是商务礼仪活动主办方为了郑重邀请其合作伙伴（投资人、材料供应方、营销渠道商、运输服务合作者、政府部门负责人、新闻媒体朋友等）参加其举行的礼仪活动而制发的书面函件。它体现了活动主办方的礼仪愿望、友好盛情；反映了商务

活动中的人际社交关系。企业可根据商务礼仪活动的目的自行撰写具有企业文化特色的邀请函。

5.1.1.4 邀请信的结构

(1) 标题。由礼仪活动名称和文种名组成，还可包括个性化的活动主题标语。如例文，“阿里巴巴年终客户答谢会邀请函”及活动主题标语——“网聚财富主角”。活动主题标语可以体现举办方特有的企业文化特色。例文中的主题标语——“网聚财富主角”独具创意，非常巧妙地将“网”——阿里巴巴网络技术有限公司与“网商”——“财富主角”用一个充满动感的动词“聚”字紧密地联结起来，既传达了阿里巴巴与尊贵的“客户”之间密切的合作关系，也传达了“阿里人”对客户的真诚敬意。若将“聚”和“财”连读，“聚财”又通俗、直率地表达了合作双方的合作愿望，可谓“以言表意”“以言传情”，也恰到好处地暗含了双方通过网络平台实现利益共赢的心理。

(2) 称谓。邀请信的称谓使用“统称”，并在统称前加敬语。如，“尊敬的×××先生/女士”或“尊敬的×××总经理（局长）”。

(3) 正文。邀请函的正文是指商务礼仪活动主办方正式告知被邀请方举办礼仪活动的缘由、目的、事项及要求，写明礼仪活动的日程安排、时间、地点，并对被邀请方发出得体、诚挚的邀请。

正文结尾一般要写常用的邀请惯用语。如“敬请光临”“欢迎光临”。

(4) 落款。落款要写明礼仪活动主办单位的全称和成文日期。

5.1.1.5 邀请信写作的注意问题

(1) 被邀请者的姓名应写全，不应写绰号或别名；

(2) 在两个姓名之间应该写上“暨”或“和”，不用顿号或逗号；

(3) 应写明举办活动的具体日期（几月几日，星期几）；

(4) 写明举办活动的地点。

5.1.2 请柬

5.1.2.1 请柬的含义

请柬，又叫请帖，是为邀请宾客而发出的书面通知。请柬在社会交际中被广泛应用。一些公务活动包括召开较隆重的会议需要请柬；人们在结婚、祝寿、生育或举行其他庆典活动时，为邀请亲友赴宴或与会，也常常需要发请柬给被邀请者。

5.1.2.2 请柬的种类

发请柬是为了表示对客人的尊敬，也表明邀请者的郑重态度，所以请柬在款式和装帧设计上应美观、大方、精致，使被邀请者感受到主人的热情与诚意，从而感到喜悦和亲切。现在通行的请柬形式有双柬帖与单柬帖两种：双柬即双帖，将一张纸折成两等分，对折后成长方形；单柬帖即单帖，用一张长方形纸做成。无论双帖、单帖，帖文的书写或排版款式均有横排、竖排两种。

5.1.2.3 请柬的特点

请柬的篇幅有限，书写时应根据具体场合、内容、对象，认真措辞，行文应达、雅兼备。达，即准确；雅就是讲究文字美。在遣词造句方面，有的使用文言语句，显得古朴典雅；有的选用较平易通俗的语句，则显得亲切热情。不管使用哪种风格的语言，都要庄重、明白，使人一看就懂，切忌语言的乏味和浮华。

5.1.2.4　请柬的写法

（1）双柬帖封面印上或写明“请柬”二字，一般应做些艺术加工，即采用名家书法、字面烫金或加以图案装饰等。有些单柬帖，“请柬”二字写在顶端第一行，字体较正文稍大。

（2）无论单帖、双帖，在帖文行文方面大致是一样的。帖文首行顶格书写被邀请者的姓名或被邀请单位的名称。有的请柬把被邀请者的姓名或单位名称放在末行，也要顶格书写。

（3）写明被邀请者参加活动的内容，如参加座谈会、联欢会、赴宴，应交代具体时间、地点。若有其他活动，如观看影视表演，应在请柬中注明或附入场券。

（4）结尾写“敬请光临”“致以敬礼”等，古代称此为“具礼”。

（5）落款应写明邀请人的单位或姓名和发出请柬的时间。

5.1.2.5　婚礼请柬的注意事项

婚礼请柬一般用红色纸制作，因为根据我国的风俗习惯，红色表示喜庆、友好、热情。千万不要用白色、黄色的请柬邀请友人参加婚礼等喜庆活动。

请柬的正面为标题，内页为正文，其文要写明被邀请者的姓名，写明参加婚礼的活动内容，并交代婚礼的时间地点。

请柬要求文字工整，千万不可将对方的名字写错。如有其他话要写，须注意措辞要文雅、大方、热情。

发送请柬时，近的要送，远的就寄，近送的切忌让熟人转带，这是不礼貌的；远寄的要提前一些时间，不能让被邀请者接到请柬时已经过了婚礼时间。到被邀请者的家时，要礼貌地诚恳地邀请对方，准确地告诉对方婚礼的时间与地点，态度要热情、大方，举止要潇洒自然。

【规范例文】

【例文 5-1】

全国高校信息化教育研讨会邀请函

尊敬的×××先生/女士：

为了与全国高校管理学院从事信息化教学的老师们针对上述问题共享我们的经验，北大光华管理学院和将神州数码管理系统有限公司在××月××日召开“高校如何培养企业需要的信息化人才”的大型研讨会。

本届大会的主题是“______________”，将围绕软件工程、信息系统、行业动态、人才培养等方面进行深入广泛的交流。会议将为来自国内外高等院校、科研院所、企事业单位的专家、教授、学者、工程师提供一个代表国内软件行业“产”“学”“研”最高水平的信息交流平台，分享有关方面的成果与经验，探讨相关领域所面临的问题与动态。

本届大会将于××××年××月××日至××日在杭州举行。鉴于您在相关领域的研究与成果，大会组委会特邀请您来交流、探讨。如果您有演讲的题目请于××月××日前将您的演讲题目和详细摘要通过电子邮件发给我们，没有演讲题目和详细摘要的我们将难以安排会议发言，敬请谅解。

另外，我们联系了×××酒店安排住宿（准四星），××月××日将在所在酒店设立接待处，如有需求请将您的行程和住宿要求等情况填写在附表中，于××月××日前通过电子邮件反馈回组委会。

特此邀请，真诚地期待您的光临！

全国高校信息化教育研讨会组委会

××××年××月××日

【例文 5-2】

请 柬

谨定于公历××××年××月××日（星期六）

农历××××年××月初×

为×××、×××举行婚礼敬备薄酒喜酌

恭候××、×××夫妇（或者写×××携夫人、×××携家眷）

光临×××大酒店，地址：×××路 980 号 3 楼×××厅

敬约

恕邀　　时间：下午 17：30 时恭候

下午 18：00 时入席

席设：5 号餐桌

【例文 5-3】

接口与转化：从前沿语言学理论到汉语国际教育应用

——汉语国际教育语境下的句式研究与教学专题研讨会邀请函

尊敬的××先生/女士：

为进一步满足第二语言教学对汉语句式研究的迫切需要，促进语法研究新成果向国际汉语教学应用的转化，××××大学汉语学院拟于 2011 年 8 月 20 日在××××大学举办“汉语国际教育语境下的句式研究与教学专题研讨会”。鉴于您在第二语言研究领域的丰厚学术成果，诚邀您出席并发表鸿文，嘉惠学林。有关会议安排如下：

一、会议时间：2018 年 8 月 20—22 日

二、会议地点：××××大学

三、会议主旨：促进前沿语言学理论的创新及其向国际汉语教学的转化与应用；推动语言学理论的本土化研究

四、会议议题：

类型学视角下的汉语句式研究；

汉语句式研究的跨文化视角与相关语言事实；

跨文化视角下的汉语第二语言句式教学；

汉语教材、大纲、教学设计中的句式问题；

汉语作为第二语言句式教学中的相关问题。

五、遴选参会论文，出版论集《××××××××××》。

六、2018年7月5日前，将论文题目及摘要以Word 2003文档格式发至会务组邮箱。摘要1000字，标题用三号宋体，正文用小四号宋体。

在摘要部分请标注作者姓名、单位、电子邮箱、通信地址、邮政编码、联系电话、传真。

请于8月10日前提交论文全文，以便制作论文集。

七、会议日程：

8月19日下午，在××××大学会议中心大堂报到。报到地址为××市××区××路××号。与会人员可乘坐地铁×号线到××站换乘×号线××站下车（A西北出口），步行至××会议中心。

8月20日8：30举行开幕式，大会发言、分组研讨。

8月21日上午分组研讨，下午举行闭幕式。

8月22日离会。

八、会议通信地址：××市××区××路×号××××大学汉语学院

九、往返交通由会议代表自行解决。会议筹办费、餐费、住宿费、论文集出版费由会议主办方承担。

如有特殊情况，需代买车票，请于7月8日前将身份证号及返程日期通过邮箱通知会务组，过期不再受理。

电话：×××-××××××××

E-mail：××××××××@126.com

××××××××研讨会筹备组

2018年6月24日

【课堂训练】

（1）信和邀请函有什么区别?

（2）如果是某单位或某组织发出的邀请信，加不加盖公章?

【实训平台】

★问题诊断

下面是一封邀请信，根据你所学的相关知识，仔细阅读，看一看有哪些不妥之处，请指出来。

邀　请　函

尊贵的________先生/女士：

________大会是________领域以及________行业的一次盛会，也是一个中立和开放的交流与合作平台，它将引领软件人对中国软件产业做更多、更深入的思辨，积极推进国家信息化建设和软件产业化发展。

特别邀请你参加本次盛会，敬请莅临。

××××大会组委会

××××年××月××日

★思维训练

（1）邀请信有哪些种类？

（2）邀请信的书写要注意什么？

★情景模拟

××大学××学院组织召开研讨会，准备发出邀请函，试说出信函都包括有哪些内容。

【写作训练】

（1）×××公司即将迎来成立以来的第十个新年。在公司发展的道路上离不开所有员工的合作与支持，取得的成绩中有每一位员工的辛勤努力和不懈付出。公司十分尊重每一位员工的选择，更珍惜与每一位员工的合作，在新年来临之际，愿与每一位员工一起分享对新年的喜悦与期盼，公司决定举办新年酒会。请以公司董事长的名义拟写一封邀请公司员工参加新年酒会的邀请函。

（2）公司经理杨××、刘××夫妇之子杨××与未婚妻华××将于 2015 年 8 月 8 日（星期六，农历乙未年六月二十四）在××××大酒店举行婚礼，请以新郎家长的名义拟写一封结婚请柬。

【知识链接】

请柬与邀请函的区别

当家里有结婚的这种大喜事时，作为结婚的主办方自然希望身边的亲戚朋友都来参加新人们的婚宴，一起分享幸福与快乐。那么到底该写请柬邀请亲朋好友呢，还是该用邀请函呢。

一、请柬与邀请函的介绍

（1）邀请函是邀请亲朋好友或知名人士、专家等参加某项活动时所发的请约性书信。它是现实生活中常用的一种日常应用写作文种。在国际交往以及日常的各种社交活动中，这类书信使用广泛。在应用写作中邀请函是非常重要的，而商务活动邀请函是邀请函的一个重要分支，商务礼仪活动邀请函的主体内容符合邀请函的一般结构，由标题、称谓、正文、落款组成。

（2）请柬，又称为请帖、柬帖。为了邀请客人参加某项活动而发的礼仪性书信。使用请柬，既可以表示对被邀请者的尊重，又可以表示邀请者对此事的郑重态度。凡召开各种会议，举行各种典礼、仪式和活动，均可以使用请柬。请柬一般有两种样式：一种是单面的，直接由标题、称谓、正文、敬语、落款构成；另一种是双面的，即折叠式，一为封面，写“请柬”二字，一为封里，写称谓、正文、敬语、落款等。

二、请柬与邀请函的区别

（1）内涵性质差异。邀请函，也称邀请信，是各级行政机关、企事业单位、社会团体或个人邀请有关人士前往某地参加某项会议、工作或活动的一种专用书信形式，发出邀请函是为了表示正规和重视。请柬，也称请帖，是各级行政机关、企事业单位、社会团体或个人在活动、节日和各种喜事中邀请宾客使用的一种简便邀请函件，一般用于社会组织友好交往活动、座谈会、联欢会、派对、联谊会、纪念仪式、婚宴、诞辰和重大庆典等，发送请柬是为了表示庄重、热烈和隆重。邀请函和请柬在内涵性质上的差异在于：邀请函一般是为具有实质性工作、任务或事项发出的，如学术研讨会、科技成果鉴定会等；而请柬一般是为礼仪性、例行性、娱乐性活动发出的，如上述的“庆典”“娱乐”“晚会”等。

(2) 邀请对象差异。邀请函一般由社会组织出面，邀请对象的范围往往不能确指，而是某个行业或较大的范围，被邀请的人员较多，使用称谓大多为泛指。当被邀请人员较多时，邀请函的称谓可以不确指某人，而是组织，如“各培训机构”“各煤矿企业”；当被邀请人员较少时，可以确指“张三李四”，如“尊敬的××老师”“××同志”等。请柬可以由社会组织出面发出，也可由个人发出，邀请对象一般都是上级领导、专家、社会名流、兄弟单位代表、亲朋好友等。请柬的称谓一定要确指，如“尊敬的××教授”“敬爱的××总经理”等。邀请函和请柬在邀请对象上的差异在于：邀请函的邀请对象与主人是宾主关系，而非上下级关系或管理与被管理的关系；而请柬的邀请对象与主人有时存在着上下级关系或管理和被管理的关系。

(3) 身份礼仪差异。邀请函和请柬的相同之处在于两者均属于礼仪文书，文首文尾处须使用敬语来表达礼仪，但由于二者在邀请对象身份上的差异，对于邀请对象的礼仪表达存在着相当大的不同。使用敬语有称谓和结束语两处。邀请函为了表示对被邀请者的尊重，可以使用重要的敬语，也可以使用一般的敬语。在使用称谓敬语时，可以直呼其名，如“尊敬的××女士”“××先生”“××教授”等。有时，由于邀请函发送对象的不确指性，当向某个行业范围发送邀请时，使用的称谓还可以不用填写姓名，如“各专家组织”“各培训机构”等。在结语处，邀请函使用一般敬语或问候语即可，如“此致”“专此奉达，并颂秋祺”“敬请光临”等。请柬，既可以表示对被邀请者的尊重，又可以表示邀请者对此事的郑重态度，因此请柬一定要使用重要的敬语，如“尊敬的×××女士/先生”“敬爱的×经理”“亲爱的×小姐”等。由于请柬发送对象的确指性，在使用称谓敬语时，一般不能直呼其名，往往采用“敬语+职务（长辈）”的模式。在请（结）语处，请柬必须使用特殊的典雅敬语，如“致以敬礼”“顺致崇高的敬意”“恭候莅临”“敬请出席”“敬请光临指导”等，敬语是请柬的重要标志。邀请函和请柬在身份礼仪上的差异在于：邀请函的邀请对象与邀请者无上下级关系或管理与被管理的关系，可使用一般性敬语；而请柬的邀请对象与邀请者或是存在着上下级关系或管理和被管理的关系，或是专家、社会名流、亲朋好友等，感情色彩较浓，要使用重要性敬语。

(4) 结构要素差异。邀请函往往对事宜的内容、项目、程序、要求、作用、意义做出介绍和说明，结构复杂、篇幅较长。文尾还要附着邀请者的联络方式，且以回执的形式要求被邀请者回复是否接受邀请，文尾处邀请者需要加盖公章表示承担法律意义上的责任。请柬内容单一、结构简单、篇幅短小，可用三两句话写清活动的内容要素。一般可使用统一购买制作的成品，有时也可自行制作随意化、人性化的精美作品，不要求被邀请者回复是否接受邀请，邀请者不必加盖印章。邀请函和请柬在结构要素上的最大差异在于：邀请函可用信封通过邮局寄出，或通过电子邮件发送；请柬大多由“里瓤”和“封面”构成，属于折叠并有封面的形式，封面写上“请柬”或“请帖”两字，要求设计美观、装帧精良，可用美术体的文字和烫金，图案色彩装饰以鲜红色的居多，表示喜庆。

(5) 语言特征差异。邀请函的文字容量大于请柬。从整体而言，邀请函应对事宜的内容、项目、程序、要求、作用、意义做出详细的介绍和说明，务必使被邀请者明确其中的意思，达到正常交流交际的效果，最终做到表意周全、敬语有度、语气得体。请柬的文字容量有限，要十分讲究对文字的推敲。语言务必简洁、庄重、文雅，但切忌堆砌辞藻；语气尽量达到热情和口语化，但切忌俚俗的口语；请语以文言词语为佳，但切忌晦涩难懂。最终做到话语简练、达雅兼备、谦敬得体。邀请函和请柬在语言特征上的差异在于：由于二者在邀请对象和身份礼仪上的差异，因此，邀请函的语言要准确、明白和平实；而请柬的语言务必简洁、庄重和文雅。

任务 5.2　感谢信

【目标要求】

知识目标

（1）认识感谢信的含义和用途；

（2）明确感谢信的特点和类型；

（3）知晓各类感谢信的适用范围。

能力目标

掌握感谢信的基本写法。

素质要求

能区别感谢信和表扬信。

【案例分析】

致鹏辉挖掘机服务有限公司的感谢信

鹏辉挖掘机服务有限公司：

我公司在进行“盛世家园”项目建设时，因修建地下停车场，由于地块特殊的地理构造碰到了棘手的破岩技术问题，而此项目工期紧，若此环节耽搁，将会影响整个工程的进度，幸得到贵公司的大力帮助，及时派出技术能手和先进的挖掘设备，使得我公司顺利完成此基建项目，在此表示衷心的感谢！

致礼！

华宇置业基建公司

××××年×月×日

【评析】

这是一封由华宇置业基建公司发给鹏辉挖掘机服务有限公司的感谢信。应该说这是一封公务往来的信件，由于事件的特殊性，此信息要在公共场合张贴或发表，以表达受助者的真诚谢意，为施助者带来美誉。从结构上看，有标题，有称谓，简洁明了。正文中简要表达了受到帮助的经过，并说出因此而带来的良好效果，以突出施助的意义。落款处有信件发出者的署名和发出时间，结构十分完整。

【知识提要】

感谢信是重要的礼仪文书，是向帮助、关心和支持过自己的集体（党政机关、企事业单位、社会团体等）或个人表示感谢的专业书信，有感谢和表扬双重意思。一方受惠于另一方，应及时地表达谢忱，使对方在付出劳动和贡献后得到心理上和精神上的收益，它是一种不可少的公关手段。

感谢信是集体单位或个人对关心、帮助、支持本单位或个人表示衷心感谢的函件。感谢信是文明的使者，从文体来说，它属于应用文体。在日常生活和工作中，得到对方的帮助和支持，可用这种文体表示“感谢”。它与表扬信有许多相似之处，所不同的是感谢信也有表扬信的意思，但是重点在感谢。

5.2.1 感谢信的概念

感谢信是得到某人或某单位的帮助、支持或关心后答谢别人的书信。感谢信对于弘扬正气、树立良好的社会风尚，促进社会主义精神文明建设有着重要意义。根据寄送对象不同，感谢信可以分为三种：一种是直接寄送给感谢对象，一种是寄送对方所在单位有关部门或在其单位公开张贴，还有一种是寄送给广播电台、电视台、报社、杂志社等媒体公开播发。

5.2.2 感谢信的特点

一般来说，感谢信具有公开感谢和表扬、感情真挚、表达方式多样等特点。

5.2.3 感谢信的结构

感谢信的写作格式是书信体。写作时篇幅应短，200 字左右即可；对收信人为自己做的好事了然于胸，不要忘了什么；把对方给你带来的好处都写清楚，不要含糊其词；表示感谢的话要合乎礼尚往来的习惯，语气不应过于卑屈。谢意之外，如果允诺别人什么应切实可行，能说到做到。

感谢信的结构一般由标题、称谓、正文、结语、署名与日期五部分构成。

（1）标题。第一行，可只写“感谢信”三字；如果写给个人，这三个字可以不写；有的还在“感谢信”的前边加上一个定语，说明是因为什么事情、写给谁的感谢信，也就是加上感谢对象，如“致张××同学的感谢信”“致平安物业公司的感谢信”；还可再加上感谢者，如“赵××全家致××社区居委会的感谢信”。

（2）称谓。第二行，顶格写感谢对象的单位名称或个人姓名，如“××交警大队”“刘××同志”。姓名后面可以加适当的称呼，如“同志”“师傅”“先生”等，称呼后用冒号。如果感谢对象比较多，可以把感谢对象放在正文中间提出。

（3）正文。第三行，空两格起写正文。这一部分要写清楚对方在什么时间、什么地点，由于什么原因，做了什么好事，对自己或单位有什么支持和帮助，事情有什么好的结果和影响。还要写清楚从中表现了对方哪些好思想、好品德、好风格。最后表示自己或所在单位向对方学习的态度和决心。

主要写两层意思，一是写感谢对方的理由，即“为什么感谢”，二是直接表达感谢之意。

1）感谢理由。首先准确、具体、生动地叙述对方的帮助，交代清楚人物、时间、地点、事迹、过程、结果等基本情况；然后在叙事基础上对对方的帮助做恰贴、诚恳的评价，以揭示其精神实质、肯定对方的行为。在叙述和评价的字里行间要自然渗透感激之情。

2）表达谢意。在叙事和评论的基础上直接对对方表达感谢之意，根据情况也可在表达谢意之后表示以实际行动向对方学习的态度。

（4）结语。正文写好了，另起一行空两格（也可以紧接正文）写上“此致”，换一行顶格写上“敬礼”。一般感谢信都用“此致敬礼”或“再次表示诚挚的感谢”之类的话，也可自然结束正文，不写结语。

（5）署名与日期。最后另起一行，在右半行署上感谢者单位名称或者个人姓名。再另起一行，在署名的下边写上发信的时间。

5.2.4 感谢信的种类

感谢信依据不同的标准可以有不同的分法。按感谢对象的特点来分，有写给集体的感谢信、写给个人的感谢信；按感谢信的存在形式来分，有公开张贴的感谢信，寄给单位、集体或个人的感谢信。

5.2.5 感谢信的写作基本要求

（1）表明理由。感谢的事由。概括叙述感谢的理由，表达谢意。

（2）写清事迹。具体叙述对方的先进事迹，叙述时务必交代清楚人物、事件、时间、地点、原因和结果，尤其重点叙述关键时刻对方给予的关心和支持。

（3）揭示意义。在叙述事实的基础上指出对方的支持和帮助对整个事情成功的重要性以及体现出的可贵精神，同时表示向对方学习的态度和决心。

（4）结语有礼。写感谢信收束时表示敬意的话、感谢的话。

（5）落款清晰。感谢信的落款署上写信的单位名称或个人姓名，并且署上成文日期。前者在上，后者在下。

【规范例文】

【例文 5-4】

感 谢 信

敬爱的市×中领导、老师：

你们好！

浓浓师生情，暖暖尊师恩！

六周的实习即将结束，我也将返校上课。籍此实习结束之际，我谨向关心、教导我们的贵校领导、老师表示衷心的感谢和崇高的敬意！

在贵校领导的精心的安排下，我们进入各班开始实习工作。“纸上得来终觉浅。”虽然我们是第一次走上讲台，但我们的指导老师都很认真负责，很乐意把他们的教学经验传授给我们。在教育界有句“学高为师，行正为范”的训诫。在贵校实习，我深刻体会到了老师们为人师表的高尚风貌、刻苦的工作风格、精湛的教学技艺、崇高的敬业精神、博大的爱生情怀。让我们从实习一开始就严格要求自己，以最佳的精神状态投入到实习中去。认真而细心的听课、备课、讲课。密切配合班主任的工作，积极深入班内了解学生状况。我们不仅完成了预期的教学任务，而且还在班主任工作方面得到充分锻炼，我们也参与了月考、期中考试的监考、阅卷、统计分析等工作。完全体验了当老师所要做的一切工作。而在贵校学习到的这些经验将是我们以后任教的宝贵财富，老师们的每一份友好鼓励，每一个善意微笑，每一次细心指导，学生们的每一句礼貌问候，都让我们深深感动。六周的实习过得充实也很精彩，我们不仅在教学上取得了很大进步，而且也懂得了如何做人，如何面对困难，如何解决困难。

十年树木，百年树人。贵校独特的育人理念，优良的校风学风是我市同类学校学习的典范。默默地为国家培养了一批又一批的栋梁之材和社会精英。这种精神和成就让我们肃静。希望我们两校进一步加强交流与合作，愿两校友谊万古长青！让我们再一次衷心感谢贵校领导和老师为我们所提供的一切！

路漫漫其修远兮，吾将上下而求索。我们既然选择了教育事业，那么在以后教书育人的道路上，我们将会风雨兼程，将永远铭记尊师的教诲，将心中的感激化为以后工作和进取的源动力！

此致

敬礼！

×××

××××年××月××日

【例文 5-5】

××市商业银行给我校的感谢信

××年 12 月 14 日、15 日，××市商业银行到我校进行招聘，经过一系列紧张有序的选拔，我校共有八名同学与该单位正式签订了三方协议。签约的同学大多是东北生源，学成回乡就业不失为一个很好的选择。

招聘期间，校学生就业指导与服务中心热情地接待了由×××市商业银行行长带队的一行六人。周到的服务得到了用人单位的认可。在招聘活动结束之后，×××市商业银行行长将一封亲笔感谢信交给就业中心老师，希望能发到我们学校的网站上以表示他们的感谢。

这次愉快的合作不仅为我校与用人单位保持良好关系、今后推荐毕业生打下良好的基础，同时，也是在我校保持共产党员先进性教育活动中，校部机关工作人员自觉提高“窗口意识、形象意识、服务意识”，努力获得用人单位和同学双方满意的实践成果。

现在就将感谢信全文刊登于下：

尊敬的中国政法大学师生：

我们××市商业银行是坐落在北国江城——××市的一家地方性股份制银行。几年来，我们的经营规模迅速扩张，各项经营指标取得了突破性进展。为了建设一支高素质的干部队伍，进一步把企业做大做强，我们在全国一些重点大学招聘了一批应届毕业生。我们在中国政法大学招聘期间得到了学校领导及就业指导中心的老师和同学的大力支持，使我们深受感动。在这里，我们向中国政法大学领导及就业指导中心的老师和同学表示深深的谢意。向加盟我们的学生表示热烈的祝贺，同时也对广大同学的大力支持表示感谢！

最后，祝中国政法大学领导、老师、同学身体健康！工作学习进步！

××市商业银行董事长、行长 ×××

××××年××月××日

【例文 5-6】

致客户的感谢信

尊敬的新老朋友们：

你们好！

值此××××春节即将来临之际，为了感谢您与您的家人一直以来对我们的支持与厚爱！我代表我司全体员工向您表示衷心的感谢和美好的祝福！

回首快 1 年的发展历程，你们——我们尊敬的客户，给予了我们无比的力量与信心，在您的大力关照与支持以及公司全体员工的勤奋努力下，我们凭借优质的服务、良好的信誉，取得了一个又一个的辉煌成绩。

饮水思源，我们深知，我们所取得的每一点进步和成功，都离不开你们的关注、信任、支持和参与。你们的理解和信任是我们进步的强大动力，你们的关心和支持是我们成长的不竭源泉。你们的每一次参与、每一个建议，都让我们感激，促使我们不断奋进。有了你们，我们的事业才能长盛不衰地兴旺和发展。

在今后的岁月里，我们将一如既往给您提供优质的产品，加强和完善售前、售后服务体系，确保为您提供高效高质的服务，希望能够继续得到你们的关心和大力支持，客户的满意是我们永恒的追求，我们将继续为您提供最真诚的服务。

在此，向您和您的家人恭祝佳节愉快，合家欢乐，身体健康，万事如意！

此致

敬礼

××××公司全体员工

××××年××月××日

【课堂训练】

（1）感谢信以当事人关系人的名义写可以吗？

（2）感谢信中一定要简要叙述受到帮助的事件吗？

【实训平台】

★问题诊断

下面是一封患者家属写给医院的感谢信，根据你所学的相关知识，仔细阅读，看一看有哪些不恰当的地方，请指出来。

感 谢 信

尊敬的口腔医院：

你们好！

我是颌外二科 803 病房患者陆××家属，首先我代表全家送上对贵院最真挚的祝愿，祝贵院事业蒸蒸日上，在医学科学领域里取得更大成绩。

陆××于 2019 年 1 月 7 日患病，危难时刻，口腔医院颌外二科李××主任、姜××主治医师、李××医生及时伸出援手，对患者进行手术治疗。手术非常成功，使我及家人非常满意。颌外二科李××主任、姜××主治医师、李××医生具有高尚的医德、精湛的医术，在业务上精益求精，具有极强的责任心，对病患及家属体贴入微，他们的一言一行、一举一动诠释着当代医生的职业操守和医道本色。像李××主任、姜××主治医师、李××医生这样优秀的白衣天使是贵院领导精心培养的结果，同时也感谢颌外二科所有的医护人员对病人的关心与呵护，他们实践了“一切为病人”的服务宗旨。

我们患者及家属在此谨表对贵院颌外二科李××主任、姜××主治医师、李××医生等全体医护人员的真诚谢意！

最后，让我们发自肺腑地说一句：祝愿颌外二科全体医护人员身体健康、万事如意、家庭幸福！好人一生平安！

患者：陆××家属

2019 年 7 月 18 日

★思维训练

（1）感谢信都有几种类型？

（2）感谢信都要写称谓吗？

★情景模拟

下面是一起见义勇为的事件，请以社区的名义为这位勇敢市民写一封感谢信。

郭×，男，39 岁，益阳市张家塞乡农民，为养家糊口现举家到益阳城区做生意。作为一名朴实勤劳的农民，他充满了正义感与勇气，2010 年 6 月 10 日下午 1 时许，面对飞车抢劫的歹徒他毫不畏惧，关键时刻挺身而出，把个人生命和财产安危置之度外，与其他市民一起有效地阻击拦截犯罪分子，震慑了其嚣张气焰，保护了市民财产安全。

【写作训练】

就身边发生的好人好事写一封感谢信。

任务 5.3 表扬信

【目标要求】

知识目标

（1）认识表扬信的含义和用途；

（2）明确表扬信的特点和类型；

（3）知晓各类表扬信的适用范围。

能力目标

掌握各类表扬信的写法。

素质要求

能够写出规范的表扬信。

【案例分析】

表 扬 信

公司全体团员青年：

在总公司团委组织的首届集团青年创新创效成果大赛中，我公司团员青年积极响应，踊跃参与，将自己在工作中的创新创效成果与大家分享，共同学习、共同进步，使集团举行活动的目标得到了具体落实。

此次活动中，公司团委从各部门上报的多项创新创效成果中精心选送了张××的《××××××》参加大赛，凭借优质高效的方案流程获得青年创新创效成果一等奖的好成绩，受到总公司团委的表彰。在此，公司团委向为公司赢得荣誉的团员青年提出表扬，并号召公司广大团员青年学习他们立足岗位、勤奋学习、刻苦钻研、善于创新的好经验，进一步发扬开拓进取、力求上进的精神，为继续推动青年创新创效活动的深入开展做出新的贡献。

××团委《关于表彰××青年创新创效活动先进的决定》的通知，对××公司广大团员青年既是表彰也是激励。创新是企业发展壮大的必由之路，有利于激发团员青年的创新热情，挖掘岗位成才的巨大潜力，为团员青年展示才华搭建广阔的舞台。

希望全体团员青年以这次活动为契机，积极投身企业技术创新、管理创新、营销创新、服务创新的丰富实践中去，最大限度地把我们的聪明才智和创造活力发挥出来，促进企业技术创新体系建设和创新能力的提高，推动企业的改革和发展，为实现公司的振兴发展再夺佳绩，再创辉煌！

【评析】

这是一封写给单位内部集体成员的表扬信，当然其中也提到了个别表现突出人物。标题是用最简单的形式，直接表达主题；称谓指明了表扬的对象，正文交代了受表扬者的主要事迹，并在最后提出希望。只是最后没有落款和日期。

【知识提要】

5.3.1 表扬信的定义

表扬信是向特定受信者表达对被表扬者优秀品行颂扬之情的一种专用书信。它主要用于作者在日常工作、生活中受益于被表扬者的高尚品行（或被其品行所感动），特向被表扬者所在单位或其上级领导致信，以期使其受到表彰、奖励，使其精神发扬光大。

表扬信是对他人的行为表示赞扬的信函。在表扬信中应反映他人的事迹与品质，赞扬不要太过分，语言要热情而简朴。

表扬信可以直接写给表扬对象，也可以写给表扬对象的所属单位，还可以写给报刊社、电台、电视台等新闻媒体。

5.3.2 表扬信的格式

标题：写成“表扬信”即可；称谓：一般写给被表扬人的上级领导单位；事迹经过；表扬的语句；学习的语句。

5.3.3 表扬信的种类及用途

从表扬双方的关系来看，可以分为两种：上级对下级、团体对个人进行表扬的表扬信，群众之间进行表扬的表扬信。

从被表扬者的身份来看，表扬信又可分为两种：对集体进行表扬的表扬信，对个人进行表扬的表扬信。

5.3.4 写作表扬信的注意事项

（1）叙事要实事求是。对被表扬的人和事的叙述一定要准确无误，既不夸大，也不缩小。评价要实事求是、恰如其分。

（2）要用事实说理。要充分反映出对方的可贵品质。写动人事迹要做到见人、见事、见精神。不要以空泛的说理代替了动人的事迹。

（3）表扬信语气要热情、恳切，文字要朴素、精炼，篇幅要短小精悍。

（4）表扬信可以组织名义写，也可以个人名义写。除信中给予的表扬外，也可以建议有关部门给予表扬。

【规范例文】

【例文5-7】

献给干燥设备公司最可爱的人

“一线的同事们，你们辛苦了！”看见从某著名企业安装设备回来的我们同事们的手、衣服等之后，真诚地发自内心的赞美。

2018年12月，由我们公司自主研发、自主生产的大型勃达工业微波干燥生产线设备要嫁到某著名企业，我们生产一线的安装队同事们便随车而去，从那一天起他们便开始了长达半个月的艰辛工作。

到某著名企业把我们的设备安装到他们的生产线上，其中一位女孩，处于花季却整天要在一尺远就看不见人的碳化硅粉尘中工作，白色的工作服用不到一天的时间就会变成黑色了，而且这种粉尘是很难洗掉的。长期工作在零下10摄氏度、噪声嘈杂的环境中，但她在这种环境中工作无怨无悔、尽心尽力，她的名字叫邓×。张×、秦××、杨××等人回来之后，其他的不说，就是单看看他们的手，都冻裂得不像样子。他们的这种努力工作、爱岗敬业、尽职尽责的工作精神难道还不值得我们全体勃达人学习吗？

这是我们在某著名企业安装设备的生产一线的同事们，在我们工厂里工作的同事们也是如此，温度在零下10摄氏度左右、噪声嘈杂。这和我们行政楼的办公环境是没法比的，但是他们在那种环境下工作毫无怨言、尽职尽责。他们的精神难道不值得我们好好学习吗？

如果没有我们一线尽职尽责、辛勤工作的同事们，我们的产品如何保质保量；如果没有我们一线尽职尽责、辛勤工作的同事们，我们行政楼上的工作也都是一个空架子；如果没有我们一线尽职尽责、辛勤工作的同事们，说我们的产品如何如何也都是白说。有了我们生产一线的尽职尽责工作的同事们，我们的工作更有了底气，因为我们企业是拿产品说话的企业。

他们的工作精神深深地震撼了我，这种感觉无以言表，在这里我向他们深深地鞠一躬。我要向他们学习，学习他们吃苦耐劳、尽职尽责，把公司的每一件事情当作自己的事情来做，天天心里装着公司的工作精神。

×××公司

××××年××月××日

【例文5-8】

表扬信

××学校领导：

3月5日中午，由于孩子在家玩火，造成一场大火灾，当时我们尚未下班。贵校学生周××发现火情之后，不顾自己身体有病，备不顾身冲进火海。由于火势很猛，屋里烟浓，周××冲进屋后，房门立刻被紧紧地吸住，外面的人进不去，大家都为周××捏着一把汗。周××在呼吸困难的状况下，临危不惧，急中生智，打破窗户玻璃，使屋里压力减轻，门能够打开了。在周××的带领下，大火最后扑灭，周××同学却被烧焦了头发，烫伤了双手，该同学的英勇表现使所有在场的人赞不绝口。

正值全国开展学雷锋运动之时，贵校学生周××不顾个人安危，临危不惧，挺身而出，抢救他人家庭财产。这一高尚行为为我们树立了良好的榜样。我们除向周××同学学习外，特写信向贵校推荐，请贵校领导把周××的英雄事迹广为宣传，予以表彰。使广大学生以周××同学为榜样，将学雷锋运动推向高潮。

×××

××××年××月××日

【例文5-9】

表扬信

他有一颗对工作高度负责的心，有一双勤劳而勇于创新的手，有一副关心同事的热心肠，在工作中勇于担当，用心向前，这就是我们立喷丙班前处理班长李××。

李××在工作中兢兢业业，拥有良好的职业素质和职业操守，能够忠于自己的企业，将个人的职业生涯规划与企业的发展紧密结合。善于开创，能承受较高的工作压力；吃苦耐劳，注重合作，具有火一样的工作热情和活力，起到了模范带头的作用，经常受到领导的赞赏。在工作潜力和业务上李××更是样样精通，虽说一个萝卜一个坑，各司其职，但是有个别员工，尤其是新来的在很多问题上都要请他指点，甚至是让他帮着干。有些新的产品加工他能够很快地熟悉操作，带领大家完成生产。丙班前处理的成品率连创新高，这与他的努力是分不开的。

李××同志团结关心每一位员工，在工作中时时把好事让给别人，把最脏最重最难的事留给自己。车间生产的时候，吃饭是个很紧张的事，他经常替别人干活，让别人先吃，等大家都吃完了，他才腾出手，有时饭卖完了已经没有饭可吃，他就饿着等下班赶成一顿儿。在车间有加班加点的任务时，有的不想加班，而李××同志，从不说啥，不提报酬，不说早晚。在我们的考勤表上他从没有迟到、早退、请假，在加班的时候却总能看到他的身影。

在工作中无非准时上班，按时下班不迟到，不早退这就是敬业了，就能够安心的领工资了。大部分员工最多能做到敬业，而李××同志这种超出常人的工作态度，高于他人的工作潜力和技巧，团结合作的精神，关心他人的品质，令人敬佩，值得表扬！特此对李××同志做出表扬！

【课堂训练】

(1) 表扬信一般表扬个人，也可以表扬集体或单位吗？

(2) 表扬信一定是要写给一个单位吗？

【实训平台】

★问题诊断

下面是一位公司法人代表写的一封表扬信，根据所学相关知识，仔细阅读，看一看有哪些不妥之处，请指出来。

表 扬 信

尊敬的行政审批服务中心领导：

我是机械有限公司的法定代表人，在本次公司设立登记过程中，我对工商局窗口秦××、唐××、宋××为我公司提供的优质服务表示衷心的感谢。

我公司是初始设立的机械加工公司，自 10 月初开始报批审过程，面对大量的文书资料和工作手续令我望而生畏。但是工商局的服务窗口却给了我一颗明心丸，定心丸。每次来到窗口见到的总是微笑的面容；每次带着疑惑来到窗口，得到的总是娓娓的解答，客气的回应，让我们满意而归。出于感激我特别留心他们胸前的挂牌和他们令人心动的名字。

特别是秦××同志，审批工作查验材料快而细致，严而有据，热情有节；对材料中的不符合项目改正通知规范明确，让我公司的委托代表人一目了然，提高了工作效率和工作质量，用实际行动践行了优质高效、真诚服务的窗口诺言。还有唐××、宋××两位同志对公司设立业务查询答疑明确，对经营范围界定准确，使用术语规范，热情有礼，成为窗口工作人员的楷模。

万语千言也写不尽的感激之情，我公司只有通过日常工作中遵章经营，守法纳税的实际行动来对工商局窗口为我公司提供的优质服务做出真情报答。

祝各位窗口工作人员工作愉快，顺祝我公司事业发达！

★思维训练

(1) 写作表扬信都要写清楚哪些内容？

（2）日常生活中总是发生一些乐于助人的一些小事，写一封表扬信可以吗？

★情景模拟

××公司决定每月表彰在各自工作岗位上兢兢业业、团结、积极为公司发展做出努力，对维护公司经济利益等表现突出的员工，对他们予以嘉奖，并通报表扬。张××工作表现突出，为公司赢得客户的尊重和赞赏，赢得良好口碑，公司予以通报表扬，同时也号召全体员工以他为榜样，希望在公司里形成比学赶帮超的风气，掀起学习模范员工的热潮。

请你以公司的名义写一封表扬信。

【写作训练】

下面是一则拾金不昧的好人好事，请以中山市××物业服务有限公司的名义在公司内部写一封表扬信。

在人们欢度新春佳节之际，中山市××物业服务有限公司安防队员认真坚守在各自的岗位上。各个岗位人车往来，川流不息，守护在摩托车停放岗位上的队员马玉东和裴向杰，在（××××年）元月 30 日下午 18 时左右，拾到顾客遗失的钱包和手机，他们拾金不昧，并于当日 19 点 30 分当场交还给遗失的顾客。两位员工有这样的好品德、好风格、好行为，十分值得大家学习，为此公司号召大家向他们学习，还特别给予两人各 50 元的奖金，以资鼓励。

任务 5.4　求职信

【目标要求】

知识目标

（1）认识求职信的含义和用途；

（2）明确求职信的类型和写法；

（3）知晓各类求职信的适用范围。

能力目标

掌握各类求职信的写法。

素质要求

注意求职信和简历的区别。

【案例分析】

求　职　信

尊敬的领导：

您好！非常感谢您在百忙之中批阅我的材料，谢谢！

我是××××大学国际经济与贸易专业××××届应届毕业生。我渴望能在贵公司找到一份合适的工作，为贵公司贡献一分力量。恳请您给我加入贵公司的机会。我有信心、有能力成为一名出色的员工。

自从考上大学以后我“自信、自立、自强”，不但努力学习专业知识，而且主动参与各种社会实践，经过大学四年的学习和社会锻炼，我具备了以下几个方面的能力：扎实的专业基础知识和先进的思想观念；丰富的社会实践和突出的工作能力；强烈的品牌理念和合作的团队精神。

诚实正直、勤劳务实是我的原则，多年来的求学生涯使我形成了优良的处事作风和先进的思想观念，并有了独特的思维方式、和谐的人际关系。我设法让自己变得出色，因此，我时刻注意抓住机会锻炼自己，并时刻思索做好工作的方法。我是一个有能力而且有团队精神的人，我能很快地适应一个新的工作环境，并能在新环境既定的团队环境下做好工作。

期望我能符合您的要求，也期望您选择我，您的选择就是我的希望。为了方便您更详细地了解我的情况，请审阅我呈上的简历以及相关材料。给我一个机会，还您一个奇迹，期待您的回复。祝贵企业事业蒸蒸日上、硕果累累！

此致

敬礼！

应聘人：×××

××××年×月××日

【评析】

这是一封求职信，对于即将走出校门，步入社会的大学生来说，很快地获得一份工作来历练自己、发挥所长是十分急切的事情。此信言语礼貌、情词恳切，简要介绍了自己的专业能力、行事准则和人生态度，结尾处强调附上的个人简历是很必要的，同时提出满怀的期许和良好祝愿，这些行文都十分得体，是一篇不错的社交书信。

但是落款处使用了“应聘人”，显得稍有不妥。一般来说，应聘可能会有一个具体、明确的职位。从这封求职信的内容来看，并没有出现该公司有一个什么具体的职位或岗位进行招聘，求职者也没有具体提到适合哪一个职位或岗位。

【知识提要】

5.4.1 求职信的概念

求职信是求职者向用人单位自荐以谋求职位的书信，是求职者以书面形式向有关单位举荐自己，提出供职请求和愿望，希望得到任用的一种专用书信。求职信分自荐信和应聘信两种。

求职信的最大特点在于“求”，一般必须写明“求”什么、怎么“求”、为什么“求”、具备哪些“求”的条件，即在求职信中应有针对性地介绍自己的特长，包括学历、经历、性格、兴趣、体制等情况，以求得对方的赏识。在介绍自己时要特别注意礼貌，做到谦虚、有礼、周到、稳重，还应写清自己打算谋求什么样的工作或职务，以便对方根据请求，参考实际情况做出比较合适的安排。

5.4.2 求职信的特点

(1) 自荐性。求职者将自己的成绩、特长、优势等介绍给用人单位，供用人单位进行比较、研究，从而使其决定是否面试或录用。

（2）针对性。求职信一般针对求职单位的实际情况、读信人的心理和个人的求职目标而写。

（3）独特性。求职就是竞争，要想获胜就要突出自己的优势与个性，所以求职信在内容和形式上都应不同一般。

（4）真实性。求职信中所提供的个人材料必须是真实可靠的，不能有虚假成分。

5.4.3　求职信的种类

根据有无具体目标，求职信可分为：

（1）定向求职信。定向求职信是指毕业生在搜集到需求信息后，有目的地向某个用人单位做的自我介绍。这种求职信是在求职者已经知道了某单位用人的前提条件下写的，因此具有高度的针对性。正是由于这种定向求职信具有很强的针对性，所以命中率自然也就比较高。

（2）非定向求职信。非定向求职信是指无具体的求职目标，不分职业、单位和对象，“广普”适用的求职信。因为它不针对具体的求职目标，因此可适用于不同的对象，但是正是由于这种做法带有一定的盲目性，所以击中目标的概率相对来说也比较小。

在大学生人才招聘会上，毕业生普遍使用的是第二种求职信。这种类型的求职信作用主要在于向用人单位介绍自己的概况，让对方对自己感兴趣，以争取面试的机会。

5.4.4　求职信的书写格式

（1）标题。在首页上方居中大字书写“求职信”，要求醒目、简洁、庄重。

（2）称呼。求职信的称呼与一般书信不同，书写时须正规些，如果写给国家机关或事业单位的人事部门负责人，可用“尊敬的××处（司）长”称呼；如果写给“三资”企业首脑，则用“尊敬的××董事长（总经理）先生”称呼；如果收信人是各企业厂长经理，则可称之为“尊敬的××厂长（经理）”；如果是写给院校人事处负责人或校长的求职信，可称“尊敬的××教授（校长、老师）”。

（3）正文。正文是求职信的中心部分，应在此部分说明求职信息的来源、应聘职位、个人基本情况、工作成绩等事项。

首先，要写出信息的来源渠道，表达求职意愿。如“昨日阅毕《××日报》，获悉贵公司招聘会计三名。我毕业于××财经学院会计专业，自认对此项工作尚能胜任，故大胆投函应征”。

其次，介绍个人基本情况，如所具备的教育资历、工作经验、参加过的有关社会活动、个人兴趣和爱好等。注意突出自己的重要成绩、特长、优势，借以阐明自己对该公司的特殊价值。

（4）结尾。可在结尾处表达想得到工作的强烈愿望，希望用人单位能给予考虑和答复，并以恳切的方式请求安排面谈。如“希望领导给我一次面试的机会”“盼望答复”“恭候佳音”等。一般还需写上祝语如“此致，敬礼”。还需认真写明自己的详细通信地址、邮政编码和联系电话。

（5）署名。按照习惯，直接签上自己的名字即可。

（6）日期。日期应写在署名的下方，应用阿拉伯数字书写具体的年、月、日。

（7）附件。求职信一般要求和相关佐证材料一同寄出，如学历学位证、职称证、获奖证书、身份证等的复印件，并在正文左下方注明。

5.4.5　求职信的写作要求

（1）突出所长。应在求职信中突出自己的重要成绩、特长、优势，借以阐明你对该公司的特殊价值。

（2）目的明确。在写求职信前，应做好调查研究，摸清招聘单位所需人员情况，有目的地介绍自己。

（3）态度诚恳。在求职信中，应诚恳地介绍自己，不需要豪言壮语和华丽的词汇，做到真实、自然、亲切即可。

（4）语言简洁。求职信的篇幅不宜太长，内容表述简明扼要。

（5）求职信的写作注意事项。首先，求职信的篇幅不要太长，简明扼要就可以；其次，内容真实，态度诚恳；最后，切忌夹带太多附录或附件，诸如证书复印件、奖状复印件等，除非招聘单位在招聘广告中特别申明要求的，否则寄了厚厚一大沓材料，成本代价不菲，收效可能甚微。

5.4.6　求职信与个人简历的区别

凡是找工作或者打算跳槽的人，都会认认真真地写一份简历和求职信，那二者有何区别？十有八九的人会说求职信就是简历，简历就是求职信。简历非求职信，犹如鲸鱼非鱼也，但二者又密不可分，就像鱼和水一样。

简历是针对某个特定工作或职位所写的文件记录或证明，而求职信是求职者为了和雇主建立个人联系或情感而写的信件，求职信要突出和具体职位相关的背景或经历。求职信能够在简历、个人经历和将要获得的工作三者之间建立一座桥梁，你可以在信中简单介绍相关的工作经历，也可以详细描述和这一工作相关的与众不同的经历，也可以提出面试的要求。

有关简历和求职信的区别，见表 5-1。

表 5-1　求职信与简历的差别对比列表

对比项目	求职信	简　历
1. 版本	量身定做，一稿独投注明收信公司及收件人	通用版本，一稿多投
2. 侧重点	强调自己能为招聘公司做出的贡献	侧重对过去业绩和已有能力的描述
3. 具体性	综合介绍自身能力必要时才提出体现能力的具体事件作为论据	通过描述在具体公司中所做的一些事件来体现自身工作能力
4. 评价角度	可有主观自我评价色彩，但内容不能太多、评价不能太主观	要显出是在客观地描述自身能力
5. 必要性	以下情况可以不必有求职信： （1）来校招聘公司没有要求一定要附求职信 （2）求职信内容与简历内容区别不大	必须提交

【规范例文】

【例文 5-10】

求 职 信

尊敬的领导：

您好！

非常感谢您在百忙之中翻阅我的求职信，为一名即将毕业参加到社会工作的我打开了一扇通往成功的希望之门！

我是××大学××学院即将要毕业的一名市场营销专业本科的学生。获悉贵公司要招聘会计职位。我对会计这个工作岗位抱有极大的兴趣，并且一心想向会计方向发展，十分乐意为贵公司的发展了尽一份微薄之力。我很荣幸有机会向您呈上我的个人资料。

四年的大学生活，我并没有荒废，我将所有的精力都用在了学习上。因为市场营销专业有基础会计和财务会计的课程，在刚开始学习会计知识时我深刻地体会到会计知识的专业性极强，这个职位是我想作为事业奋斗一生的工作。因为它需要专业的知识和技能以及认真负责的态度，这些在性格方面都与我极其符合，所以我考取了会计从业资格证，今年也参加了初级职称的考试，只是结果尚未出来。

虽然我所学的会计知识不如会计相关专业学生精深，但是我相信通过我地不断地学习和努力的工作我会逐渐掌握会计工作所需的专业知识和技能，并为企业做出自己的奉献，在此真诚的希望贵公司给我一个机会！

在四年的大学生活里，我认真对待学习，专业课成绩平均分在 80 分以上，思想品德良好，在校期间为了充实自己的大学生活，我取得了教育部考试中心认证的计算机三级合格证、英语四级合格证、会计从业资格证、人力资源的三级证书。

本人可以熟练使用办公软件，对电脑有一定的操作能力。四年中我利用课余时间和寒暑假时间做兼职，并通过各项工作的学习让我感觉到责任的重要。

生活中的风雨让我有吃苦耐劳的精神，诚实守信也是我的品格，我深知对待账目是不能马虎大意的，更不能做假账，认真负责本职工作。我的性格属于中向型的性格，我富有上进心，做事认真吃苦耐劳。本人遇事冷静，具备一定的沟通协调能力、团队合作能力、抗压能力。

尊敬的公司领导，如果我能喜获您提供的机会，我一定会尽职尽责地用实际行动向您证明：贵公司的过去我来为及参与；但贵公司的未来，我愿意奉献我毕生的心血和汗水！我期待您的佳音。

此致

敬礼

求职人：×××

2019 年 7 月 24 日

【例文 5-11】

求　职　信

尊敬的领导：

您好！请恕打扰。

我是一名即将从××大学毕业的大学生。我很荣幸有机回向您呈上我的个人资料。

在投身社会之际，为了找到符合自己专业和兴趣的工作，更好地发挥自己的才能，实现自己的人生价值，谨向各位领导做一自我推荐。现将自己的情况简要介绍如下：作为一名药学专业的大学生，我热爱我的专业并为其投入了巨大的热情和精力。

在四年的学习生活中，我所学习的内容包括了从中药学的基础知识到运用等许多方面。通过对这些知识的学习，我对这一领域的相关知识有了一定程度的理解和掌握，此专业是一种工具，而利用此工具的能力是最重要的，在与课程同步进行的各种相关实践和实习中，具有了一定的实际操作能力和技术。在学校工作中，加强锻炼处世能力，学习管理知识，吸收管理经验。

众所周知，药学专业是 21 世纪的朝阳产业，特别是随着天然药物在全球的悄然兴起，该专业炙手可热，因此在此形势下我积极学习好本专业理论知识，学习中医药的基本理论和基本知识及系统的中药学专业的基本训练，具有中药鉴定、中药炮制、中药制剂、质量控制及评价的基本能力。

我正处于人生中精力充沛的时期，我渴望在更广阔的天地里展露自己的才能，我不满足于现有的知识水平，期望在实践中得到锻炼和提高，因此我希望能够加入你们的单位。我会踏踏实实地做好属于自己的一份工作，竭尽全力地在工作中取得好的成绩。我相信经过自己的勤奋和努力，一定会做出应有的贡献。

希望各位领导能够对我予以考虑，我热切期盼你们的回音。

此致

敬礼

求职人：×××

2019 年 7 月 24 日

【课堂训练】

（1）求职信有哪几种？

（2）求职信和简历有哪些区别？

【实训平台】

★问题诊断

下面是一封求职信，根据你所学相关知识，仔细阅读，看一看有哪些不妥之处，请将其一一指出。

求 职 信

领导：

首先，真诚地感谢你在求贤若渴中抽出时间来看我的简历材料。

我叫×××，是大学的应届毕业生，专业是法学。也许看到这里您会觉得我一点都不符合您的要求，我请求您看下去，我有信心让您满意！

大学时期，在主修专业时，我突然对财会学产生了浓厚的兴趣，当我把英语六级和计算机二级通过后，从大三开始就积极准备注册会计师考试，一点基础没有的我开始从头学起，并参加了2014年的会计和税法CPA考试，遗憾的是发挥失常，未能通过！但是我会再接再厉的。后来又参加会计从业资格考试，已经有坚实基础的我此次考试轻松通过！

在校期间政治上积极要求进步，并于2015年12月份正式成为中共党员！政治上的成熟加上专业上懂法，还有会计职业资格，我想我的优点毋庸讳言，贵公司若是聘用可谓天降英才，必然能为企业快速发展，迅速腾飞火上浇油。

本着检验自我、锻炼自我、展现自我的目的，我来了。也许我并不完美，但我很自信：给我一次机会，我会尽我最大的努力让您满意。我将以自己的青春和智慧无悔地奉献给贵单位。“敢于创新，勇于开拓”是我执着的追求。“天道酬勤”是我的人生信念。

基于我所学的专业及意向，我求职的方向为：财会类、法律顾问。

最后，祝贵单位事业更上一层楼！

★思维训练

（1）求职信的写作有哪些原则和技巧？

（2）毕业生的求职信会有哪几个误区？

★情景模拟

×××是四川文化艺术学院美术系美术学专业的应届本科毕业生。从事美术设计一直是她的梦想，在大学期间的历练为她实现梦想打下了坚实的基础，大学期间所认识的各类人物使她明确了择业目标：做一名美术设计者。现在一家建筑装饰公司准备招聘设计员，她想去试一试，你可以帮助她写一封求职信吗？

【写作训练】

请以自己的名义写一封适合你所学专业的求职信。

【知识链接】

求职应聘技巧

一、面试之前

1. 服饰

男士需穿上整洁的服装，但不必刻意打扮。女士应穿得整洁、明亮，不宜佩戴过多的珠宝饰物，过浓的香水、没拉直的丝袜、未修过的指甲或是蓬松的头发等，都足以抵消求职信给予考官的良好印象。

选择服装的关键是看职位要求。应聘银行、政府部门，穿着应偏向传统正规；应聘公关、时尚杂志等公司，则可以适当地在服装上加些流行元素。除了应聘娱乐影视广告这类行业外，最好不要选择太过突兀的穿着。

应届毕业生允许有一些学生气的装扮，可以穿休闲类套装。此外应聘时不宜佩戴太多的饰物，以免分散考官的注意力。

2. 守时

守时是职业道德的基本要求，提前10~15分钟到达面试地点效果最佳。提前半小时以上到达，会被视为没有时间观念，但在面试时迟到或是匆匆忙忙赶到却是致命的。不管你有什么理由，迟到也会被视为缺乏自我管理和约束能力的表现。如果路程较远，应提前出门，但早到后不宜立刻进入办公室，可在附近的咖啡厅等候。

二、面试之中

1. 肢体语言

(1) 眼神。交流中目光要注视对方，但万万不可死盯着别人看。如果不止一个人在场，要经常用目光扫视一下其他人，以示尊重和平等。

(2) 握手。当面试官的手朝你伸过来之后，握住它，握手应该坚实有力，双眼要直视对方。不要太使劲，不要使劲摇晃；不要用两只手，这种握手方式在西方公司看来不够专业。此外手应当是干燥、温暖的。如果你刚刚赶到面试现场，用凉水冲冲手，使自己保持冷静；如果手心发凉，就用热水捂一下。

(3) 坐姿。不要紧贴着椅背坐，不要坐满，坐下后身体要略向前倾。一般以坐满椅子的2/3为宜。这既可以让你腾出精力轻松应对考官的提问，也不至让你过于放松。

(4) 小动作。在面试时不可以做小动作，比如折纸、转笔等，这样会显得很不严肃，分散对方注意力。不要乱摸头发、胡子、耳朵，这可能被理解为你在面试前没有做好个人卫生。用手捂嘴说话是一种紧张的表现，应尽量避免。

2. 谈吐

语言是求职者的第二张名片，它客观地反映了一个人的文化素质和内涵修养。面试时对所提出的问题要对答如流，恰到好处，又不夸夸其谈、夸大其词。在谈吐方面应把握以下几个要点：

(1) 要突出个人的优点和特长，并有相当的可信度。语言要概括、简洁、有力，不要拖泥带水，轻重不分。

(2) 要展示个性，使个人形象鲜明，可以适当地引用他人的言论，如用老师、朋友的评论来支持自己的描述。

(3) 坚持以事实说话，少用虚词、感叹词，注意语言逻辑，介绍时层次分明、重点突出。

(4) 尽量不要使用简称、方言、土语和口头语，以免对方难以听懂。当不能回答某一问题时，应如实告诉对方，含糊其词和胡吹乱侃只会导致面试失败。

三、面试之后

为了加深招聘人员的印象，增加求职成功的可能性，面试后的两三天内，求职者最好给招聘人员写封信表示感谢。感谢信要简洁，最好不要超过一页纸。在信的开头应提及自己的姓名、简单情况以及面试的时间，并对招聘人员表示感谢。感谢信的中间部分要重申对公司、应聘职位的兴趣。在信的结尾处可以表示对自己的信心，以及为公司的发展壮大做贡献的决心。

任务 5.5 开幕词、闭幕词

【目标要求】

知识目标

(1) 认识开幕词、闭幕词的含义和用途;

(2) 明确开幕词、闭幕词的特点和类型;

(3) 知晓各类开幕词、闭幕词的适用范围。

能力目标

掌握各类开幕词、闭幕词的写法。

素质要求

能够写出规范的开幕词、闭幕词。

【案例分析】

在××公司第三届篮、排球比赛开幕式上的讲话

同志们:

松柏滴翠,青山如画,在这绿意浓浓的六月,在党的生日来临之际,我们隆重举行××公司第三届篮、排球比赛。在此,我代表公司领导班子对广大员工的热情参与和积极筹备表示衷心的感谢!

公司自成立以来,一直坚持不懈地举办各种体育活动和比赛,其目的就是要让大家能够对“全民健身”活动有一个更深入的认识,更加积极主动地参与到各种体育活动中,创造机会,帮助广大员工养成锻炼身体的好习惯,更好地活跃和丰富大家的业余生活。同时,在公司上下积极倡导和努力形成乐观向上,勇于拼搏,正视困难的良好精神氛围。因为,我们生活的社会和时代充满了竞争与淘汰,只有拥有一个健康的身体、一种积极的心态,才能适应社会的发展,更好地努力工作,享受生活。

这次比赛,广大员工都能够主动参与,积极训练,工会与各个相关部门都能够认真准备比赛。在此,我代表公司领导班子向大家的辛勤工作和积极参与表示感谢。同时,希望各位裁判员能够本着公平公正的原则,对比赛做出准确的裁决,希望各位运动员本着友谊第一、重在参与的原则,按照比赛规则进行比赛,发挥出自身的最好水平,赛出自己的最佳成绩。

最后预祝比赛圆满成功!谢谢!

【评析】

这是某公司开展文体活动开幕式上的讲话,是一篇开幕词。标题采用“在……上的讲话”这种形式,能清楚说出讲话的事由。因为是本公司员工,称谓用“同志们”比较恰切,但没有问候语有些不妥。正文开头交代了本次活动的主题,并对广大员工的热情参与表示谢意。接下来主体部分简要介绍了公司体育活动的开展情况,宣扬公司贯彻“全民健

身”的宗旨。随后讲到本次比赛，有鼓励，也有希望。结尾处表达美好的祝愿，同时向全场致谢。语言简明得体，层次清楚分明，结构紧凑完整，是一篇不错的开幕词。

【知识提要】

5.5.1 开幕词

5.5.1.1 开幕词的含义

开幕词是在重要会议或重大活动开始时，为会议主持人或主要领导人讲话所用的文稿。开幕词的主要特点是宣告性和引导性。不论召开什么重要会议，或开展什么重要活动，按照惯例，一般都要由主持人或主要领导人致开幕词，这是一个必不可少的程序，标志着会议或活动的正式开始。

5.5.1.2 开幕词的作用

开幕词通常要阐明会议或活动的性质、宗旨、任务、要求和议程安排等，集中体现了大会或活动的指导思想，起着定调的作用，对引导会议或活动朝着既定的正确方向顺利进行，保证会议或活动的圆满成功，有着重要的意义。

5.5.1.3 开幕词的特点

开幕词是在一些大型会议开始时，由会议主持人或主要领导人所做的开宗明义的讲话。它具有宣告性、提示性和指导性的特点。另外两个特点：一是简明性，开幕词要简洁明了、短小精悍，最忌长篇累牍，言不及义，多使用祈使句，表示祝贺和希望；二是口语化，它的语言应该通俗、明快、上口。

5.5.1.4 开幕词的种类

按内容可以分为侧重性开幕词和一般性开幕词两种。侧重性开幕词往往对会议召开的历史背景、重大意义或会议的中心议题等作重点阐述，其他问题一带而过；一般性开幕词则只对会议的目的、议程、基本精神、来宾等作简要阐述。

5.5.1.5 开幕词的格式

开幕词一般由标题、称呼语、正文和结束语等四部分组成。

(1) 标题。开幕词的标题常见的有三种写法。

1）在文种前冠之以会议名称。如“中国共产党第十五次全国代表大会开幕词”。

2）开幕词如果在报刊上发表使用，往往用“在××会议开幕会上的讲话”的形式。

3）文章标题式。如毛泽东在中华人民共和国第一届全国人民代表大会第一次会议上的开幕词标题“为建设一个伟大的社会主义国家而奋斗”。在会议上讲话的时间，一般居中写在标题之下，用括号括上。致辞领导人的姓名一般写在时间之下，居中位置。如标题采用的是第二种方式，致辞人姓名也可写入标题中。

(2) 称呼语。称呼语主要是指对与会者的统称，常见的有“同志们”“各位代表”“各位嘉宾，女士们、先生们”等。称呼语在第一行，顶格式写，后要加冒号。

(3) 正文。开幕词正文一般包括开头、主体和结尾三部分。

1）开头。宣布会议开幕。也可对会议的规模及与会者的身份等做简要介绍，并对会议的召开及对与会人员表示祝贺。需要说明的是，开头部分即使只有一句话，也要单独列为一个自然段，将其与主体部分分开。

2）主体。包括三项内容：一是阐明会议的意义，通过对以往工作情况的概括总结和对当前形势的分析，简要介绍会议的筹备过程，说明会议是在什么形势下召开的；二是阐明会议的指导思想，提出大会任务，说明会议主要议程和安排；三是为保证会议顺利进行向与会者提出要求。

3）结尾。通常是提出会议任务、要求和希望，再一次表示祝贺、欢迎、感谢，表达祝愿、希望及共勉之类的话语。

（4）结束语。常以祝颂语“预祝大会圆满成功”结束全文。祝颂语要另起一段，要求简短有力，有号召性和鼓动性。

5.5.2　闭幕词

5.5.2.1　闭幕词的含义

闭幕词，是会议的主要领导人代表会议举办单位，在会议闭幕时的讲话。其内容一般是概述会议所完成的任务，对会议的成果做出评价，对会议的经验进行总结，对贯彻会议精神提出要求和希望。

5.5.2.2　闭幕词的特点

闭幕词与开幕词一样，具有简明性和口语化两个共同特点，其种类与开幕词相同。凡重要会议或重要活动，与开幕词相对应，一般都有闭幕词，这是一道必不可少的程序，标志着整个会议或活动的结束。闭幕词通常要对会议或活动做出正确的评估和总结，充分肯定会议或活动所取得的成果，强调会议或活动的主要精神和深远影响，激励有关人员宣传会议或活动的精神实质和贯彻落实有关的决议或倡议。

（1）总结性。闭幕词是在会议或活动的闭幕式上使用的文种，要对会议内容、会议精神和进程进行简要的总结并做出恰当评价，肯定会议的重要成果，强调会议的主要意义和深远影响。

（2）概括性。闭幕词应对会议进展情况、完成的议题、取得的成果、提出的会议精神及会议意义等进行高度的语言概括。因此，闭幕词的篇幅一般都短小精悍、语言简洁明快。

（3）号召性。为激励参加会议的全体成员实现会议提出的各项任务而奋斗，增强与会人员贯彻会议精神的决心和信心，闭幕词的行文充满热情，语言坚定有力，富有号召性和鼓动性。

（4）口语化。闭幕词要适合口头表达，写作时语言要求通俗易懂、生动活泼。

5.5.2.3　闭幕词的格式

闭幕词的格式与开幕词相同，也是包括标题、称呼语、正文及结束语四部分。

（1）标题。标题和开幕词标题形式一样，只不过文种由开幕词换为闭幕词。

（2）称呼语。称呼语与开幕词相同。

（3）正文。闭幕词的正文也包括开头、主体和结尾三部分。

1）开头。简要说明大会经过，是否圆满完成了预定任务。

2）主体。对大会进行概括总结。包括简要回顾会议议程进行的情况，对会议取得的成果、作用、意义等进行简要评价，对与会者的努力给予充分的肯定；对会议通过的重要决议、完成的主要任务和会议的基本精神进行概括和总结；向与会者提出贯彻落实会议精神、做好会后工作的要求和希望。

3）结尾。发出号召，并对保证大会顺利进行的有关单位及服务人员表示感谢。

（4）结束语。郑重宣布，大会胜利闭幕。通常只有一句话：现在，我宣布，××××××大会闭幕。

5.5.2.4　闭幕词的写作方法

闭幕词在标题和称谓之后，另起一段首先说明会议已经完成预定任务，现在就要闭幕了；然后概述会议的进行情况，恰当地评价会议的收获、意义及影响。结尾部分一般先以坚定语气发出号召，提出希望，表示祝愿等；最后郑重宣布会议闭幕。闭幕词出现在会议终了，因此，要写得与开幕词前后呼应、首尾衔接，显示大会开得很圆满、很成功。

【规范例文】

【例文5-12】

第五届科技交流会开幕词

各位来宾、女士们、先生们：

第五届科技交流会今天在新落成的国际会展中心隆重开幕，这是一个以留学人员为主体的科技人才与项目交流的盛会。我谨代表中国留学人员科技交流会主办单位并以大会组委会的名义，向不远万里前来参加交流大会的海外留学人员表示热烈的欢迎！向出席今天开幕式的教育部、科技部、人事部、中国科学院以及各兄弟省市、高等院校、科研机构表示衷心的感谢！

科技交流会已成功地举办了四届，举办的目的是为国内机构与海外留学人员进行科技项目、人才与信息交流提供一个平台。本着“面向海内外，服务全中国”的宗旨，科技交流会在吸引海外留学人员回国创业、为国服务，为各地引进高科技人才，吸纳高科技项目等方面，发挥了重要的桥梁作用。目前，全国各地已建立50多个留学人员创业园，留学人员创办的企业已达近万家。

创新是民族的灵魂，是社会进步的不竭动力，而创新关键靠人才。举办以海外留学人员为主体的高科技人才与项目的交流会，正是顺应了日趋激烈的国际经济科技竞争和创新对高层次人才的需求。祖国需要越来越多的海外人才，我们将一如既往，不断努力，提高效率，改善服务，为广大海外留学人员创业和生活提供良好条件和环境。我们同样希望海外留学人员回国积极参与全国各地的现代化建设。

最后，预祝第五届科技交流会取得圆满成功。

谢谢大家！

【例文5-13】

共青团××学院第一次代表大会闭幕词

各位领导、各位来宾、各位代表：

中国共产主义青年团××学院第一次代表大会在学院党总支和校团委的亲切关怀和正确指导下，在全院团员青年的共同努力下，圆满完成了大会的各项议程，即将胜利闭幕。在此，我向关心本次大会的各位领导和来宾致以诚挚的敬意，向大会筹委会及热心为大会服务的工作人员表示衷心的感谢！

本次团代会审议并通过了张××同志代表××学院上一届委员会所做的《加强能力建设 提升工作水平努力开创我院共青团工作新局面》的工作报告，在充分酝酿和民主选举的基础上产生了共青团××学院新一届委员会，确定了今后两年我院共青团工作的奋斗目标和主要任务，为我院共青团工作指明了方向。与会代表以高度负责的精神，充分行使自己的民主权利，履行职责，畅所欲言，为我院共青团工作献计献策。大会自始至终洋溢着热烈、民主、团结、向上的气氛，是一次鼓舞人心、催人奋进的大会。希望大家认真学习好、宣传好、贯彻好大会的精神，把大会提出的各项任务落实到实际工作之中。

各位代表，新的一年即将来临，我们深感机遇和挑战并存，光荣与责任同在。新一届委员会将肩负责任，不辱使命，团结和带领广大团员青年，高举邓小平理论伟大旗帜，认真贯彻"三个代表"重要思想，继承××学院的优良传统，积极投身学校的建设与发展。求实创新、扎实工作、把握机遇、迎接挑战。我们相信：通过我们的不懈奋斗，一定会描绘出我院共青团事业更加辉煌灿烂的美好明天。

现在，我宣布：中国共产主义青年团××学院第一次代表大会闭幕！

【课堂训练】

（1）一般来说，无论是会议还是活动都有开幕词和闭幕词吗？

（2）开幕词和闭幕词的致辞人选有什么特别要求吗？

【实训平台】

★问题诊断

下面是一篇开幕词的一段话，请根据所学相关知识指出不当之处。

尊敬的各位来宾、各位领导，尊敬的先生们女士们上午好！

我们终于告别了夏日的酷暑，还是迎来了秋高气爽，金色 8 月，在这艳阳高照，夏秋交叉的美好日子里，大家欢聚一堂，隆重召开××电子科技有限公司"第一届精英研讨招商会"，我谨代表公司对你们的光临表示欢迎，向大会的召开表示热烈的祝贺。

今天是××××年 8 月 8 日，星期六，农历六月十八，我们××电子第一届招商会将在这里圆满召开。

各位来宾，你们千辛万苦，风尘仆仆，从祖国的世界各地来到了全国著名的铸造之乡、鸭梨之乡、汽车模具之乡——美丽富饶的泊头，走进了正在蓬勃发展的××公司，参与今天的精英招商会，我感到很高兴，大家受累了！

你们的到来，为招商会蓬荜生辉，对各位的参加和支持，我表示由衷的谢意！我相信，有了在座各位的积极参与，本次招商会一定会取得胜利闭幕，将为市场拓展起到巨大的推动作用。

★思维训练

（1）开幕词、闭幕词在称呼之后一定要有问候语吗？

（2）闭幕词有什么特点？

★情景模拟

河洛镇党委、政府将举行"河洛镇消夏文化广场启动仪式"，请以河洛镇党委、政府的名义写一篇讲话稿。

河洛镇党委、政府适应时代要求，创新内容、创新形式、创新手段，开辟了一块人与自然和谐发展的文化阵地——河洛镇消夏文化文艺广场大型系列会演。

这是一个没有围墙的大剧场，不但为广大农民夏夜免费享受文化生活提供好去处，而且为各村、各单位、各企业、各民间团体创办了一个展示自我、宣传自我的大舞台。

此举是精神文明建设在新世纪的新探索，更是切实践行“社会主义核心价值观”的具体体现。消夏文化活动是一个开放的舞台，将对繁荣群众文化起着重要的促进作用。

【写作训练】

军训、运动会都是大学生入学必须参与的活动，你可以试着拟写相关的开闭幕词。

【知识链接】

开幕词和欢迎词的“异曲同工”

开幕词正文的写法：在开头顶格写称谓，如“同志们”“朋友们”或“各位代表”等，并用冒号引起下文。接着有一段文字宣布会议开幕，说明会议的背景及意义并表示一定祝愿（有时还要交代一下会议的筹备工作或说明与会人员情况及出席会议的领导和来宾情况等）。正文部分一般要写明会议的性质及重要性、会议的目的及中心任务、会议的主要议程及要求、会议的奋斗目标及深远影响等。当然，这些内容不一定每篇都有，顺序也不一定这样排列，应根据具体情况而定。但写作中一定要把握会议的性质，着重阐述会议的特点、意义、要求和希望，对于会议本身的情况如议程等，要概括说明，点到为止，行文则要明快、流畅，语言要坚定有力，充满热情，富于鼓舞力量。最后部分是结语，一般都是“祝大会圆满成功”等祝愿性语言。

欢迎词的基本结构可分为标题、称谓、正文三个部分。我们这里所说的欢迎词实际上包括两类：一类是欢迎客人，一类是欢迎单位或组织的新成员。种类不同，写法上自然存在差异，这在欢迎词的主体上表现得尤为明显。欢迎客人的致词，讲什么，怎么讲，主要取决于主客双方以往的关系，取决于今后双方关系发展的趋向，取决于这次相会的缘由及意义。一般说来，如果是老朋友，就要首先回顾以往的友谊，接着表述时下的友好关系，最后表达友谊长存的愿望。如果是有分歧的客人，则应首先畅谈这次会见的意义，然后提及当前和今后双方共同关心的问题，最后表达希望双方关系正常友好发展的愿望。欢迎单位或组织新成员的致词，首先要标明他们的到来正适合需要，接着客观评价欢迎对象的特长，并表示赞赏；然后简单介绍本单位或组织的情况，最后希望新来的人在新环境里施展才干或发挥作用，做出成绩。

任务5.6 公开信

【目标要求】

知识目标

(1) 理解公开信的含义；

(2) 熟悉公开信的分类；

(3) 掌握公开信的写法。

能力目标

能正确使用并写作公开信。

素质要求

知道在什么时候，什么场合使用公开信。

【案例分析】

木兰故里黄陂致贾玲妹妹的公开信

亲爱的玲妹妹：

您在《花木兰》剧组开心不？剧组的伙食怎么样？当您把“贾玲版”的花木兰形象呈现在观众面前时，收获的不仅有“笑果”，还有意想不到的质疑甚至是声讨。但不管怎样，作为木兰故里，我们116万黄陂人民还是要对您道一声：辛苦了，亲。至少，您让花木兰这一古代女英雄成为近期人们热议的焦点。

作为一个湖北女伢，相信您跟大多数中国人一样，从小就听过木兰的传说。据史料记载和专家考证，这些动人的故事和传说，就发生在俺们黄陂。至今，俺们这里还矗立着巍峨的木兰牌坊，精美的木兰织机，大量的木兰遗存……在这里，我们诚挚地邀请您拨冗莅临，亲身感受木兰文化，体验木兰风情。可以吗，亲？

我们宁愿相信，丑化木兰，绝非您的本意。木兰替父从军，功成归隐，体现了俺们中华民族的忠孝勇节，为世代后人所景仰。作为木兰后人和故里，千百年来，黄陂人民以有木兰这样的巾帼英雄而自豪。可以毫不夸张地说，如今的黄陂，每一寸土地都烙上了木兰的印迹。木兰山、木兰湖、木兰天池、木兰草原……可以告慰祖先的是，木兰连片景区去年荣膺国家5A级旅游景区。

古老的木兰精神在我们黄陂代代相传，焕发生机。古有汉魏木兰文化，现有信义兄弟、割皮救父的“中国好兄弟”等众多道德模范人物。忠孝勇节的木兰精神，助推俺们黄陂经济社会插上腾飞的翅膀：对国家有赤诚之忠，风清气正；对父母有割皮之孝，社会和谐；打造临空经济有拼命之勇，工业崛起；发展新汉正街有信义之节，商业繁华。

亲爱的玲妹妹，木兰故里真的是人杰地灵，值得一看。时值盛夏，当很多地方热浪滚滚，霾气重重时，俺们黄陂却是凉爽宜人，天空湛蓝。木兰湖静静流淌，格桑花尽情绽放。就在不久前，侯耀华等一批名人和网络大V还莅临黄陂，为木兰由衷地点赞。俺们相信，假如您有空来黄陂，一定会对木兰故里有全新的解读。

千年木兰传奇，大美黄陂画卷。亲爱的玲妹妹，在您为如何演绎花木兰殚精竭虑之时，有没有想过亲临木兰故里，从木兰文化的诞生地寻找艺术灵感，汲取精神滋养。格桑花作证：俺们116万黄陂人民真挚地邀请您来木兰故里做客，为时代精神讴歌。回来看看吧，亲，家乡人民欢迎您。

此致

敬礼！

湖北省武汉市黄陂区116万父老乡亲

2015年7月14日

【评析】

这是一封湖北省武汉市黄陂区以当地百姓的名义写给著名演员贾玲的公开信。喜剧演员贾玲在娱乐节目中扮演的“花木兰”，身穿古装、啃着烧鸡，被指将中国古代巾帼英雄花木兰恶搞成贪吃、不孝、胸无大志、贪生怕死的“傻大妞”形象，引发网友争议。中国木兰故里——武汉市黄陂区通过网络发表公开信，回应“贾玲恶搞花木兰”事件。信中吁请湖北老乡贾玲回家乡看看，体验木兰文化，感受木兰风情，为家乡点赞，为时代讴歌。

这封公开信一方面回应贾玲，平息争议，同时也通过这一事件为“木兰故里”正名，也起到了特有的宣传广告的作用，应该是一举多用。

【知识提要】

5.6.1 公开信的含义

公开信是将内容公布于众的信件。公开信可以笔写，也可以印刷、张贴、刊登和广播。其对象一般比较广泛，如“三八”妇女节写给全国妇女的公开信；“五四”青年节写给全体青年的公开信；也可写给一人，如廖承志写给蒋经国的公开信。不论是写给社会中的某一部分人或写给个人，从写信者的角度看，都希望有更多人的阅读、了解，甚至讨论信中的问题。信的内容一般涉及比较重大的问题，具有普遍的指导作用、教育作用和宣传作用。

5.6.2 公开信的种类

第一种，以领导机关、群众团体的名义，在纪念活动、传统节日或其他必要的情况下，给有关单位、社会阶层、集体、个人、发出的书信。这类公开信有问候、表扬、鼓励的作用。结构与普通书信基本相同。

第二种，领导机关、群众团体或个人针对某一问题写给有关对象的公开信。这类公开信有的是表扬，有的是批评，有的是倡导好风气，有的是提出建议。

第三种，是发给私人的公开信。由于某种原因，找不到收信人，而信又比较紧急，非发给本人不可。这类信通过报刊或广播公开发布，写信人和收信人双方就有可能取得联系。如路遇未留名的好人好事，需表示感谢；大陆与台湾失去联系亲人之间的寻亲信等，常以此种方式发出。这类信写法与普通书信相同，但由于要寄给报刊编辑部或广播电台、电视台，因此要注意写好信封。

5.6.3 公开信的写法

（1）以领导机关、群众团体的名义，在重大事件、纪念活动、传统节日里给有关单位、集体发出的书信。这种信有问候、表扬、鼓励的效果，如“五四”青年节给青年的公开信等。这类信的格式与普通书信格式基本相同。出于公开信的对象不只一两个人，而是一个团体、一类人，其内容与写法有很大的不同。

1）标题。正中写“公开信”三个字，或“×××致×××公开信”或不写。

2）称谓。针对发信的对象多寡和发信方式的不同，有的写集体的称呼，有的写个人姓名。在称呼之前，根据不同对象的身份特点。例如“尊敬的”“敬爱的”等字样。写在第一行，顶格，称呼后加冒号。

3）正文。另起一行，空两格开始。内容可分若干段落：

① 写关怀、问候、祝愿的话，给人以亲切，温暖的感觉。

② 热情赞颂收信人的品德、成绩、贡献及其影响，并使收信者深切地感受到发信者对他们的关怀。

③ 根据收信对象的共同特征，提出要求、希望，鼓励他们继续沿着正确的方向前进。

④ 以饱满、热烈的感情发出号召。

4）结尾。写上表示祝愿的话，如“此致敬礼”“妥否请参考”“祝进步”等。

5）署名。另起一行，在右下方写发信单位或个人姓名，下边写年、月、日。

（2）如果登在报纸上，为了引起有关读者的注意，可根据信的中心内容概括一个准确、醒目的标题，标题前边可冠以署名，标题后边加“一封信”的字样，如《×××关于×××给×××的一封信》这样在末尾就不必再署名。标题也可不署名，如《给×××的一封信》，这就要在末尾署名。

（3）有的信本来是私人信件，但由于某种原因找不到收件人的地址，而信的内容又很急切，非发给本人不可。这种信可通过报纸编辑的帮助登在报纸上，收信人如从报纸上看到对方的来信，双方便有可能取得联系。有的可以在电台上广播，使对方从广播中听到来信。如路遇好人好事需要表示感谢的；偶见不正之风须批评的；尤其是大陆同胞给台湾乡亲的信，海外侨胞给祖国人民的信等，常用这种方式发出。这类信的格式，基本上与普通书信相同。

5.6.4　注意问题

写好公开信，有如下几个问题须注意：

（1）考虑需要与可能，的确有写公开信的必要，的确有实现公开信所说的目标的可能。

（2）既要诚心诚意地将发表公开信的理由告诉读者，又要向读者灌输公开信的基本思想，切忌夸大其词。

（3）把握好发表公开信的最佳角度及最佳时间，使公开信取得很好的社会效果。公布某件喜讯、噩耗，求助，需要人们了解、消除影响的事情。

公开信是将不必保密的全部内容公布于众，让大家周知和讨论的信件。公开信的内容一般都具有普遍的思想意义和教育意义。一封好的公开信，在宣传中会产生较大的影响，它能促进人们积极参与，树立良好的社会风气，指导工作广泛开展和推动活动顺利进行。有的公开信可以在报上刊登，也可以在电台上广播。

【规范例文】

【例文 5-14】

森林防火致学生家长的公开信

尊敬的家长同志：

您好！学生的安全教育一直是我们学校教育的重中之重，为进一步加强学校安全教育工作，我们需要您的合作与支持。

由于中国传统清明节马上到来，森林火警预警高危不下，春季风干物燥，山林内可燃物多、春季野外生产用火活动多、烧荒烧地多、乱扔烟头多、上坟烧香烧纸多，是山林火灾事故多发期，也是森林防火的关键时期。特别是清明将至，每年因学生进山玩火而引发的火灾事故也占了很大比例，给社会和个人造成巨大损失。为切实做好春季森林防火工作，确保森林资源安全，防患于未然，我们学校和家长必须做大量工作。望家长配合学校做好以下工作。

一、森林防火事关人民群众生命财产、生态环境安全，各个家庭要提高对森林防火工作重要性、艰巨性和紧迫性的认识，配合学校做好子女的森林防火教育工作。

二、严格火源管理，切实消除火灾隐患。近期发生多起森林火警、火灾，都是人为造成的，因此，希望各家长配合学校强化火源管理，加强对学生的教育，加大监护力度，监督学生节假日、休息日的活动，不准搞任何形式的野炊，不准带火种进入山林游玩。万一发生森林火灾，严禁让学生参加扑灭山火活动。

三、加强宣传教育，提高防火意识。我校利用宣传栏、板报等各种宣传媒体，通过国旗下的讲话、集会、主题班会等形式，大力开展森林防火宣传教育活动，让广大师生树立森林防火，人人有责的意识，懂得造成森林火灾事故应承担的法律责任。我校每位同学都是义务防火宣传员，望各位家长配合学校充分发挥他们的作用，在村里进行森林防火宣传，在全社会营造一种重视森林防火工作的氛围。

希望家长同志协助做好学生思想工作，加强学生防火安全意识，杜绝学生引发火灾的事故发生！与此同时继续抓好学生饮食、交通、防溺水、防盗、防中毒等安全工作，强化学生的安全意识，确保生命和财产安全。合理安排学生休息日的活动，促进学生身心健康发展。

××镇×××学校

××××年××月××日

【课堂训练】

（1）什么是公开信？

（2）公开信有哪些？

【实训平台】

★问题诊断

下面是公开信中的一段，有什么不妥之处请指出。

你小子热衷于“美分党”身份，一手费尽心机推崇西方宪政，一手“口蜜腹剑”，搞历史虚无主义，企图通过歪曲编造、戏谑指责来反党反体制反社会主义。要知道，你小子的“小算盘”早已暴露得一清二楚，连日来数亿计的网民对你的控诉，不就代表了民意吗？你小子的狼子野心真是不小！

★思维训练

下面是一封网络博客中的公开信的一段话，思考后面的问题。

我们都知道，是人都会犯错误，但是我们更应该有勇气改正错误。基于此，我在此郑重地发表此公开信并要求您：三日之内向我道歉并删除您的博客中的那篇所谓的声明，否则，我将于本周星期天上午 11：00 在此博客公布新的证据。

您可能不想打什么官司，一场还未打就决定您输的官司您不感兴趣。当然如果您感兴趣，我的律师团队在等着您。

（1）这应该是公开信中的开头还是结尾？

（2）这里对对方的称呼始终使用“您”是出于礼貌还是尊敬？

★情景模拟

最近一段时间，在微信、微博等在内的网络平台上再次出现大量针对×××公司及其他知名品牌饮料产品的恶意诽谤信息，这些信息以耸人听闻的标题或内容，捏造所谓妇幼保健医院、幼儿园、学校的紧急通知，诬称×××等产品“因含肉毒杆菌被紧急召回”的信息。

这些虚假信息在网络上被大量转发，甚至一些地方还直接以书面传单方式传播，已严重损害了×××公司和产品的声誉，对此×××司一方面要采取法律手段予以回击，同时亦向社会公众和各级政府主管部门公开呼吁，希望引起各方重视，共同严厉打击网络谣言行为。为此×××公司准备在网上发表一封公开信。你能帮该公司拟写吗？

【写作训练】

某村卫生环境一直很差，为了建设美丽乡村，村委会决定写一封致全体村民的公开信。

项目6　传播文书

任务6.1　消息

【目标要求】

知识目标

（1）掌握消息的含义和用途；

（2）明确消息的特点和分类；

（3）知晓消息的适用范围。

能力目标

掌握消息的基本写法和要求。

素质要求

培养撰写消息的能力。

【案例分析】

富士康将在印度投资50亿美元建厂

（新浪科技讯）北京时间8月9日上午消息，富士康周六与印度马哈拉施特拉邦政府签订协议，将在未来5年内投资50亿美元，在当地新建一处电子制造工厂。

富士康创始人郭台铭和马哈拉施特拉邦首席部长德文德拉·法德纳维斯（Devendra Fadnavis）在孟买签订了这一协议。富士康的这一决定将是对印度总理莫迪“印度制造”战略的支持。根据这一战略，作为亚洲第三大经济体的印度将发展成为一个制造业大国。郭台铭表示，富士康正在当地寻找合作伙伴。他拒绝透露，富士康是否将在这一工厂生产手机。在印度建设制造工厂有助于富士康应对中国工人工资上涨的压力。目前，富士康的iPhone代工业务大部分位于中国。

郭台铭上周二在新德里表示，他考虑在印度多个邦建设制造工厂，并与本地公司结为合作关系。目前印度是全球增长速度最快的智能手机市场。郭台铭今年5月还表示，到2020年，富士康计划在印度建设10~12处设施，包括工厂和数据中心。

法德纳维斯表示，富士康工厂将给当地创造约5万个工作岗位。在高峰时期，富士康的员工总数达到约130万人，是全球规模最大的私人雇主之一。

【评析】

这是一则发生在2015年的事件，报道中标题简明扼要，基本陈述了事件主要内容；导语将更加具体的信息予以披露，让人对事件的概貌有一个基本了解。主体当中详细介绍了事件的经过，并以事件涉及的主要人物的表态使事件描述更加生动具体，其中也交代了一些背景资料。结尾处揭示事件产生的影响。

总体来说，这是一篇结构完整、要素齐全的消息，篇幅虽短，内容却十分丰富。

【知识提要】

6.1.1 消息的含义

消息是狭义新闻的理解，想要了解消息，先要了解什么是新闻。新闻一词早在唐代就已出现。《旧唐书》卷一九二中，孙处玄有言“恨天下无书以广新闻”。“新闻”的定义，众说纷纭，莫衷一是。国内外学者关于“新闻”的定义，“少说也有几百种”。

6.1.1.1 新闻定义的几种主要说法

“报道说”，把新闻看作是一种报道或传播活动。“新闻是已经发生或正在发生的事实的报道。”（［美］卡斯柏·约斯特）“新闻是对新近发生的事实的真实报道。”（陆定一）

“事实说”，把新闻看作是一种事实。“新闻者，乃多数阅者所注意之最近事实也。”（徐宝璜）“新闻就是广大群众欲知、应知而未知的重大事实。”（范长江）

“功能说”，把新闻归结为媒介的功能。“新闻就是把最新的事实和现象在最短的时间间距内连续地介绍给最广泛的公众。”（［德］道比·法特）“新闻是根据自己的使命对具有现实性的事实的报道和批评。”（［日］小野秀雄）

“反常说”，把新闻看作是一种反常情况。“狗咬人不是新闻，人咬狗才是新闻。”（［美］约翰·博加特）“好消息便是坏新闻，坏消息便是好新闻。”（［美］查尔斯·丹纳）“新闻是建立在三个‘W’——Woman（女人）、Wampum（金钱）、Wrongdoing（坏事）——基础上的事实。”（［美］斯坦利·瓦利克尔）

“手段说”，把新闻看作是一种手段。“新闻是报道或评述最新的重要事实以影响舆论的特殊手段。”（甘惜分）

在现当代新闻学研究中，不少学者也习惯于将“新闻”一词分作多种指向：一是当名词用，指新闻信息和新闻作品；二是当动词用，指新闻报道及其相关的新闻活动；或者把“新闻”分为狭义和广义两种界定——狭义的新闻指称新闻本源；广义的新闻则包括新闻和新闻报道，以及与之相关的新闻活动和新闻事业。

6.1.1.2 新闻不同于新闻报道

新闻是新闻报道的对象，新闻报道是对新闻的传播。在这里，新闻是本源，是新闻报道传播的客体和内容；新闻报道是新闻媒介和新闻记者对新闻的传播，是新闻赖以传播的载体和表现形式。

新闻是新近发生事实的信息，它是不以人的意志为转移的一种客观存在；“新闻报道”则是人们通过声音、文字、图像等形式对于新闻的传播。

6.1.1.3 新闻不等于事实

（1）新闻≠事实（事物的客观存在）：新闻→客观事物在运动中释放出来的最新信息。

（2）新闻报道≠新闻：新闻报道→传播者对于新闻信息经过选择之后的传播。

6.1.2 消息的要素

（1） “五 W”说。1902 年，英国诗人吉布林写了这样一首诗：“I have six honest serving men. They taught me all I knew. Their names are where and what. And when and how and why and who.” 1903 年，美国新闻学教授休曼在他撰写的一篇新闻学论文中提出，新闻报道必须具备“五 W”—— What、Who、Where、When、Why，即何事、何人、何地、何时、何故。

（2）“七 W”说。在“五 W”基础上，再加上“什么话”“什么结果”。在我国新闻界影响最大的是：“五 W”，曾一度被奉为“新闻五要素”。

6.1.3 消息的特点

（1） 真实性。真人真事，有了真实性，就可以将新闻报道与文学创作及那些虚假新闻报道区别开来。

（2） 新鲜性。时间上是新近发生的，内容上是新鲜的。对于受众，它是从未知晓或者知之甚少因而渴望及时知晓的新鲜信息；对于采集者，它是别的采集者尚未触摸过、尚未采撷过的新鲜信息。

（3） 及时性。及时传播出去。否则，新闻也将变成旧闻。

（4） 重要性。有关国计民生的重大问题，是突出的、有代表性的、有重要意义和价值的事情。其重要性与生活琐事（生活中的闲言碎语）相区别。

（5） 接近性。主要有以下三个方面：从地域关系来说，在差不多同样重要的事情中，发生在与受众最接近的地方的事件最有新闻价值；从利害关系来说，越是与受众利益相关的事情，越是能够直接影响受众的生活的事情，其新闻价值越大，就越是为受众所关心；从时间关系来说，越是与受众最近的生活发生影响的事情，越是与受众最接近的利益息息相关的事情，其新闻价值就越大，就越是为受众所关心。

（6） 人情性。触动人们产生怜悯、同情、憎恨等情感的事物和事件，激发读者爱、恨、同情、怜悯、好奇、气愤、悲痛之类的情感。

（7） 趣味性。对受众性情和趣味的冲击力。从心理学和社会学相结合来说，好奇探胜是人类的天性，人们对于异常性、对抗性、冲突性的事物和事都具有趣味性，都能引起受众的关注。

6.1.4 消息的种类与结构

6.1.4.1 消息的种类

消息的种类分为动态消息、综合消息、经验消息、评述性消息。

（1） 动态消息。动态消息是迅速而准确地报道新近发生的国际、国内重大事件、重要的活动和各项建设中最新出现的新情况、新动态、新成就、新问题的一种文体。它是报纸上使用最多的一类。重大新闻的简讯都属于动态消息。重大新闻，指事件重大、意义深远，报道时在报纸上占显著位置的消息。

（2） 典型消息。典型消息也叫经验消息，它是对一些具体部门、单位、行业的典型经验、成功做法集中报道的一种文体。这种消息是在介绍经验、做法之后，总结经验，揭示规律，以达到以点带面、推动工作的目的。

（3）综合消息。综合消息是把发生在不同地点、不同单位、各具特色、性质相同的事实综合在一起，并体现一个主题的报道。它的特点是在综合、概括事实的基础上，进行分析，提出见解，揭示规律。

（4）述评消息。又称“记者述评”“新闻述评”。是一种兼有消息与评论作用的新闻。它是在陈述事实的基础上，穿插评论或抒发感慨，从而分析说明所报道事实的本质和意义。它的特点是边叙边评，要求以国家的方针政策为依据，针对事实进行评说，要观点正确，评论得当。

6.1.4.2 消息的结构

消息的结构通常包括标题、导语、主体、背景、结尾5个部分。但并不是每条消息都要完全具备这5个部分，有时可根据情况省略其中的背景部分或结尾部分及导语部分。

从结构布局上看，消息通常可分为两种：倒金字塔式及金字塔式结构。最常用的是倒金字塔式结构。

（1）倒金字塔结构。“倒金字塔”结构的第一段是导语，是最重要的新闻事实概括，然后按照新闻事实的重要程度依次写下去。

倒金字塔式结构不是根据事件发生、发展的时间顺序来安排层次段落的，而是根据事实的重要程度或受众的关心程度来决定段落顺序的。它要求把最重要、最新鲜或最精彩的新闻事实放在消息的开端，即新闻导语里面。其他事实也是按先重后轻、先主后次的顺序来安排的。它多用于事件性新闻的写作。

倒金字塔结构的主要优点：最能体现新闻性；开门见山，概括性强；切合读者心理，并能引起“新闻欲”；便于编辑处理稿件和制作标题，便于记者增加新的重要事实材料。

倒金字塔结构的缺点：过于标准化、程式化，缺乏多样性，往往略输文采，愈到后面愈显得无力，有“虎头蛇尾”之嫌；比较容易出现标题、导语、主体“三重复”的现象。

（2）金字塔结构。金字塔结构是按事情发生的始末，即依时间顺序安排材料的一种消息结构形式。事情的开始和结束就是新闻的开头和结尾。

金字塔结构的主要优点：行文构思比较方便；可以保持事实比较完整的故事性；容易清楚地反映出新闻事件原委始末的脉络。

金字塔结构的缺点：可能比倒字金塔的篇幅多一些；容易显得平铺直叙；有些题材从头说起，容易显得平淡或缺乏新鲜感。

6.1.5 消息的要素

6.1.5.1 消息头

报纸上刊登的消息，其开头部分往往冠以“本报讯”“××社××地×月×日电”，就是消息头，消息头是消息的标志。

（1）讯。主要是指通过邮寄或书面递交的形式向报社传递的新闻报道。

（2）电。主要是指通过电报、电传或电话的形式向报社传递的新闻报道。

它是版权所有的一种标志，表明新闻来源，以利读者判断。消息头与新闻发布单位的声誉紧密联系，消息头是消息的基本特性之一。

(3) 消息头要素：播发新闻单位的名称（多数是简称）、播发新闻的地点和播发新闻的时间、播发新闻的形式。

6.1.5.2 标题

(1) 标题的结构：

1) 单一型结构。只有主标题，没有辅助标题。单一型结构的标题多数是一行题，也可以是两行题、三行题。

2) 复合型结构。除主题外，还有辅题，即引题、副题或两者都有。复合型结构的标题都是多行题。

(2) 引题与副题的作用及写法。

1) 引题交代背景和原因；用以说明正题的意义和内容；以鼓励、揭示、含蓄、抒情、讽刺等手法来加强正题的气氛和力量。引题文字少于副题，字号小于正题，也叫肩题、眉题、上副题。

2) 副题补充正题不足，它放在主题的后面，常用来补充交代新闻的次重要事实，说明正题的根据、背景、来源或结果，起注释、补充、深化、引证、完善正题的作用，内容较多，较为具体，文字一般长于引题和正题，字号小于正题，字号最小。

6.1.5.3 导语

导语是消息开头用来提示新闻要点与精华、发挥导读作用的段落。导语要素“六要素”：时间（When）、地点（Where）、人物（Who）、事件（What）、原因（Why）、结果（How）。

(1) 部分要素。根据新闻特点，选取一两个最能激起受众兴趣、突出新闻要点的要素写进导语。

(2) 导语基本类型。概述式、描写式、议论式、橱窗式。

6.1.5.4 主体

主体是在导语之后对导语进行解释、补充、伸展的主干部分。主体的作用有：解释导语提出的问题，展开导语中交代的事实，补充导语中没有交代的事实。主体部分的结构形式有：纵式结构，横式结构，纵横结合式结构。

主体的写作顺序有四种。一是按时间顺序写出事件的发展，使读者对事实的来龙去脉有一个鲜明清晰的印象。二是按空间的变换安排层次，也叫分镜头式写法。这种写法富有形象感和立体感，读者可以从不同的角度窥视新闻事实。三是按事物的逻辑关系安排层次。新闻事实存在因果关系，在安排材料时，先以事实提出问题，然后由原因写到结果，即问题的解决。四是要紧扣导语，但又要避免重复。

6.1.5.5 背景材料

背景材料是指新闻事件发生的历史条件和环境材料。新闻写作中常用背景材料来烘托、深化主旨，帮助读者认识所报道的事实性质和意义。

背景在消息中没有固定的位置，它可能在主体之后，也可能在主体之前，还可能在主体之中；它可能独立构成消息的一个部分，也可能零星地分布在消息的各个部位，甚至还可能独立地出现。背景甚至不是每一则消息都必须具备的。

6.1.5.6 结语

结语即结尾，是消息的结束语。消息的结尾不一而足。并不是所有的消息都有结尾。

【规范例文】

【例文6-1】

贵州六盘水山体滑坡6人遇难，应急管理部工作组赴现场指导救援

人民网北京7月24日电（记者孝金波）7月23日21时许，贵州省六盘水市水城县鸡场镇发生一起山体滑坡，21幢房屋被埋。当地立即组织抢险救援，截至24日6时，已救出17人，其中11人生还、6人遇难。目前，抢险救援正在紧张进行，灾情仍在进一步核查中。

接到报告后，应急管理部党组书记黄明、带班部领导孙华山立即赶到部指挥中心，直接与现场视频连线，持续调度，指导帮助地方政府全力开展抢险救援。黄明要求，要按照中央领导同志批示精神，全力搜救失联人员、救治伤员，尽快核清失联人数，最大限度减少人员伤亡；要强化地质、气象监测，防止次生灾害发生，确保救援人员安全；各地要举一反三，深入开展山洪、滑坡、泥石流等灾害防御工作。应急管理部连夜启动应急响应，派副部长郑国光带领与自然资源部组成的联合工作组赶赴现场，指导协助当地政府开展处置工作。

截至24日6时，贵州省消防救援总队247名指战员、9支矿山救护队257人、贵阳隧道救援队56人，携带搜救犬、生命探测仪已到达现场开展处置。救援队伍到达现场后立即进行地毯式搜索定位，设立警戒区和安全哨，并将现场划分为5个救援点，采取挖掘、破拆、撑顶等方式开展抢险救援。

【例文6-2】

人民日报：让“互联网+教育”健康发展

作为“互联网+教育”的重要形态，线上教育培训的规范发展对于推动整个在线教育行业健康、有序发展至关重要。

日前，教育部、中央网信办等六部门联合发布《关于规范校外线上培训的实施意见》（以下简称《意见》），首次从国家层面为校外线上培训定规矩，也为这一行业的规范发展提供了政策依据，为保障线上培训健康发展树立了航向标。该《意见》出台，也巩固了去年以来开展的校外培训机构专项治理行动的成果，彰显了线上线下统筹管理、同步监管的治理思路。

近年来，通过互联网面向中小学生开展的学科类课外培训发展迅猛。这种培训，价格相对较低、时间场地相对灵活、覆盖面广，采取一对一、一对多等多种在线教学方式，满足了个性化、定制化需求，受到不少家长和学生的青睐。但问题也随之出现，有的培训平台存在低俗有害信息或与学习无关的网络游戏等内容；有的培训内容以应试为导向，超标超前，不符合教育规律；学科类培训人员素质参差不齐，有的缺乏基本教育教学能力；还有的机构，培训预付费过高、合理退费难，用户消费风险大……良莠不齐、泥沙俱下，影响了在线教育的质量。

一边是基于互联网的创新优势和旺盛的需求，一边是新兴业态发展初期的问题频现，需求与挑战同在，折射出当前我国校外线上培训规范治理的多元性与复杂性，也考验着相关管理部门的智慧。为在线教育的未来发展铺轨道、指航向，助力其不断提高培训的科学性、规范性和适宜性，既需要在规范治理过程中不搞一刀切、急刹车，也需要积极创新，用互联网的思维方法解决互联网的问题。

正是基于这样的背景，《意见》在坚持育人为本和依法规范的前提下，吸收借鉴校外线下培训机构管理经验，采取了“互联网+监管”的新模式。建设全国校外线上培训管理服务平台、建立黑白名单制度、要求保留教学影像和数据信息……一系列举措实现了动态监管、有据可查，正是为了打造一个政府科学监管、培训有序开展、学生自主选择的发展格局。

新一代信息技术的发展正为教育带来新的发展契机。大山中的孩子可以同步接受优质教学与教育资源，有学习困难或障碍的学生可以获得个性化辅导，不同地区的学生可以进入同一个“课堂”协作学习，教育管理者可以从大数据中获得教、学、评、测的全链条信息……以大数据技术和人工智能技术为代表的互联网技术为促进教育公平、提高教育质量、实现个性化教育带来了新的可能。把科技创新作为引领力量，充分调动各方面，特别是企业界、产业界的积极性，改革教学方法和教育评价体系，推动深度学习、跨界融合、人机协同、助力实现因材施教，这样构建起来的，将是一种面向未来的智能化教育体系。

作为“互联网+教育”的重要形态，线上教育培训的规范发展对于推动整个在线教育行业健康、有序发展至关重要。期待以这次规范意见的出台为契机，进一步发挥政府、社会、行业的多方合力，让在线教育的监管更科学、行业更自律、内容更先进，从而促进“互联网+教育”的持续健康发展，为教育发展打开更大空间。

【课堂训练】

（1）消息都有哪些分类？

（2）消息的背景资料在固定的位置吗？

【实训平台】

★问题诊断

下面一则消息，根据所学相关知识，仔细阅读，指出不当之处。

美国南部遭遇历史性洪灾数千人被疏散

暴雨持续在美国南方多州肆虐，2518 多万居民遭受历史性洪灾威胁，截至目前造成至少 3 人溺亡，约有数千居民被迫疏散离开家园。国家气象局气象学家汉斯福德表示，路易斯安那州出现史上最严重的洪水，很多道路被冲断，数百户房屋遭淹没。人口稠密的博希尔城河口地区超过 3529 户居民被紧急疏散，因为河湾水位接近警戒线，很可能冲破大堤。路易斯安那州州长爱德华兹宣布多个州内教区进入紧急状态，并派遣国民警卫队施援。联邦紧急事务管理局说，至少 9 千户居民失去电力，多所学校关闭。

★思维训练

(1) 消息的结构和要素一样吗？你说一说。

(2) 怎样区分典型消息和综合消息？

(3) 在消息的写作中背景资料一定要有吗？谈一谈你的看法。

★情景模拟

2015 年是抗战胜利 70 周年，请模拟新华社播音员播发下面这则消息。

我国将举行阅兵式纪念抗战胜利 70 周年

(据新华社 8 月 7 日电) 昨日，外交部在答记者问时确认，我国将在北京隆重举行纪念抗战胜利 70 周年庆祝活动，包括纪念大会、阅兵式、招待会和文艺晚会，习近平主席等领导人将出席。我国将邀请有关国家领导人及国际组织出席相关活动。

按照惯例，国庆每逢五、逢十周年，我国都会举行相关纪念活动。尽管之前已经在国庆举行过 14 次阅兵，但选择在抗战胜利纪念日阅兵还是第一次。

【写作训练】

就学校举行的一些大型活动写一篇报道。

【知识链接】

消息与信息的区别

信息与消息乍一看并无多大区别，但仔细分析，它们之间却有一些明显的差异。信息，对于在座的大家都比较熟悉，乡镇、县直单位都要向本级、上级党委政府报写信息，这个叫政务信息，它是用较短的篇幅、最简洁的文字，及时准确反映政府、单位工作运转情况，以及与政务活动有关的新情况、新问题，供领导决策和管理的信息形式。而消息则是新闻的主体，是传播新近发生事件的报道。消息比较复杂一些，而信息则相对简单一些。

第一，从形式上看，消息的标题完整而全面，消息可以有引题、主题和副题，而信息却只有主题，一般没有副题，只有在特殊人物的身份需要说明和对科技信息需要补充说明两种特殊情况，才有副题，但绝对不能有引题。因此，信息要采用单标题，即只有一个主标题，特殊情况可以有副标题。另外，任何消息都有讯头，新闻消息的讯头用来标明消息的来源，而信息不需要讯头，不需要刻意标明作者获取信息的具体地方。

第二，从内容上看，虽然信息与新闻消息都有导语，且导语的形式大多采用“倒金字塔式”结构，即在文章开头的那一段，把最重要、最新鲜的事实放在最前面，其他内容依重要与新鲜程度顺序排列。在信息化社会的今天，人们要求用最短的时间得到最大和最多的信息。但是一般新闻消息的导语或主体部分可以有新闻背景，甚至有一些细节，而信息则要求直接切入正题，不做过多的展开，直来直去，言简意赅。

第三，从语言风格上看，信息语言要求朴实、简洁、明快，不需要过多的修饰用语，信息讲求一个“短”字，行文有一说一，有二说二，不求说得多深多透，只告诉受众是什么不是什么，只求点到为止，既在“短”字上见真功夫。因此，对信息的基本要求是：信息字数虽少，但内涵要丰富，字数少，要求不摆“龙门阵”，只登“豆腐块”。信息短而实，不在乎有多长，三言两语、直截了当，把事情说清楚，抓住主要矛盾，给人以一清二楚的印象即可。而消息则可以多做渲染和铺垫，还有对背景材料的灵活应用。

在日常生活中，人们也常常错误地把信息等同于消息，认为得到了消息，就是得到了信息。例如，当人们收到一封E-mail，接到一个电话，收听了广播或收看了电视等等，就说得到了“信息”。确实，人们从接收到的E-mail、电话、广播和电视的消息中能获得各种信息，信息与消息有着密切的联系。但是，信息与消息并不是一件事，不能等同。消息中包含信息，是信息的载体。得到消息，从而获得信息。在我们写作过程中如何处理消息和信息呢，其实很简单：向新闻媒体投稿就写消息，向上级部门就报信息，消息可改成信息，信息稍为加工一下可改成消息，两者兼顾，这就解决了有些同志说的既要完成新闻报道任务，又要完成信息报送任务，没有时间写的问题。

任务6.2 通讯

【目标要求】

知识目标

(1) 掌握通讯的含义和用途；

(2) 明确通讯的特点和分类；

(3) 知晓通讯的适用范围。

能力目标

掌握通讯的基本写法和要求。

素质要求

培养撰写通讯的能力。

【案例分析】

我校2018年“飞扬梦想，唱响青春”迎新晚会取得圆满成功

9月6日，“飞扬梦想，唱响青春”迎新晚会在礼堂隆重举行。校党委书记于××，学校工会、教务处、学校团委、学工处、保卫处、总务处等部门负责人和各分院学生及学生会干部应邀出席晚会。

迎新晚会是校团委“三节一晚会”的重要组成部分，更是新生入校后参与的第一个大型文艺活动。在晚会筹备过程中，校团委高度重视，大学生艺术团和各学院选送的演员精心准备、刻苦彩排。经过了一个多月时间的精心准备与策划，晚会最终激情上演并取得了圆满成功。

晚会得到学校各部门的大力支持和帮助，保卫处的同志在整台晚会的进行中做了大量的安保工作，总务处的同志对晚会的用电给予了可靠保证，正是全校各部门的通力合作和密切配合保证了晚会的顺利进行。

迎新晚会是我校校园文化建设成果的一次展示，是校园文化活动的总动员，是对学生进行爱校教育的有效载体。晚会节目丰富，使在场的每一个人都融入到了晚会的气氛之

中。韩舞、歌曲联唱、民族舞等让在场的所有观众感受到了青春的激情与活力。小品《虎虎生威》改编自我校学生的真实故事，给大家带来了欢声笑语和无限感动。短剧《中华军魂》体现了当代军人风采。最后晚会在《一起飞》的歌声中结束。

演出结束后，于××书记和所有参加晚会地老师亲切地与演职人员握手，并合影留念。2018年的迎新晚会意义非凡，它是在校老生对新同学的欢迎仪式，更是母校对新一代大学生校友的祝福。希望2018级新生开启大学生活的新起点，飞扬梦想，唱响青春，用激情和汗水铸就学校更美好的明天！

【评析】

这是一篇事件通讯，从标题中可以看出事件的主题是迎新晚会。导语中交代事件发生的时间、地点及参加人。主体当中介绍本台晚会的背景及相关部门的劳动付出，同时也介绍了晚会的演出情况。结尾处揭示了本事件的深远意义。

【知识提要】

6.2.1 通讯的含义

通讯，是运用叙述、描写等多种手法，具体、生动、形象地反映新闻事件或典型人物的一种新闻报道形式。它是记叙文的一种，是报纸、广播电台、通讯社常用的文体。同消息相比，具有文学性、评论性和完整性等特征。

6.2.2 通讯的特点

通讯的特点包括严格的真实性、报道的客观性、较强的时间性、描写的形象性。

6.2.3 通讯的种类

按内容分，通讯一般分为人物通讯、事件通讯、概貌通讯、工作通讯。

按形式分，通讯分为一般记事通讯、访问记（专访、人物专访）、小故事、集纳、巡礼、纪实、见闻、特写、速写、侧记、散记、采访札记。

（1）人物通讯。所谓人物通讯，就是以报道社会先进人物为主的通讯。它着重揭示先进人物的精神境界，通过写人物的先进事迹，反映出人物的先进思想，使之成为社会的共同财富。同时，也报道转变中的人物和某些有争议的人物。“金无足赤，人无完人”，在写作时切不可把先进人物写成从来没有过的大智大勇、十全十美，写人叙事应力求言真意切、恰如其分。

（2）事件通讯。所谓事件通讯，就是报道典型的、有普遍教育作用的新闻事件。写事当然离不开事件有关的人，但它不像人物通讯那样着力刻画人，而是以事件为中心，在事件的总画面中，为了写好事来写人。它既可以反映现实生活中发生的重大的、振奋人心的典型事件和突出事件；也可以从某一新闻事件截取一个或若干个片段，进行细致详尽的描述，揭示事件的深刻含义；还可以是若干事件的综述。

（3）概貌通讯。所谓概貌通讯，也称风貌通讯，是勾勒某一地区、某条战线或某个单位面貌变化的一种通讯。报刊上标以“见闻”“巡礼”“侧记”“纪行”一类字眼的通讯文章，大体皆属概貌通讯。概貌通讯是应用文写作中的一个重要文体，它是以报道神州大地新风貌为主要内容的通讯，它呈现给读者的是某地的新变化、新气象、新面貌，能开阔读者的视野，振奋读者的精神。

（4）工作通讯。所谓工作通讯，就是反映贯彻执行党的路线、方针、政策中的成绩，总结实际工作中的经验和教训，或者探讨有争议的亟待解决的问题的报道。它是报纸上经常运用指导工作的重要报道形式，是一种重要的应用文体，也是应用写作学科研究的重要文体之一。它的政策性、指导性较强，要求写出背景、做法、成就、经验、教训，概括出带有规律性的东西。它比典型的报道更详尽，比工作总结要具体生动，富有文、情、理之长。

6.2.4　通讯的写作

第一，主题要明确。有了明确的主题，取舍材料才有标准，起笔、过渡、高潮、结尾才有依据。

第二，材料要精当。按照主题思想的要求，去掂量材料、选取材料；把最能反映事物本质的、具有典型意义的和最有吸引力的材料写进去。

第三，写人离不开事，写事为了写人。写人物通讯固然要写人，就是写事件通讯、概貌通讯、工作通讯，也不能忘记写人。当然，写人离不开写事。离开事例、细节、情节去写人，势必写得空空洞洞。

第四，写作方法可灵活多样。除叙述外，可以描写、议论等写法，只要运用得当即可。也可以穿插人物对话、自述和作者的体会、感受，既可以用第三人称的报道形式，也可以写成第一人称的访问记、印象记或书信体、日记体等。

第五，角度要新颖。通讯所报道的新闻事实，可以从各个不同的角度去观察，去反映，诸如正面、反面、侧面、鸟瞰、平视、仰望、远眺、近看、俯首、细察……角度不同，印象各异。若能精心选取最佳角度去写，往往能使稿件陡然增添新意，写得别具一格、引人入胜。

【规范例文】

【例文 6-3】

劳动者之歌“五·一”我在岗

四川新闻网广安 4 月 30 日讯（王黎李小龙报道）家人聚会，唯独缺少他们的身影，他们放弃休息时间，放弃陪伴家人时间，放弃“五·一”小长假，始终坚守岗位，只为守卫平安，只为确保社会平稳。

“五·一”是劳动者的节日，为了让广大群众过一个愉快的小长假，许多人一如既往坚守在自己的岗位上。在广安经开区公安局以及辖区各个派出所，市民和村民们都会看到一群形象亲和的警察在执勤。他们用耐心、细心、热心，给予群众周全的服务，他们是服务群众道路上一道靓丽的风景。而公安机关，这支工作“白加黑，五加二”特色队伍，造就了无数个劳动先进工作者，人民警察为了社会的安宁，百姓的幸福安康，在这关键时刻显现出独特的魅力。

一身庄严的警服，扎着干练的马尾辫，在经开区新桥乡，董红是乡上唯一的女警，承担了新桥乡派出所的内勤和户籍室工作。"五·一"期间，她三天轮值一次24小时班，作为人妻、作为人母，她难得回一趟家，已上学的儿子都用陌生的眼光怯怯地盯着，不敢也不愿靠近她。

"五·一"前夕，护安派出所杨伟宏在他排满的日程安排中，给学生们宣传假期安全防范知识被他列为重要事项，为此他专门来到护安小学给学生上了一堂法制安全教育课。

4月30日，周红琳照常上班，此时她正在认真巡查对比"一标三实"信息。"情为民所系，利为民所谋，团结才聚力量"是她经常挂在嘴边的话。罗光平是一个患有帕金森和脑血管分散的患者，其夫谯永林患有糖尿病和心脏病，儿子还在读小学，家里就靠谯永林身体状况好时出去挣点钱来维持一家三口的生活。周红琳几年来一直利用空余时间关心帮助罗光平一家。

4月30日，周娇像以往一样，早早地赶到了办公室，撰写工作简报。作为职工，虽然不是正式民警，但她时刻以一名正式民警在严格要求自己，学习钻研，不断提高自己，适应工作要求。

4月30日，周兴萍来到岗位上，在做完平时没有干完的工作之余分析案例。周兴萍作为政法大学法学专业毕业的女警，在乡镇派出所户籍岗位上默默无闻地干了5年，年初被调整到刑侦大队工作，为了适应工作需要，她必须重新拿起法律书本，不断钻研，不断提升。

"五·一"期间，刑侦大队安排3人坚守岗位，确保一有刑事案件发生，能快速处置。与往年一样，今年新桥派出所安排足够警力值班，确保一有警情能及时处置。

【课堂训练】

(1) 通讯分为哪几类?

(2) 通讯和消息有哪些区别?

【实训平台】

★问题诊断

下面是一篇人物通讯，根据所学相关知识，仔细阅读，请指出不当之处。

这个头，带得好

——访"冬暖式大棚菜之父"王乐义

白衬衣，黑裤子，黝黑的脸上透着山东大汉标志性的忠厚。眼前这位农民，就是被誉为"冬暖式大棚蔬菜之父"的全国优秀共产党员王乐义。

2015年4月7日下午，正在寿光市考察的×××书记来到三元朱村。在一间蔬菜大棚里，听完菜农王友德讲述村党支部书记王乐义带领群众种大棚"发大财"的经过后，×××书记说："王乐义这个头带得好!"

早在1978年，王乐义刚担任村支书，就"冒冒失失"闯进山东农学院请来园艺专家李正之教授，将400亩荒岭改造成了"花果山"，村民们从此吃上了饱饭，有了点闲钱。可王乐义不知足，一直在找一个土里刨金的好法子。

1990年，寿光市成立冬暖式大棚推广领导小组，王乐义任技术总指导，挨家挨户地跑，当年建起5130个大棚。从此一发不可收，他跑遍全省，走进全国15个省市区。村里的上百名技术员则像种子一样，撒向了20多个省份。

现在“王乐义引发了蔬菜生产的‘白色革命’，进而引发了餐桌上的‘绿色革命’”。“他是蔬菜界的袁隆平!”寿光市农业局蔬菜站站长刘良琪谈到“菜王”王乐义时就说，那就是一个传奇。

★思维训练

(1) 通讯有什么特点?

(2) 人物通讯和事件通讯最大的区别是什么?

★情景模拟

学校为纪念“一二·九”运动将开展系列活动，根据活动开展情况，拟写一篇通讯稿。

【写作训练】

请以身边的好人好事为素材，拟写一篇人物通讯。

【知识链接】

通讯和消息的区别

一篇优秀的通讯都能缩写成一篇消息。从内容上看，消息主要以报道事件为主，向人们报道新近发生的事，通讯报道的是人，写人的思想及实践活动。即使是事件通讯也要事中见人，因为事情是人做出来的，围绕着事件，刻画出与事件有关的人物的形象，通过写事来写人，表现人的思想、感情和精神世界。消息只简单地报道发生了什么事，不多写情节，也就是说没有铺开来写。通讯比较详细，具体报道前因后果，展示情节。篇幅来说消息较短，简洁明快，通讯具体、细腻、形象。消息立足于让受众“早知道一点”，通讯立足于“多知道一点”，所以消息是打电报，要快；通讯是写信，要详细。

从结构来看，消息为了吸引受众，往往把最主要、最新鲜的东西放在前面，把最精彩的东西放在导语里，呈倒金字塔结构。通讯则不一样，围绕主题，把材料串起来，有故事情节，有细节材料，从头到尾都一样，全部都一样重要。可以按时间来写，也可以用因果关系来写，还可以纵横交错。

从新闻时效来说，消息强调的是迅速，快。通讯则要求没有这么严。信息量上消息单薄一点，通讯丰满一点；信息深度上，消息简单一点，通讯深一点。

任务6.3 广告

【目标要求】

知识目标

(1) 掌握广告的含义和用途;

(2) 明确广告的特点和分类;

（3）知晓广告的适用范围。

能力目标

掌握广告的基本写法和要求。

素质要求

培养撰写广告的能力。

【案例分析】

农夫山泉——农夫山泉有点甜。

【评析】

20世纪末，娃哈哈、乐百氏以及其他众多的饮用水品牌大战已是硝烟四起，在娃哈哈和乐百氏面前，刚刚问世的农夫山泉显得势单力薄，由于农夫山泉只从千岛湖取水，运输成本高昂。农夫山泉在这个时候切入市场，并在短短几年内抵抗住了众多国外国内品牌冲击，稳居行业三甲，成功要素之一在于其差异化营销之路，而差异化的直接表现来自“有点甜”的概念创意——“农夫山泉有点甜”。

农夫山泉的水来自千岛湖，是从很多大山中汇总的泉水，经过千岛湖的自净、净化，完全可以说是甜美的泉水。但怎样才能让消费者直观形象地认识到农夫山泉的“出身”，怎样形成美好的“甘泉”印象？这就需要一个简单而形象的营销传播概念。

“农夫山泉有点甜”并不要求水一定得有点甜，甜水是好水的代名词，正如咖啡味道本来很苦，但雀巢咖啡却说味道好极了说明是好咖啡一样。“甜”不仅传递了良好的产品品质信息，还直接让人联想到了甘甜爽口的泉水，喝起来自然感觉“有点甜”。

【知识提要】

6.3.1 广告的含义

广告，即广而告之之意。广告是为了某种特定的需要，通过一定形式的媒体，公开而广泛地向公众传递信息的宣传手段。广告有广义和狭义之分，广义广告包括非经济广告和经济广告。非经济广告指不以盈利为目的的广告，又称效应广告，如政府行政部门、社会事业单位乃至个人的各种公告、启事、声明等，主要目的是推广；狭义广告仅指经济广告，又称商业广告，是指以盈利为目的的广告，通常是商品生产者、经营者和消费者之间沟通信息的重要手段，或企业占领市场、推销产品、提供劳务的重要形式，主要目的是扩大经济效益。我们要学习的广告就是这一类广告。

6.3.2 广告的要素及特点

（1）广告的要素。以广告活动的参与者为出发点，广告构成要素有广告主、广告公司、广告媒体、广告信息、广告思想和技巧、广告受众、广告费用及广告效果。

以大众传播理论为出发点，广告信息传播过程中的广告构成要素主要包括广告信源、广告信息、广告媒介、广告信宿等要素。

（2）广告的特点。广告不同于一般大众传播和宣传活动，有其自身的特点，主要表现在传递性、有偿性、说服性、连续性和指导性。

6.3.3　广告的表现形式

我国有着 5000 多年文明史，经历了长达 2000 多年的封建社会。封建社会虽然以自给自足的自然经济为主，但也存在着一定程度上的商品经济。与不太发展的商品经济相适应，也出现了形式简单但富于民族特色的广告活动。

早在公元前 3000 年，我国开始有了交易活动。由于农业、畜牧业和手工业的发展，产品出现剩余，部落之间偶尔进行以物易物的物品交换，如以布换羊羔，锄具换大米等。这就是原始的实物广告。进入奴隶社会和封建社会后，物品更为丰富，实物广告随之增长。

在兜售商品时，通过卖啥吆喝啥来吸引买主，称为叫卖广告。如卖油翁一边敲“梆子”，一边吆喝“卖油啰”。叫卖之声，清晰悦耳，且不同的行业，叫卖声各有特点。这种叫卖广告说明了广告与音响的关系，它是音响作为广告要素的原始形态。

招牌主要用以表示店铺的名称和记号，又称“店标”，其中有横招、竖招、墙招、坐招等等，把字号题写在门、柱、屋檐、墙壁或柜台上。招牌形式比较固定，但文辞各有千秋。如北京“全聚德”“六必居”“同仁堂”等。老字号招牌，实际上已成为经营者的品牌标志，流传至今，比如“王麻子剪刀”“狗不理”等。不少招牌还隐藏着许多人文故事，成为我国一大文化特色。

我国现存最早的工商业广告是收藏在上海博物馆的北宋时代济南刘记针铺广告。元明时期，雕版印刷业得到发展，印刷广告不断增加，到清代，木版年画甚为流行，内容多取材于民间故事，戏剧人物及“福”“禄”“寿”“喜”等吉祥字画；许多商人用木版画做商品包装，包装广告得到了发展。

鸦片战争后，中国开始沦为半殖民地半封建社会，外国列强进入中国。外国商人为了推销产品，开始在中国创办商业报纸。如香港英文报《中国之友》等，刊登商品、行业等广告，此后报纸广告大量出现。随后其他广告形式如广播广告、霓虹灯广告、路牌广告、橱窗广告等相继出现，各类招牌广告争奇斗艳、引人入胜，西方广告开始大批涌现。

中华人民共和国成立后，广告业有了一个短暂的发展时期，但随之进入停滞。改革开放以来，我国广告产业进入了良性发展的阶段。1979 年上海电视台率先向上级主管部门呈送了经营广告业务的请示报告，当即获得批准，1 月 28 日，1 分 30 秒的“参杞药酒”广告在上海电视台播出，随后电视广告在中央电视台亮相。

现在，随着科技的进步，各种媒体形式的出现，广告也渗透到各类媒体之中，出现了电视广告、电影广告、网络广告、手机广告等。

6.3.4　广告的功能与分类

6.3.4.1　广告的功能

（1）广告可以传递信息、活跃市场、指导消费。随着商品经济的发展，新产品如雨后春笋般层出不穷，消费者往往借助广告的力量才能了解到更多的商品的性能、特点、用途、价格及使用方法，并产生对比，从而选择自己喜欢、满意的商品。

（2）广告可以引起竞争、改善企业管理、提高产品的质量和性能。广告把消费者在购买活动中表现出来的一行一动及时反馈给企业经营者，让他们能及时把握市场脉搏和消费者心理动向，调整企业经营思想和管理方略，适时进行技术革新，从而提高产品的质量和企业的服务质量。

(3) 广告也可以装点市容、美化环境。有些公益广告还可以起到一定的教育作用，促进精神文明建设的发展。

6.3.4.2 广告的分类

(1) 从内容上分，有产品广告、品牌广告、观念广告、公益广告。

(2) 从目的上分，有告知广告、促销广告、形象广告、公益广告、推广广告。

(3) 从策略上分，有单篇广告、系列广告、集中型广告、反复广告、营销广告、比较广告、说服广告。

(4) 从传播媒介上分，有报纸广告、杂志广告、电视广告、电影广告、网络广告、包装广告、广播广告、招贴广告、POP 广告、交通广告、直邮广告、车体广告、门票广告、餐盒广告等。随着新媒介的不断增加，依媒介划分的广告种类也会越来越多。

(5) 从表现手法上分，有图像广告，以图片为主；有文字设计广告，以文字编排为主；有幽默广告，以幽默情景为主；有人物肖像广告，以电影明星、体育明星、歌星、娱乐明星、媒体名人、各行业代表人物为形象代言；有视听广告，以声音、影像、音乐、节奏为载体。

(6) 从传播范围上分，有国际性广告、全国性广告、地方性广告、区域性广告。

(7) 从传播对象上分，有消费广告、企业广告。

6.3.5 广告的写作格式

不同媒体的广告文稿有不同的格式。但大致包括标题、正文和结尾三个部分。

(1) 标题。广告标题要求醒目、新颖、简短、独特，对消费者产生刺激，引发诱导。多用以下形式：

1) 标名式。直接提供商品名称或厂家。

2) 赞美式。提供赞美产品性能或厂家服务的语句。

3) 通告式。以告知服务或产品信息的方式拟写，如“上海轻工业产品来京展销”。

4) 比兴式。用人们熟悉的人或事作比引出产品介绍，如“手机的航母——××手机超市”。

此外还有慰问式、疑问式等，可根据不同产品选择不同形式。

(2) 正文。广告正文是广告文稿的主体部分。在此部分应对商品做详尽介绍。要说出产品的优势和过人之处，但要实事求是，切忌空大浮夸。通常有以下几种方式。

一是陈述式。用简洁的语言介绍商品的名称、性能、用途、规格、价格或服务的项目、优越性等。二是对比式。采用同类产品、不同产品之间的比较；买与不买、服务前与服务后之间的比较等。三是证书式。列出获得政府正规业务部门的评价、鉴定等级或所颁发的奖励证书等，来加强宣传的力度。四是对话式。一般用几个名人间的对话推销其商品或服务。

此外还有论说式、抒情式、描述式等。

(3) 结尾。广告结尾一般采取许诺消费者好处、公布优惠赠送的利益吸引条款、强调企业销售理念以树立企业统一形象等方式结束。在广告结尾处还要注明厂名、厂址、电话、开户银行、账号、联系人等项目，可根据需要写明，不一而论。

6.3.6 广告的基本写作要求

（1）要讲究广告内容的真实性，不搞“假、大、空”，不欺骗和误导消费者。

（2）语言要新鲜巧妙、幽默生动、通俗易懂，有启发性。不能说大话，以免导致消费者的反感而得不偿失。

（3）广告的形式应活泼有新意，可适当利用诸如“明星效应”“名牌效应”“集团效应”等来加强广告的宣传力度，切忌俗气平淡。

（4）广告中不能含有宣扬迷信、淫秽、反动、恐怖、暴力等的内容，也不能贬低其他生产经营者和其产品。

【规范例文】

【例文 6-4】

娃哈哈奶　　广告语：“妈妈我要喝……”

【评析】

一个天真单纯、娇羞可爱的小姑娘，轻柔地说：“妈妈我要喝……”

这个小女孩天真单纯、羞羞答答的形象给人以非常深刻的印象，但我想留在众多母亲心中最深的印象也许并非这个形象，而是她那句轻柔似歌的呼唤“妈妈我要喝……”。“妈妈我要喝……”这声呼唤是千万个孩子向母亲的呼唤，这一声呼唤，那样具体，那样熟悉，令所有母亲心都碎了。面对这种温柔的、天真的、合理的请求，哪个母亲会拒绝呢？

【例文 6-5】

雀巢咖啡　　广告语：“味道好极了！”

【评析】

雀巢咖啡采取的是品质定位。这是人们最熟悉的一句广告语，也是人们最喜欢的广告语。简单而又意味深远，朗朗上口，因为发自内心的感受可以脱口而出，正是其经典之所在。以至于雀巢以重金在全球征集新广告语时，发现没有一句比这句话更经典，所以就永久地保留了它。

【课堂训练】

（1）广告文案和广告语有什么区别？

（2）广告内容能有虚假的信息吗？

【实训平台】

★问题诊断

下面这些广告语，你认为有哪些不妥，请指出来。

（1）水往高处流。（出自：淄博市潜水电泵厂）

（2）做女人挺好！（出自：丰胸）

（3）爱我，追我，但请别吻我！（出自：某汽车后贴的大大的标语）

★思维训练

(1)“煮酒论英雄，才子赢天下!”这句广告语是来自哪一品牌?

(2)“用第三只眼睛看世界。”这是照相机的广告语，你信吗?

(3)“牙好，胃口就好，身体倍儿棒，吃嘛嘛香。”这又是什么产品的广告语呢?

★情景模拟

有一家小吃店，食客不多，于是老板就请人策划一下，希望多揽些客源。有人给他出主意，利用中国传统文化中的对联、楹联的广告效应，写一副既能让老百姓看懂，又能关系到小吃店经营业务的对联，贴在店门外，兴许能收到奇效。你能为这位老板设计对联的内容吗?

【写作训练】

为自己家乡的特产写一篇广告词。

【知识链接】

广告的沿革

广告在社会生活中的使用，由来已久，远溯源头，可以追溯到有了社会分工和商品交换的原始社会末期。最初人们在商品交换中，将自己的东西陈列出来，并高声叫卖，以招徕主顾，这种自发的以实物陈列和口头叫卖为主的广告就是原始的广告形式。后来，随着文字的产生、生产力的发展及造纸术、印刷术的发明，广告的形式逐渐呈多样化，出现了脱离商品实物而作为广告具体形态存在的幌子广告、招贴广告、牌匾广告、彩楼广告、印刷广告等。幌子广告最为普遍，形式也多，有旗帜、草标、灯笼、模型、图画、文字等。《韩非子·外储说右上》载:“宋人有酤酒者，升概甚平，遇客甚谨，悬帜甚高著。”通过高悬酒旗以招徕顾客，说明人们已在主观上有了广告意识，由自发转为自觉。到了唐宋时代，经济的发展，促使广告宣传的广泛性和自觉性比以前大大增强。唐诗中有“闪闪酒旗招醉客，深深绿树隐啼莺”的诗句，北宋张择端的《清明上河图》形象地描绘了开封府的繁华景象，图中许多店铺都有牌匾、旗帜，可见广告的使用已十分广泛。唐宋时，新的广告形式也在实践中相继产生。例如在西安唐兴庆宫遗址发掘的砖上有“城东官砖”的印记，大明宫遗址的砖上有“官匠户某某”的印记，这可被视为我国早期的商标广告。唐天宝二年(公元734年)，一位名叫韦坚的人曾集合江淮一带十几个郡的数百只商船，满载江南锦帛、海味、珍珠、玳瑁、象牙、沉香、黄连等特产一齐至京，在浐河上搞了一次大规模的促销活动。船上水手一律着统一的南国装束，一个在船头领歌，百名盛装美女相和，鼓乐齐鸣，这可以说是一次别开生面的表演广告活动了。封建社会长期自给自足的自然经济，导致生产发展缓慢，所以商品广告虽较从前不断进步，但终究未能发生根本性变化。与古代进行的广告宣传相比，现代广告宣传是人类社会进入商品生产高度发展的资本主义阶段以后的产物。由于我国的特殊国情，自鸦片战争后，帝国主义列强用大炮打开了中国的国门，随着外国资本和洋货的涌入及相互间的竞争，西方广告也进入我国，并且使得工业并不算发达的一些中国城市，如上海、天津、广州等沿海城市商业活跃，广告的应用也较为活跃，尤其是20世纪30年代的上海，还曾有过一度“畸形”的广告繁荣，而以后就渐趋衰微。我国广告的真正振兴，是从 1978 年将全党全国的工作重心转移到经济建设上，实行改革开放政策以后开始的。随着经济的发展和经济体制的改革，竞争机制逐渐形成，我国的广告事业迅速发展，广告专业单位纷纷成立。各报刊、电视台、电台积极承揽广告业务，广告研究工作也有了很快的进展，现已发展为专门性的科学。同时，广告制作技术日新月异。我国专门的广告经营单位及从业人员每年以倍数增长。近年来我国广告组织已加入国际广告协会和亚洲广告联合会，广告宣传由国内拓展到国外，正在向国际化、科学化、现代化的方向发展。

任务 6.4 解说词、导游词

【目标要求】

知识目标

(1) 掌握解说词、导游词的含义和用途；

(2) 明确解说词、导游词的特点和分类；

(3) 知晓解说词、导游词的适用范围。

能力目标

掌握解说词、导游词的基本写法和要求。

素质要求

培养撰写解说词、导游词的能力。

【案例分析】

天府之国——成都

“蓉城”成都，自古便有“天府之国”的美誉。“九天开出一成都，万户千门入画图”，在中国偌大的历史版图上，成都是唯一建城以来城址以及名称从未更改的城市。这座西南重镇、巴蜀之都，历代都是西南的政治、经济、文化中心和长江流域的重要城市。

成都是一座来了就不想离开的城市，她的生活节奏保持在一个极为人性化的速度上。成都人常挂在嘴边的“巴适”是舒服合适的意思，满城的茶馆正是这座城市悠闲的气质的最好体现。闲适的生活节奏是这座城市的名片，而满街的川菜馆、火锅店、小吃店更是让人流连忘返的罪魁祸首。成都，仿佛一张柔软的沙发，仓促的步履行到此处便不禁放缓，令人不能自拔地陷进温柔乡的怀抱。

成都可能是你前往九寨沟、泸沽湖、稻城亚丁等地的中转站，但是她绝对不只是一个交通枢纽。雪山、大河、藏区离得如此之近，在这里，只要你愿意，就可以穿越贡嘎雪山，就可以领略三星堆的神秘，就可以在康巴的转经筒前许下今生的诺言。来到这座城市，与其忙于参观城内外的景点，不如在其中悠闲地享受着生活，不如将自己抛向遍布风霜的征途。

【评析】

这是一段关于成都城市介绍的解说词。从城市的别称说起，再到城市历史沿革，从城市的地理位置到人文作用都做以简要叙述。随后讲述了这里宜居的舒适环境和特色饮食，最后介绍城市优越性，既是旅游目的地，也是旅游中转地。

【知识提要】

6.4.1 解说词

6.4.1.1 解说词的含义

解说词就是根据选用的实物或照片、资料等，对事物、人物进行解释介绍的一种应用文体，包括电影、电视解说，文物、名胜、书画等的解说和展品解说等。

6.4.1.2 解说词的特点

（1）真实性。要针对事物或人物作实际解说，不能凭空捏造、不着边际。

（2）通俗性。解说词不仅要让人看，更要让人去听，所以读起来必须朗朗上口、明白易懂。

（3）形象性。解说词不能是干巴巴的说教和背诵，应该是用形象性的语言对事物进行描绘，要有文采，要美丽动人。

6.4.1.3 解说词的写法

解说词的结构一般包括标题、开端、主体和结尾四个部分。

（1）标题。标题点明事物的名称和主要特征。

（2）开端。开端介绍事物的概况。在这一部分中要让读者和听者对事物的全貌有个清晰完整的概念，并且要有联想的余地。

（3）主体。主体是对事物的深入细致的说明和介绍，包括事物的历史概况、性质特点和发展现状等，在解说时可根据对象的不同而有所侧重。

（4）结尾。结尾是对上文的总结和对开端的一个呼应，可以不写。

6.4.1.4 解说词的基本要求

（1）要全面了解被解说的对象。

（2）语言要通俗化、口语化，要简明扼要。

（3）说明中要倾注真挚的感情。

（4）灵活运用多种表达方式。

6.4.2 导游词

6.4.2.1 导游词的含义

导游词又叫导游解说词，它是以导游者的身份对参观游览的对象等进行书面或口头的讲解说明的应用文体。

6.4.2.2 导游词的作用

导游词的主要作用在于“导游”，让参观游览者对参观游览的对象有个全面直观的正确的了解，可以更深入地理解其观赏对象的价值所在；让游览者省时省力，既增长了旅游知识，又能得到快乐的享受。导游词也是对参观游览者表示尊重的一种方式。

6.4.2.3 导游词的主要特点

（1）通俗化、口语化。导游词接受的对象十分广泛，涉及各个年龄阶段、各个文化层次，所以一定要具有通俗易懂的特点，避免用一些生僻的书面文字。

（2）知识性、趣味性。要将丰富的知识融入对参观游览的对象的详尽的介绍中来，运用一切表现手法加强其趣味性，激发参观游览者听解的兴趣。

（3）真实性、形象性。真实性是导游词的生命，不能对事实过于夸大。在介绍时，在讲求通俗易懂的基础上要尽量讲究语言的生动优美、具体形象，以加强导游词的感染力和吸引力。

6.4.2.4 导游词的写作格式

导游词的写作格式可以不拘一格，可因景因物而异，只要能达到导游的目的即可，一般包括以下几项内容。

（1）标题。一般是对导游词内容的概述。

（2）正文。包括起始语和景点介绍。起始语总的要求是有吸引力，要给参观游览者美好的第一印象。景点介绍是导游词的主体部分，要对参观游览的对象做一番具体的介绍。可概括、可详尽，不一而论。要对各景点的基本特征、景点之间的路线、有关景点的历史等讲解得清楚生动，有条不紊；但要讲究详略得当、简明扼要，力求用最生动精练的语言把内容介绍明白。

（3）结束语。可总结观感，可赞美歌颂。总之要富有鼓动性和吸引力，力求给游览者留下美好的不可磨灭的印象。

【规范例文】

【例文6-6】解说词

乐山大佛

乐山大佛是当今世界上最大的古代摩崖造像。依凌云山而建，有“山是一座佛，佛是一座山”之称。大佛始建于唐开元初年（公元713年），完工于唐贞元十九年（公元803年），历时90年的时间。大佛造型伟岸高大，通高71.2米，头上发髻1021个，而且大佛各部位比例适度、巨细和谐，而这一项伟大的工程却完成于1000多年以前。我们的古人是如何做到这一点的呢？使我们不得不为之佩服，真可称之为奇迹。

开凿乐山大佛的发起人是当时的海通法师。对于这位高僧的生平，已无法考证了。只知道他是贵州人。他见三江水汇聚山下，惊涛拍岸，过往船只时有船毁人亡之情，于是发下宏誓，开凿佛像，欲仰仗无边法，“易暴浪为安流”。于是海通历尽艰辛，到江淮两湖一带募化钱财，动工凿佛。后人为纪念海通法师，就在巨佛左面约30米处将一座崖墓改造成“海师洞”。海通修大佛的业绩载于唐韦皋《嘉州凌云大佛像记》中，大佛修建完工时，剑南西川节度使韦皋撰文写记，叙述了海通开凿大佛的缘由和经过。据史料记载，大佛建成以后，曾有一覆盖大佛全身的楼阁，名大佛阁，宁时称“天宁阁”，后毁于兵灾。

大佛右边为九曲栈道，左边为凌云栈道。瞻仰大佛，可沿九曲栈道而下，九曲栈道为唐代修建大佛时开凿，共173阶。大佛脚下右侧有一洞，题为“天洞”。入“天洞”即上凌云栈道。凌云栈道开凿于1983年，全长500米，是一条独具特色的路线，栈道出口，即名楼——壁津楼。

【例文 6-7】导游词

成都杜甫草堂旅游景点介绍

各位朋友:

欢迎大家游览杜甫草堂。成都杜甫草堂是我国唐代大诗人杜甫流寓成都时的居所。公元 759 年冬天，杜甫为避“安史之乱”，携家眷由陇入蜀。靠亲友的帮助，在成都西郊浣花溪畔修建茅屋居住。诗人在此居住了将近四年，创作诗歌 240 多首。感人至深的《茅屋为秋风所破歌》即为此时之作，这时期的创作给我们留下了宝贵的文学财富，后世把成都杜甫草堂誉为中国文学史上的一块圣地。1961 年，国务院公布为首批全国重点文物保护单位。

正门

步入正门，我们看到整个庭园竹树成荫、绿水萦回，一派自然天成的清幽景色，这正体现出杜甫的诗意:“浣花溪水水西头，主人为卜林塘幽。”

大廨

“廨”是官署，古代官吏办公的地方。由于杜甫曾做过左拾遗和检校工部员外郎，后人出于尊崇，就把这处建筑作了如此命名。厅中的杜甫塑像，是中央美术学院著名雕塑家钱绍武先生的杰作。1958 年毛泽东主席游览草堂时在这里仔细观赏。

诗史堂

诗史堂是杜甫草堂纪念性祠宇的中心建筑。因为杜甫的诗歌真实而深刻地反映了唐王朝由盛到衰的历史，素有“以诗证史，以诗补史”的说法，故被誉为“诗史”，建筑以此为名。厅堂中央，安放着我国著名雕塑家刘开渠所塑的杜甫半身铜像。塑像两侧是朱德同志撰写的对联:“草堂留后世，诗圣著千秋。”诗史堂内还悬挂有郭沫若撰写的对联:“世上疮痍诗中圣哲，民间疾苦笔底波澜。”

水槛和柴门

出诗史堂，我们看见一条小溪穿插在建筑群之间，上面有一座小石桥勾连交通。小桥左侧竹丛中，有“水槛”横跨溪上;过小桥，“柴门”迎面而开。“水槛”与“柴门”都是当年杜甫的草堂曾经有过的建筑，杜诗中有“新添水槛供垂钓”“柴门不正逐江开”的描述。

碑亭

工部祠的东边有一间小小的茅亭，内立石碑一通，上刻“少陵草堂”四字，是果亲王的手迹。“少陵”本为地名，在西安市长安区。杜甫远祖就是“京兆杜陵人”，他自己也在这里住过较长时间，在诗中曾自称“杜陵野老”“少陵野客”，人们也就称他为“杜少陵”了。

茅屋景区

游览草堂不能亲眼看看杜甫写出不朽名篇《茅屋为秋风所破歌》的那座名扬古今的茅屋，怎么讲也是一件十分令人遗憾的事情。为了弥补这个遗憾，使大家更好地领略当年杜甫的生活环境，杜甫草堂博物馆于近年重建了一个“茅屋景区”。依川西乡间民居风格建造的简朴茅屋，印证了杜甫“熟知茅斋绝低小”的描写，令不觉间吟诵出杜甫的《江村》诗:“但有故人供禄米，微躯此外更何求!”

杜甫于公元 76 年春天离开成都，顺长江向东漂泊。此后草堂几经毁损颓败重修，如今已成一处园林景观，其间有溪流索回、小桥相连、竹树掩映，显得既庄重肃穆，又清幽雅洁；漫步其中，我们不仅可以瞻仰凭吊诗圣，表达心中的敬意，还可以返璞归真，发思古之幽情。所以说，草堂是纪念性建筑与园林景观相结合的成功典范。

参观杜甫草堂，值得一游的地方还有红墙夹道、修竹掩映的花径，碎瓷镶嵌、古雅别致的“草堂”影壁以及风景秀丽、独具魅力的梅苑。妙境入目心中感，各有洞天亲体会！就不用我一一介绍了。

【课堂训练】

（1）什么是解说词？

（2）导游词有什么作用？

【实训平台】

★问题诊断

下面是一处景点的解说词，查阅资料，看有什么不恰当的地方，请指出来。

四川有一个著名的景点夫妻峰，夫妻峰高三十多尺，峰体自然分开，形成对峙二石，左为妻、右为夫、中间所夹石块，仿佛夫妻二人携手而立，情意绵绵。

在很久很久以前，有个美丽纯朴的藏族姑娘名叫沃诺色嫫，靠着天神赐给的一对金铃，引来神水浇灌这块奇异的土地。于是，这块土地上长出了葱郁的树林，各种花草丰美，珍禽异兽无数，使得这块曾经荒漠的土地，顿时变得充满生机。

一天清晨，遇上了一个正在泉边给马饮水的藏族男青年戈达。其实戈达早就对沃诺色嫫姑娘怀有爱恋之心，姑娘亦暗暗地十分喜爱这个勇敢聪明的小伙子。在清泉边不期而遇，两人心里都充满喜悦，正当姑娘和小伙在互相倾吐爱慕之情时，哪知一个恶魔突然从天而降，硬将姑娘和小伙子分开，并抢走了姑娘手中的金铃，还逼姑娘一定要嫁给他做妻子。

沃诺色嫫姑娘哪里肯从，戈达奋力与恶魔搏斗，姑娘乘机逃进了一个山洞。戈达毕竟不是恶魔的对手，只有跳出圈外，跑去唤来村寨中的相邻亲友，与恶魔展开了殊死搏斗，经过了 9 天 9 夜的鏖战，终于战胜了恶魔，救出了沃诺色嫫姑娘，金铃亦从此回到了姑娘的手中。姑娘和小伙子一路上边摇动着金铃，边唱着情歌回家。一时间，空中彩云飘舞，地下碧泉翻涌，形成了 108 个海子，作为姑娘梳妆的宝镜。

在戈达和沃诺色嫫结婚的宴席上，众山神还送来了各种绿树、鲜花、珍禽、异兽，于是，这里从此就变成了一个美丽迷人的人间天堂。后世的人们为了纪念他们，把附近的两座大山取名为夫妻山。

★思维训练

（1）阅读下面一段文字，请说出这是什么活动的解说词。

现在进场的是××班代表队，看，他们紧握队牌，雄姿勃发，步伐整齐而坚毅，表达了他们团结战斗、顽强拼搏，夺取好成绩的决心，听听他们的口号吧：争争就能上，拼拼就能赢，赛出成绩，赛出友谊。他们坚信：胜利属于他们！

（2）来到一处旅游景点，那里有一尊塑像，导游小姐向大家讲解塑像的有关情况，这段话是解说词还是导游词？

(3) 在长江三峡的游艇上，导游小姐随着游轮的前行，依次介绍沿途风光，并不停提示下一处景点，这些话是导游词还是解说词？

★情景模拟

选择家乡的一处名胜古迹，就一处景点拟写一份解说词或导游词。

【写作训练】

成都武侯祠是一处人文景观，请搜集素材，拟写一份解说词。

项目 7　司法文书

任务 7.1　授权委托书

【目标要求】

知识目标

(1) 掌握授权委托书的含义和用途；

(2) 明确授权委托书的特点和分类；

(3) 知晓授权委托书的适用范围。

能力目标

掌握授权委托书的基本写法和要求。

素质要求

培养撰写授权委托书的能力。

【案例分析】

总公司委托分支机构《委托授权书》

(总公司委托分支机构)

委托人：×××有限公司，地址：××××××××××××，法定代表人：×××，身份证号码：××××××××××××××××××，电话：××××××××××××，邮政编码：××××××。

受委托人：(分支机构名称) ××××××，地址：××××××，电话：××××××××××××，邮政编码：××××××。

兹委托上述受委托人担任委托人的代理人，参加在××市信息工程招投标中心网站上所进行的政府采购询价活动。受委托人代理权限如下：

1. 以委托人的名义交纳询价保证金；

2. 以委托人的名义领取退回保证金；

3. 依法参加询价采购活动的报价；

4. 未被确定为成交供应商后查询原因，并对不合理对待提出由委托人确认的质疑、投诉；

5. 领取书面成交通知书以及负责询价采购项目的有关联系工作；

6. 办理交货、参加项目验收、提供售后服务、签订供货合同等。

上述受委托人在上述授权范围和代理权限内，所产生的权利归委托人享有，所产生的义务由委托人承担，因违反法律所引起的民事责任由委托人和受委托人共同承担。

本《委托授权书》的有效期从委托人成为工程招投标中心网站上的政府采购询价供应

商会员之日起。

委托人（公章）：受委托人（分支机构公章）：

____年____月____日

【评析】

这是一份总公司授权分支机构的授权委托书。在经济活动日益频繁的今天，尤其是许多大公司在全国乃至世界各地都有其分公司或分支机构，为了能高效地开展业务，往往会授权其分支机构，明确其主要权限和职能，代表总公司与合作方进行签约。

在这种委托书中，标题之后，往往首先确定委托方和被委托方的身份，包括名称、地址、联系方式及邮编等。正文中一般要阐述委托行为的法律依据，然后以条款的形式表述授权委托的事项，交代委托期限，有的还有委托酬金的相关说明。结尾处有委托人和受托人的签名盖章及订立委托书的时间。

应该说这份授权委托书从内容上来说是比较全面的，结构上来说也比较完整。

【知识提要】

7.1.1 授权委托书的含义

授权委托书是委托他人代表自己行使自己的合法权益，委托人在行使权力时需出具委托人的法律文书。也可以说授权委托书是委托人与受托人就委托事务达成的代理协议。

7.1.2 授权委托书的种类

依据授权的范围，可将授权委托书分为特别委托书和概括委托书。

7.1.3 授权委托书的写法

授权委托书由首部、正文和结尾组成。

（1）首部。包括标题、委托人和受托人的基本情况。

（2）正文。正文是授权委托书的内容，一般以条款形式表述。主要包括以下方面。

1）法律依据。如“根据法律规定，委托人××自愿委托××，并经其同意为受委托人”。

2）授权委托事项。委托的事项一定要写得明确、具体。应当注意的是，在民事代理中，代理人受托的事项必须是具有法律意义的，能够产生一定法律后果的民事行为。《中华人民共和国民法通则》第 63 条第 3 款明确规定：“依照法律规定或者按照双方当事人约定，应当由本人实施的民事法律行为，不得代理。”如具有人身性质的遗嘱、收养子女、婚姻登记等法律行为。

3）委托的权限范围。授权委托书当事人双方在委托书中明确权利及义务关系是代理人实施代理行为有效的依据。在民事代理中，委托人授予代理人代理权的范围有三种情况：

① 一次委托，即代理人只能就受托的某一项事务办理民事法律行为；

② 特别委托，即代理人受托在一定时期内连续反复办理同一类性质的民事法律行为；

③ 总委托，即代理人受托在一定时期内办理有关某类事务或某一种“标的物”相关的多种民事法律行为。

4）授权委托的报酬及报酬支付方式。经济社会，每个人的时间都是十分宝贵的，委托他人办事就要占用别人的时间，为了弥补受托人的经济损失，有的委托书中会有为受托人提供报酬的条款，这就要写清楚报酬的多少以及支付方式了。

5）授权委托履行的期限、地点和方式。在委托履行的期限上，如法律法规授权行政机关可以委托其他行政机关行使某项行政职权的时候，一般一年一委托，以防止法律法规修改和政策的变化而导致委托权限的改变。

6）违约责任及争议解决。

7）委托的终止。授权委托书应就委托终止的情形进行规定。

（3）结尾。委托人及受托人要签名盖章，并签写订立委托书的时间。

7.1.4　授权委托书写作的注意事项

（1）明确授权委托的方式，一般有明示授权、默示授权和追认。

（2）授权委托的期限一定要写清楚，最好有起止日。

（3）特别授权委托书如果是公民之间的，最好办理公证。

【规范例文】

【例文 7-1】

××（企业）授权委托书

××公司：

兹委托孙××同志（身份证号码：××××××××××）负责我公司产品的销售和结算工作，请将我公司货款转入以下开户行账号内，由此产生的一切经济责任和法律后果由我公司承担，与贵公司无关。

若有变动，我公司将以书面形式通知贵公司，如果我公司未及时通知贵公司，所造成的一切经济责任和法律后果由我公司承担！

特此申明！

授权限期：2018 年 7 月 1 日～2018 年 12 月 31 日

户名：×××××××××

账号：××××××××××××××

开户行：××银行××支行

公司名称：×××

法人代表签字：×××（亲笔签/私章）

2018 年 6 月 28 日

【课堂训练】

（1）授权委托书只委托个人吗？

（2）授权委托书一定要付给受托方酬金吗？

（3）授权委托书没有委托人的亲笔签字或签章可以吗？

【实训平台】

★问题诊断

下面是一份简单的委托书，你认为有哪些不当之处？

法律委托书

委托人：×××

受托人：×××

现委托受托人在我与×××因纠纷一案中，作为诉讼代理人参加诉讼。

代理权限为：（代为陈述事实，参加辩论，代为承认、放弃或者变更诉讼请求，进行调解与和解，提起反诉或者上诉）

★思维训练

（1）下面是一份固定格式的委托书，你能根据所学将其填写完整吗？

银行委托书范文

____银行____支行（营业部）：

兹有________________（单位全称），账号：________________，现授权________________、________________两位同志（职务分别为：________________、________________），身份证号码分别为：________________、________________，代理本单位前来贵行办理以下业务：

□企业网银开通　□企业网银注销　□企业网银暂停使用

□企业网银恢复使用　□证书申请　□证书更新

□证书补发/重发　□证书废止　□证书冻结

□网银登录密码重置　□企业基本信息修改　□网银下挂账户信息修改

□网银操作员信息修改　□电话银行开通　□电话银行关闭

□电话银行签约账号修改

□其他（必须做出说明）：______________________________

已授权的请在“□”中打“√”，未授权的请在“□”中打“×”。

委托有效期限自________年________月________日至________年________月________日止。

委托单位公章：

委托单位法定代表人盖章：

委托单位法定代表人签字：

授权委托日期：________年________月________日

本单位声明：被授权人在上述授权范围内及委托书有效期内所进行的操作，均视为本单位的操作行为，其后果由本单位承担。

（2）这是一份公司企业授权某律师的一份授权委托书，你认为是否符合要求？

授权委托书

委托人：××市××经济贸易公司

地　址：××市××区××路××号

受委托人：马××　职业：律师

电话：××××××

现委托上述受委托人在我方与运输公司因运输合同纠纷一案中，作为我方一般授权诉讼代理人。

代理人马××的代理权限为：　　　代为调查、取证、答辩、出庭应诉。

委托人：××市××经济贸易公司（盖章）

××××年××月××日

★情景模拟

某国外化妆品公司为了迅速打开在中国的市场，拟在各省市县区委托经销商，请你根据所学相关知识，为其拟写一份产品经销授权委托书。

【写作训练】

王××现在国外旅游，不巧她的驾照需要年检，可她早有准备，出国前拟写一份授权委托书给她的同学张××，请根据所学相关知识，还原这份授权委托书。

任务 7.2　起诉状

【目标要求】

知识目标

（1）掌握起诉状的含义和用途；

（2）明确起诉状的特点和分类；

（3）知晓起诉状的适用范围。

能力目标

掌握起诉状的基本写法和要求。

素质要求

培养撰写起诉状的能力。

【案例分析】

民事起诉状

原　告：杨××，男，1966 年 7 月 15 日出生，现住××市××区××社区 12 组 57 号。

被告人：李××，男，1953 年 9 月 12 日出生，现住××市××区××社区 15 组 38 号。

诉讼请求：

1. 李××返还杨××欠款 18000 元人民币；

2. 诉讼费××元由李××承担。事实与理由：

2018 年 1 月 1 日，李××因经营资金紧张向杨××借款 18000 元用于周转，写下借条并约定 6 个月后一次还清欠款，利息按照银行利息支付。到期后，李××以没钱为由拒绝归还。

证据和证据来源，证人姓名和住址：

1. 李××所写欠条一张；

2. 见证人：王××，××市××区××社区，司法所所长。

此致

××市××区人民法院

附：本诉状副本 1 份

起诉人：杨××

2018 年 12 月 10 日

【评析】

这是一份民事起诉状，“原告”“被告”均写明姓名、性别、出生日期、住址等项。但是一般情况下，还要写清民族、籍贯、职业或工作单位和职务等相关信息。

在诉讼请求项目中表述明确，要求被告人返还欠款，同时承担诉讼费用。但涉及钱款数额的时候最好用大写，如“18000 元”加大写说明（壹万捌仟元整）字样。按约定，被告还应该偿还借款利息，这里原告并没有主张。

事实与理由部分叙述比较简要，因为本案案情并不复杂。如果遇到案情复杂，事件曲折的在陈述事实时如果页面不够用，可增加中页。后面证据一项提供了证物和证人，其中证人介绍相对要详尽一些。

诉状投递的司法机关是正确的，初次立案诉讼要将诉状上交到初级人民法院，即县（区）级人民法院。附件交代起诉状副本份数，应按被告人的人数提交，本案 1 名被告，只提交 1 份副本。落款处写清起诉人，起诉日期。总体来说，这一份诉状格式基本正确。

【知识提要】

7.2.1 起诉状的含义

起诉状是指刑事、民事或行政案件的当事人一方，在自己合法权益受到损害或与当事人的另一方对有关权利和义务问题发生争执而未能协商解决时，向人民法院起诉，要求依法审理、裁决所制作的诉讼文书。

7.2.2 起诉状的分类

按照案件的性质，起诉状可分为刑事起诉状、民事起诉状和行政起诉状三类。

刑事起诉状是指刑事案件的被害人或其法定代理人要求追究被告人的刑事责任或者附带民事责任而递呈人民法院的诉讼文书，也称刑事起诉状或刑事诉状。一般只限于不需侦查的轻微刑事案件。

民事起诉状是指公民、法人和其他组织，在认为自己的民事权益受到侵害或者与他人发生争议时，向人民法院提出的要求人民法院依法做出公正裁判的书面诉讼请求。

行政起诉状是指公民、法人或其他组织认为行政机关及其工作人员的具体行政行为侵犯了其合法权益时依据事实和法律向人民法院提起诉讼的文书。

7.2.3　起诉状的作用

当事人向人民法院递交起诉状，人民法院经审查并决定受理后，将直接引起诉讼程序。起诉状的作用在于：

（1）当事人提交起诉状是其行使起诉权的表现，是其维护自身合法权益，请求国家司法救济的途径，有利于其实体权利依法得到应有保护。

（2）起诉状是人民法院受理民事案件，予以立案、受理的凭证。

（3）起诉状是人民法院对诉讼纠纷进行调解和审理的基础，通过起诉状可以使法院了解原告的诉讼请求、事实和理由，为公正、合理地解决纠纷打下基础。

（4）起诉状也是被告应诉答辩的依据。

7.2.4　起诉状的写作

起诉状由首部、正文和尾部三个部分组成。

（1）首部。首部包括标题和基本情况。

标题一般按分类直接书写。基本情况主要写明原被告双方的基本信息。

（2）正文。起诉状的正文包括请求事项，理由与事实等内容。

1）诉讼请求。诉讼请求是原告希望通过诉讼所要达到的目的。诉讼请求必须明确、具体。如请求离婚、履行合同、偿还债务、追还贷款等。

2）事实与理由。事实与理由部分是全文的核心部分。

① 事实部分的写法。按照事件发生、发展的顺序，围绕中心来写。先写当事人争执的标的情况，后写争执的原因和焦点。

② 理由部分的写法应该首先高度概括纠纷事实，后逐条阐述起诉理由。它包括分析纠纷的性质，说明是非曲直。分析证据，说明起诉所依据的事实是可靠的；论证权利和义务的关系，说明提出的诉讼请求是合理合法的；引用恰当的法律条文，说明起诉是有法律依据的。

（3）尾部。包括结语、落款和附项，有的诉状没有附项。

7.2.5　起诉状的写作重点

写起诉状首先要找到起诉点，即起诉理由，也就是被告在案件中违法或者侵权的事实或罪行，以及应承担“法律后果”的法律依据；然后，在此基础上依法确定这两项内容之间认识问题和解决问题的关系，认识的最终目的是解决问题。

在写诉状时，需把被告在案件中违法或者侵权的事实或罪行与相应的法律法规以及起诉人对案件的处理意见、要求、主张，即诉讼请求“对号入座”。因此，写诉状要叙述事实准确，诉讼请求合理，理由充分。

【规范例文】

【例文 7-2】

民事诉讼起诉状

原告：××医科大学附属医院　　院址：××市南门外

法定代表人：胡××，医院院长。

委托代理人：朱××，男，年××岁，医院房产科科长。

委托代理人：陈××，男，年××岁，医院房产科科员。

被告：××××家具厂　　厂址：××市×××路。

法定代表人：黄××，家具厂厂长。

请求事项：

请求判令被告将其出售的30张单人棕床及其代为修理的5张棕床片和23张藤椅，交付原告提取使用。

事实和理由：

原告××医科大学附属医院于2017年7月18日向被告××××家具厂安庆路门市部购买单人棕床片连同床架共30张，价款共计15390元，当即付清，有他们开给收款凭证三联单为据。当时，因该厂只有棕床片，没有床架，如果说单独提回床片，病房不能使用，反而无处存放。同时，床片和床架开在一张提货单上，分别提取，不便办理。因此，双方议定，待到有床架供应时，床片、床架一并提货。一年后，即2018年8月间，原告得悉被告货已备齐，指派房产科工作人员陈××同志等持单据前去提取，而被告竟以木材近来涨价为理由，对原来所售的棕床，要求原告加付价款，才准提货。他们提出床片每张加20元，床架每张加30元，即每张床加价50元，30张床，要求原告加付价款1500元，原告不同意。今年5月13日，原告又指派陈××和王×两同志前去催促提货。被告的法定代表人做了些让步，要求原告对其原提出加价的数额，至少付给半数，否则，不给提货。

其次，原告于2016年初，将需要修理的单人棕床片4张，双人棕床片1张，指派房产科工作人员薛××送交被告安庆路门市部修理，当时交给该门市部工作人员王××验收。同年5月，原告又将干部病房需要修理的藤椅23张，指派陈××、王×两人送至被告安庆路门市部，交给该门市部的工作人员许××、凌××两人验收。之后，原告曾数次派员前去催取，而被告一直未予修理，今年5月13日，陈××前去被告厂里要求提取所购买的棕床和修理的棕床、藤椅时，凌××在陈××当面向黄厂长证明说："当时医院确实是送来藤椅修理了，椅子已送到厂部来修了。"黄厂长仍要求我们找原经手人，我们又去找许××和王××两人。许说："我们之间不是私人关系，而是单位之间的业务关系。你们送修的23张藤椅是我验收的，当时也不是我一个人在场，椅子已送到厂部去了，如要厂方来找我了解，我会如实回答的。"而王××已经退休，不愿接待。

今年6月间，原告又派员前去被告厂里说明上述情况，表示希望协商解决，无须涉讼，原告并且根据被告的意见，叫经办人写了一份送修床、藤椅的经过材料，于今年7月2日以院函字〔94〕第72号正式公函寄给被告。函中叙述了有关情况，并提供了查找的线索。此后又多次电话联系并派员前去催问，而被告对原告购买的棕床，坚持要求加价，或者计息退还货款，对送修的家具，则说经过清仓，棕床片并未查到，只查到藤椅21张，云云。

根据上述事实，原告认为：原告所购买被告的30张单人棕床，连同床架，有被告所开具的发票和提货单为证，货款也是当时付清的，被告亦不否认。双方对此没有争议，事实毋可置疑。我国经济合同法第17条第3项规定："执行国家定价的，在合同规定的交付期限内国家价格调整时，按交付时的价格计价。逾期交货的，遇价格上涨时，按原价格执行，价格下降时，按新价格执行。”被告因缺床架，以致未能在出售棕床时及时交货，造成了“逾期交货”，遇到木材价格上涨，自应按原价格执行；何况原告当时即将货款付清。被告现在要求加价是没有理由的。关于送去修理的棕床和藤椅，当时没有出具被告开给的书面凭证，这确实是手续上的欠缺之处。但是，被告厂方在处理修理业务上是经常照此办理的，一般是先收家具不给单据，修好以后，在货主取货时开标收款。何况原被告双方有10余年的业务往来，一直凭信用办事，加之送修的棕床、藤椅，有该厂经手人王××、许××、凌××证明，自不能因为没有书面凭证而否认这一客观事实，不能因为被告厂方在事隔一年多的今天清仓“只查到21张藤椅”就否认是23张，更不能因为清仓没有查到棕床，就认为是并无送修棕床其事。

原告是医疗事业单位，以救死扶伤为宗旨，没有盈利，力求节省每一分钱，用到救护病人身上，丝毫不能浪费。本着这个精神，原告不能同意被告所提出的不合理的经济要求。现在病床紧张，急需棕床和藤椅，希望被告也能本着发扬革命人道主义的精神，急病人之所急，体谅国家目前还不能给医院增拨更多的事业费的困难情况，采取正确态度对待，以求问题早日解决。

综上情况，特向你院起诉，请求据情依法给予调解，或者判令被告迅速将其所出售和代为修理的棕床、藤椅如数交付原告使用，至为感盼！

此致

××人民法院

具状人：××医科大学附属医院

法定代表人： 胡××委托代理人：朱××

陈××

××××年×月×日

附：

1. 本诉状副本一份；

2. 书证：购买棕床发票、提货单复印本一份三张。

【课堂训练】

（1）就一起案件来说，起诉状可以将刑事和民事纠纷的诉讼请求写在一起吗？

（2）在诉讼案件中，起诉状的原告一定就是受害一方吗？

【实训平台】

★问题诊断

下面是一份民事起诉状中诉讼请求中的一段话，根据所学知识，请指出不当之处。

请法院判令被告按照与原告签订的借款合同之规定，偿还本金拾万元及一年半利息叁拾万元，共计肆拾万元整。

★思维训练

（1）民事起诉状中必须是民事纠纷引起经济损失后才要起诉吗？

（2）刑事起诉状中原告能否提出经济赔偿，怎样提出？

(3) 行政起诉状中的被告一定是行政机关吗?

★情景模拟

2018 年 5 月 7 日，张××、王××因感情不和，经人民法院判决离婚。二人婚生女儿小花由张××抚养。由于小孩系女性，且张××自离婚后一直没有再婚，随着小孩的生理发育，小花也感觉到不便与爸爸共同生活。张××忙于自己事业的发展，无暇顾及小孩的生活与学习不说，甚至有酗酒恶习，每每回到家便对女儿进行打骂，对小孩的健康成长非常不利。为使小孩有一个健康、稳定的生活环境，王××想要变更小孩的抚养权，由她来抚养，同时希望张××每月支付小孩 2000 元生活费。同时也保证变更抚养权后，张××能够正常探望。

请你以王××的名义写一份起诉状。

【写作训练】

黄××在农村，她家前院邻居盖了一栋高大的楼房，使得她家在夏天太阳最高的时候也见不到阳光，有人说可以向前院的邻居索要赔偿。请你查阅相关资料，结合所学知识，帮助黄小云拟写一份起诉状。

任务 7.3 答辩状

【目标要求】

知识目标

(1) 掌握答辩状的含义和用途;

(2) 明确答辩状的特点和分类;

(3) 知晓答辩状的适用范围。

能力目标

掌握答辩状的基本写法和要求。

素质要求

培养撰写答辩状的能力。

【案例分析】

民事答辩状

答辩人：陈××，男，19××年×月×日生，汉族，住××省××县××镇××号。

被答辩人：王×，女，19××年×月×日生，汉族，住××省××县××镇××号。

答辩人就被答辩人所诉民间借贷纠纷一案，具体答辩如下：

被答辩人所称答辩人因家庭生活用钱向被答辩人借款人民币 3 万元这一说法与实际情况完全不符。事实是被答辩人向答辩人支付工资款，且被答辩人至今尚欠答辩人工资款人民币 4 万元。

2017 年 4 月，答辩人经李××介绍，承包由被答辩人王×等 3 人（以下简称工程甲方）

转承包的位于××的部分工程，具体负责4号楼的土方工程施工。工程甲方承诺于工程结束后一个月内向答辩人支付全部工程款7万元。工程于2018年5月21日完工后，工程甲方仅支付工资款3万元，尚欠答辩人4万元工资款未支付。此后答辩人多次催促被答辩人等工程甲方对工程予以结算，以便支付剩余工程款，工程甲方始终不予理睬。

2018年7月28日，答辩人找到工程甲方三人，再次要求对工程给予结算并支付剩余工程款。工程甲方称，如答辩人要取得剩余工程款，必须签订相应协议，要求答辩人承担工程质量验收不合格的全部责任。在工程甲方三人的胁迫下，答辩人迫于无奈，与工程甲方签订了明显有失公平的协议书。此后，被答辩人王×手写借条，要求答辩人将其从被答辩人处已领取的3万元工资款描述为欠款，并要求答辩人签字，口头声称工程款结算要等验收后。

综上，被答辩人在诉讼中所称借款根本不存在，3万元应当为被答辩人向答辩人支付的工资款。现被答辩人恶意歪曲事实，利用答辩人急于取回剩余工资款的急迫心情，胁迫答辩人签下显失公平的协议书及颠倒黑白的借据。对于答辩人这一极端欺诈行为，请法官予以明察。恳请法院驳回被答辩人的全部诉讼请求。

此致

××市人民法院

答辩人：陈××

2019年1月10日

附：证据材料3份。

【评析】

这是工程建筑中出现的民事纠纷，某工程公司诉某工程队要求偿还借款，工程队进行的有效答辩。从答辩内容看，事实阐述简约，理由较为明确。从辩词中可以看出，被答辩方提出的原案诉讼请求具有一定的恶意和欺诈，答辩方恳请法院给予公正的裁决。但从致送机关上来看，应该是县级市人民法院。落款处有答辩人姓名和答辩日期，结构比较完整。答辩中有附带证据，一般比较常见，这些是答辩词最为有力的佐证。

【知识提要】

7.3.1 答辩状的含义

答辩状是被告人、被反诉人、被上诉人、被申请诉人针对起诉状、反诉状、上诉状、再审申诉书的内容，在法定期限内根据事实和法律对起诉状或上诉状陈述的事实、理由和请求进行回答和辩驳的应诉性诉讼文书，是诉状中使用频率最高的文种之一。

答辩状是法律赋予处于被告地位的案件当事人的一种权利，其有处置答辩权的自由，可以答辩，也可以沉默。但由于答辩状具有不可忽视的意义，答辩状有利于保护被告人的正当合法权益；有利于人民法院在全面了解案情的基础上，判明是非，做出正确的判决，因此应该对答辩权给予足够重视，积极以答辩状的形式提出答辩。

7.3.2　答辩状的目的

写作答辩状的目的是回答、反驳对方诉状的诉讼请求，以减免答辩人的责任。答辩状的写作目的与起诉状、反诉状、上诉状、再审申诉书的写作目的是针锋相对的。

7.3.3　答辩状的种类

答辩状分一审程序上的答辩状和二审程序上的答辩状两种，前者指被告针对原告的起诉状而提出的答辩；后者指被上诉人针对上诉人的上诉状而提出的答辩。区别两种程序的答辩状，有助于明确答辩的针对性和答辩内容的重点。

民事答辩状在两种情况下提出：一是原告向第一审人民法院起诉后，被告就起诉状提出答辩状。二是案件经第一审人民法院审理终结后，一方当事人不服，提起上诉，被上诉人就上诉状提出答辩状。

7.3.4　答辩状的时限

人民法院在收到原告的起诉状和上诉人的上诉状以后，应当在规定的期间内将副本送达被告或被上诉人，被告或被上诉人应当在法定的期限内提出答辩状。

案件中，被告和被上诉人通过答辩状，可以针对原告或上诉人提出起诉或上诉的事实、理由和根据以及请求事项，进行有的放矢的答辩，阐明自己的理由和要求，并提出事实和证据证实自己的观点。这样，人民法院可以全面了解诉讼双方当事人的意见、要求，合理合法及时处理好案件。

答辩状的提出也应在法定期限之内。按照民事诉讼法（试行）的规定，人民法院对经济纠纷案件的起诉状或上诉状应当在立案受理后5日内，分别将其副本送交对方当事人，对方当事人收到副本后，一般应在15日内提出答辩状。

7.3.5　答辩状的写作

答辩状由首部、正文和尾部三个部分组成。

（1）首部。包括标题和基本情况。

（2）正文。包括案由、事实与理由。

1）案由。一审答辩状一般写为："因××（案由）一案，根据起诉所列事实、理由和请求，现答辩如下"或"答辩人于×年×月×日收到××人民法院交来原告（或上诉）因××一案的起诉（或上诉）状的副本，现提出答辩如下"。二审答辩状一般写为："为×××（姓名）诉××（案由）一案，上诉人不服原判，现就上诉状所列各点，答辩如下"或"×年×月×日接到上诉人××的上诉状的副本，现提出答辩如下"。

2）事实与理由。事实与理由部分的写作要根据原告的起诉状或上诉人的上诉状的内容来确定。结尾写明请求法院判决。

（3）尾部：

1）结语。写明"此致""×××人民法院"，各占一行。

2）落款。包括署名、日期。

3）附项。

【规范例文】

【例文7-3】

民事答辩状

答辩人：××局　　　　　　法定代表人：×××，局长。

被答辩人：××××有限公司。法定代表人：×××，经理。

答辩人就××××有限公司诉××××单位买卖合同纠纷一案，现提出答辩意见如下：

一、被答辩人所诉与事实不符。

1. 我单位从未派人到被答辩人处赊购商品，接到诉状后，经详细调阅财务档案，从来都没有被答辩人所诉的财务档案或欠款记录。单位几任领导更换进行财务交接时也从来都没有被答辩人所诉债务的交接手续。

2. 我单位作为国家机关，遵循单位严格的财务制度和报销流程，不可能指派工作人员到没有签订挂账协议的商店随意挂账。我单位与被答辩人没有采购合同，没有授权工作人员到被答辩人处采购商品。

二、被答辩人提供的证据有重大瑕疵，不能采信。

1. 关于被答辩人所诉××××元的欠条。

证据瑕疵一：我单位印章的全称应为“××局”，而被答辩人提供的欠条证据中的印章为：“××××局”。此印章不属我单位印章。

证据瑕疵二：该欠条仅加盖了公章，没有任何经办人员或财务人员或单位领导的签字，被答辩人没有提供购物明细。经查，我单位既没有该笔欠款的财务记录，也没有相关物资的入账资料。

证据瑕疵三：欠条下半部分所谓的还款记录，仅有部分个人签字，没有加盖我单位公章。

因此，被答辩人提供的该证据与我单位没有关联性，我单位不应承担责任。

2. 关于被答辩人提供的有个人签字的××张“销货清单”。

我单位从未授权任何人到被答辩人处赊购商品，也没有收到销货清单上的任何商品。根据《中华人民共和国民法通则》第六十六条的规定：“没有代理权、超越代理权或者代理权终止后的行为，只有经过被代理人的追认，被代理人才承担民事责任。未经追认的行为，由行为人承担民事责任。”所以该赊购行为的民事责任不应由我单位承担。

三、被答辩人提供的××张“销货清单”，其记载日期均为2012年和2013年，根据合同法第一百六十一条之规定：“买受人应当按照约定的时间支付价款。对支付时间没有约定或者约定不明确，依照本法第六十一条的规定仍不能确定的，买受人应当在收到标的物或者标的物单证的同时支付。”上述销货清单的诉讼时效起算时间应以销货清单上记载的时间为准，到今早已超过2年的诉讼时效。即使买卖事实成立，被答辩人也早已丧失胜诉权，人民法院应驳回其诉讼请求。

综上，被答辩人所诉无事实依据，证据有重大瑕疵，与待证事实毫无关联，不能证明其主张。被答辩人的各项诉讼请求均应予以驳回。

此致

××县人民法院

答辩人：××局

××××年××月××日

【课堂训练】

（1）答辩状在一审案件中只有被告才使用吗？

（2）在二审案件中一审案件中的原告也可以使用答辩状吗？

【实训平台】

★问题诊断

下面是答辩状中答辩理由的一段叙述，请根据所学相关知识指出不当之处。

李欢与赵喜是邻居，有一天楼上赵喜家暖气跑水将楼下李欢家新装修的房子浸泡坏了，损失大约 8 万元左右，双方协商不成，李欢将赵喜诉至法院，要求赵喜赔偿财产损失和其他损失共计 10 万元。

原告诉请 10 万元赔偿不合理，也不合法。理由如下：

1. 暖气跑水的责任应该由物业公司负责；
2. 楼下的损失应该由装潢公司承担；
3. 泡水时楼下没有人，致使浸泡时间过长，楼下应负一定责任。

★思维训练

（1）在答辩状中的答辩人一般是指刑事附带民事案件一、二审被告人、刑事自诉案件二审中原为自诉人的被上诉人，你认为这种说法全面吗？

（2）在行政起诉状中被告人可以以自然人的身份进行答辩吗？说说你的理由。

★情景模拟

王晓明和张晓菲是同学关系，平时经常来往，有一次张晓菲因生意资金周转不畅，向王晓明借款五万元，事后很长一段时间没有归还，有一天两人见面喝了点酒，酒后张晓菲通过银行转账的方式将这笔借款转给了王晓明，可那一天王晓明喝多了，忘了这件事。

又过了一段时间，王晓明觉得老同学不够意思，借钱不还，加上老婆大手大脚，用钱又紧，一急之下就将张晓菲告到法院，张晓菲接到传票非常意外，但还是要应诉，你能根据这一情况为张晓菲拟写一份答辩状吗？

【写作训练】

请根据课本中起诉状例文的内容，以被告人的名义拟写一份答辩状。

项目8　科技文书

任务8.1　毕业论文

【目标要求】

知识目标

(1) 掌握毕业论文的含义和用途；

(2) 明确毕业论文的特点和分类；

(3) 知晓毕业论文的适用范围。

能力目标

掌握毕业论文的基本写法和要求。

素质要求

培养撰写毕业论文的能力。

【案例分析】

论知识经济时代构建人为为人的企业文化战略

摘要：成功的企业生长都根植于深厚企业文化底蕴的沃土。在知识经济时代，结合了中西方文化的人为为人理论成为企业文化战略的一个重要组成部分。本文从分析阐述人为为人理论入手，对企业文化战略中的核心价值观各个构成要素进行了探讨。

关键词：人为为人　企业文化　价值观

在世界各地，但凡成功的公司无不在长期的生产经营实践中积累了深厚的文化底蕴。例如，美国通用、日本松下、中国海尔。所谓企业文化，是指通过企业经营运作行为逐渐产生和形成，具有企业特质的一种精神观念，而这种精神观念又在本企业管理制度、行为、视觉标识和企业外在形象中得到了充分体现。21世纪是一个知识经济时代，企业只有不断创新和学习，才能获得文化优势，从而进一步获得市场竞争优势、经济效益优势和战略发展优势。结合了中西方文化精髓的人为为人理论，成为近年来企业文化战略一个重要组成部分，引起了人们的广泛关注。

一、企业文化战略中的人为为人理论

站在哲学的角度来看人为为人理论，它是对人的心理、行为、方法的高度统一，是企业文化战略的核心思想。“人为”意味着每个人都应该注意自己的行为活动，以提升他们的人格；“为人”则是指在“人为”的观点基础上，更好地调控自己的行为，营造一个融洽的人际关系和内在激励环境。这里所指的“人”不仅是抽象的概念，往往可以特指“自然人”“企业”等某些具体事物。

人为为人理论从定义上看就包含了人和人之间的互动机制。从人与自然互动机制分析，人为为人的理论使人类意识理解和遵循自然的种种客观规律，与自然和谐共生，以获得自然界的回馈；从企业与环境之间的关系分析，人为为人的理论使企业放弃需要付沉重的资源和环境代价生产经营方式，在与环境和谐共处中以获得最大的价值。

二、人为为人企业文化核心价值观

1. 发展观

企业员工的劳动素养以及知识素养已经成为知识经济时代企业能否发展壮大的根本所在。为了能够符合知识经济时代的特征，企业文化的重点应该将创新、改变放在最重要的位置上，重视每一个企业成员，让其能够成为创新的原动力。为了达成此项目的，我们需要打造企业员工相互之间的学习型文化。学习型文化有四个特征：一是企业作为一个整体都要学习，没有人可以例外；二是只要是这个团体的一分子就要学习；三是终身学习；四是在学习中不仅要重视学习的结果，同样也要重视学习的过程。经历了这些全员的学习与培训，企业员工的理论知识与技能操作会得到很好的提升，其组织的协调性与智商都有所增强。

2. 生存观

随着国际化竞争日益激烈，企业要赢得生存与发展必须有一种灵活、适应型生存观。企业成员们都有一种信心，即组织可以对付任何所面临的机会与威胁，只要对利益相关各方（顾客、股东、员工、供应商、社区）的合理利益是必要的，就必须坚持变革与创新和敢冒风险的态度。这种文化鼓励企业员工采取主动的方式识别问题和解决问题，全体成员保持一种为确保长期的组织成功而愿意从事一切必要工作的工作热情。

3. 生态观

生态保护是人类发展永恒的主题，也是企业不可推卸的社会责任。在企业文化的许多方面都必须将生态保护与文化相结合。多数企业在构建企业文化战略过程中，往往强调人类价值观的重要性，却无视企业对周围环境的深远影响，对生态环境恶化付出了沉重的代价。消费者的绿色消费观也将促使企业提高产品的科技含量。

4. 协同观

新世纪竞争优势的源泉是合作伙伴关系与企业战略联盟。这种新型的战略联盟可以弥补单个企业在战略资源上的缺口，共享各自价值链上某些优势环节，共同创造竞争优势，赢得市场。

参考文献：

[1] 刘文英. 中国哲学史 [M]. 天津：南开大学出版社，2002.
[2] 苏东水. 东方管理 [M]. 山西：山西经济出版社，2003.
[3] 张立文. 和合学——21 纪文化战略的构想 [M]. 北京：中国人民大学出版社，2006.

【评析】

这是一篇相对简短的文科类学生的毕业论文。基本包含了标题、摘要、关键词、引言、正文、结语、参考文献等主要论文结构要素，但受篇幅限制，论述不够深入、举例不够翔实、论证也不够充分，引用更是缺少经典。

【知识提要】

8.1.1 毕业论文的含义

毕业论文，是高等学校毕业生在老师指导下综合运用所学知识而完成的具有一定科研性质的总结性作业。毕业论文对学生具有考查作用。由于学历层次有别，考查的要求也就不同。如研究生，其论文就是学术论文；而本科和专科学生，主要考查的就是对已学理论的运用。

8.1.2　毕业论文的特点

从本质上说，毕业论文已属学术论文的一种；但相较学术论文，它又有自己的特点。

(1) 练习性。按照教学计划的要求，大学阶段前期，学生要集中精力学好本学科的基础理论、专门知识和基本技能；在大学的最后一个学期，学生要集中精力撰写毕业论文。大学生撰写毕业论文，就是运用已有的专业基础知识，独立从事科研活动，分析和解决某一个理论和实际问题。它实际上是一种练习性的学术论文，写作目的是为将来作为专业人员写学术论文做好准备。

(2) 指导性。毕业论文是在导师指导下独立完成的科学研究成果。作为大学毕业前的最后一次作业，它离不开教师的指导。在写作毕业论文过程中，教师要指导学生独立工作，注意发挥学生的主动创造精神，帮助学生最后确定题目，指定参考文献，审定论文提纲，解答疑难等。

(3) 层次性。专业人员的学术论文，一般反映某专业领域的最新科研成果，具有较高学术价值，而学生的毕业论文通常层次较低，质量要求不高，原因在于一是大学生缺乏写作经验，对撰写论文的知识知之甚少；二是大学生缺乏科研能力，缺乏运用知识独立进行科研的训练；三是大学生缺乏充裕的写作时间，最后一个学期 10 周左右的写作时间不能保证写出高质量的论文。

8.1.3　毕业论文的撰写

8.1.3.1　准备阶段

(1) 选题的确定。选择一个恰当的题目意味着论文成功了一半。所以，要根据本人的专业方向和基础，以及其他因素，诸如资料条件、实验设备、指导力量和经费投入等，综合权衡以确定大小适当、难易适度的课题。一般来说，宜小不宜大、宜易不宜难。

选择论题，须在一定研究基础上进行。需要查阅相关文献资料、明确所选论题研究的历史和现状。在借鉴别人成果的基础上，论文题目才能做到选得准、择得好。

(2) 资料的收集。充分占有资料，是毕业论文撰写的基础。论文必须以丰富而又充实的论据作为立论的根据。要善于利用图书馆、网络和各种工具书，广泛收集国内外最新资料和研究成果；有时，还必须深入实地，广泛地开展观察、试验、调查活动，掌握大量确凿的第一手材料。

8.1.3.2　加工阶段

(1) 论点的确立。资料占有和收集后，要运用逻辑思维、形象思维，对其加以科学的分析、比较、归纳和综合，逐渐丰富或更正自己的见解，并进而确立论文的观点。

对资料的分析研究是一个复杂而又艰苦的思维过程，它包蕴认识的渐进和飞跃，需要精神锲而不舍的高度集中。切忌迷惑于表面的东西，必须由表及里深入探索，获得本质。

(2) 提纲的拟写。提纲是对构思和结果的书面表达形式，是由词语和序码按照一定顺序组成的写作思路示意图。拟写提纲，可以把我们在阅读和分析研究资料过程中形成的一些想法和新的论点进一步系统化，并使那些在研究过程中出现的不够肯定和比较模糊的想法更趋明确。最简单的提纲，仅由几个单词构成；多数提纲，采用短语和短句，扼要概括出各层、各部分和各段落的大意，有时还要注明所用材料的名称和出处。

（3）初稿的撰写。撰写初稿，就是依据拟好的提纲，把自己逐步形成的观点完整、准确地表达出来。这个阶段，毕业论文基本成型。撰写初稿时，应聚精会神、一气呵成，尽量将自己的精神调整到最佳状态，把涌现出来的想法表述出来，不要为一句话或某个词的斟酌而裹足逡巡。如果论文篇幅较长，初稿写作时间较长，那么可以按照提纲，分几个部分来完成，但每一部分也应尽量一挥而就，不要中途停顿。同时，初稿应尽量详略得当、布局合理。对众所周知的观点或者对于表达主旨不是很重要的材料，应惜墨如金，笔法简洁；而对那些重要的观点、有力的论证材料就要挥墨如泼，浓墨重彩，且纲举目张、条分缕析、逻辑清楚。另外，初稿写得应长于预定篇幅，把想到的尽量写进去，以便修改时剪裁。

（4）定稿的修改。文章不厌百回改。初稿完成，只是有了一件半成品。所以，修改是毕业论文的完善阶段，是提高毕业论文质量的把关工作。这个过程，不仅需要改正文中毛病，而且也应使认识不断深化、全面和周密，使文章臻于完美。修改定稿，可从思想内容和表现形式两方面入手。思想内容包括论点和材料；表现形式包括结构和语言。通过修改，应使思想内容尽可能正确、表现形式尽可能完美；二者统一，毕业论文水平自可提高。

8.1.4 毕业论文的格式

（1）封面。封面设计装帧要大方美观，并提供论文的主要信息。封面的主要内容有标题、指导教师的姓名和职称、作者姓名及其所在单位、课题的专业方向、完成论文的时间，等等。

（2）标题。标题要一目了然，应该直接、准确地揭示论文的论点或研究课题，不能含糊、空泛。

（3）目录。毕业论文篇幅大都较长，编制目录，可使读者一看即知论文的大致内容。目录一般另页置于扉页之后。包括论文的章、节、条、款、附录等的序号、题名和页码组成。

（4）摘要。毕业论文有两种不同的摘要：一是放在毕业论文目录之后、正文之前的，相近于一般论文的摘要写法，内容比较简洁；另一种是提供给学位评定委员会或相关机构专用的比较详细的摘要，字数较多。摘要要有高度的概括力，全面反映论文的要点，文字须简劲、畅达。

（5）引言、正文、致谢、参考文献目录。这几部分的写作要求与方法和学术论文相差不多，在此不再赘述。

（6）个人简历。这一部分要求对自己做个简单的介绍，包括姓名、性别、年龄、籍贯和学习及工作经历，以及科研成果。撰写时要注意实事求是。

（7）后记。这部分没有固定内容，一般包括学业的回顾，论文制作的缘由及过程，对老师、同学等人的感谢等。

【规范例文】

【例文8-1】

研究我国养老旅游产品的开发策略

摘要：随着我国人口的老龄化和经济的快速发展，以及老年人对高质量养老生活的需求，适合不同需求层次的养老方式脱颖而出，旅游养老作为一种新的旅游方式和一种新的养老模式，逐渐被大众所认识，但其在理论研究和实践方面都还处于摸索阶段。本文从养老旅游的概念界定出发，对开发养老旅游市场的可行性进行了分析，然后提出了针对不同老年旅游者的高、中、低端养老旅游产品的开发策略。

关键词：老年旅游市场　养老旅游　产品开发

1. 养老旅游的概念界定

李松柏认为养老旅游是老年人为了寻找更舒适的养老环境离开他们的常住地，到其他地方休闲、度假、养生，连续时间不超过一年的活动。周刚认为养老旅游在本质上属于老年度假旅游，是老年旅游者以异地养老的形式而发生的不以工作、定居和移民为目的的旅行和游览活动的总称。

这两种定义都是站在旅游者的角度来定义的。笔者认为养老旅游作为旅游的一种，应该以旅游的定义为基础。旅游是人类社会的一种短期性生活方式，是旅游者在旅行和暂时性停留中所引起的一切现象和关系的总和，所以我认为养老旅游是指老年旅游者在连续时间不超过一年，且不以获取经济利益为目的的异地养老过程中所发生的一切现象和关系的总和。

2. 开发养老旅游市场的可行性分析

2.1　庞大的市场容量为养老旅游提供了可观的客源

根据国家统计局2008年2月28日发布的“2007年国民经济和社会发展统计公报”，2007年年末全国60岁及以上的人口为1.534亿人，占总人口比重的11.6%，其中65岁及以上人口为10636万人，占总人口的8.1%。并且有关人口专家预测，老年人数量正在进入增长的高峰期。预计到2025年，我国60岁以上的老年人将达到2.8亿人，占人口总数的18.46%，2050年将达到4.2亿人，占人口总数的29.8%，从而成为高度老龄型国家。我国拥有世界上最大的老龄人群，而据北京的一些旅行社的调查结果显示，70%的老年人退休后有旅游的倾向，所以养老旅游有一个庞大的消费群。

2.2　老年消费者具有可观的购买能力

据不完全估算，目前老年人各类收入总和已达到4000亿元，且随着生活水平的提高，该数值还将持续增长，到2010年可能会突破1万亿，与在职的中青年人口相比，老年人子女多已成家立业，负担较轻，而且过去我国老年人大多生活节俭，重积累轻消费，习惯于攒钱，他们往往有着较充裕的储蓄，其储蓄存款将产生较大的近期或远期购买力，从而为我国养老旅游的发展奠定了坚实的经济基础。

2.3　观念的转变使老年人消费者具有强烈的旅游欲望

随着闲暇时间的增多，老年人的日常生活变得单调而乏味，他们日渐注重提高自己的生活质量和健康水平，希望在有生之年享受生活的乐趣。他们渴望享受宁静，回归自然，放松身心，旅游正是满足老年人此种需要的绝好方式，它是物质生活与精神文化生活的结合，是求新、求知、求乐的综合体验。加之现在一些传统观念的变化，更增强了老年人外出旅游的欲望。旅游逐渐成为老年人提高生活质量的重要方式。而养老旅游作为一种新兴的老年人生活方式，将养老和旅游有机地结合起来，使老年旅游者在旅游中养老，在养老中旅游，一定会受到老年旅游者的青睐。

2.4 “四二一”家庭模式的出现，为养老旅游的开发提供了良好的机遇

所谓“四二一”家庭，是指由四位祖辈（祖父母、外祖父母）、父母二人共同抚养一个孩子的家庭。“四二一”家庭是在20世纪70年代末我国实行改革开放的过程中，在亿万人民奔小康的艰苦实践中孕育发展而最后形成的。自20世纪80年代初至今，养育第一批独生子女的父母已经逐渐步入老龄，随着子女成婚，独生子女父母家庭将由核心家庭演变为空巢家庭，很多子女已无力独立承担老人的所有养老生活，传统的“养儿防老”模式正面临挑战。

3. 养老旅游的产品开发策略

3.1 充分利用现有养老资源

我国现有的社会养老机构有敬老院、福利院、老人公寓等，这些服务设施是专门为老年人设计的，不但设施齐全而且价格合理，在发展养老旅游的过程中充分利用这些养老设施，既能满足老年旅游者的各种特殊需求，又能降低养老旅游的成本。

3.2 适度开发优质优价型养老旅游产品

产权式酒店出现于20世纪70年代的欧洲，它向人们传递的是一种新型的房产投资和消费理念。酒店开发商将酒店的每间客房分割为独立产权出售给投资者，投资者一般不在酒店居住而是将客房委托酒店管理公司统一出租经营，以获取年度客房红利，同时获得酒店管理公司赠送的一定期限的免费入住权，既可自己享用，也可用于转让、赠送和继承。

分时度假是指消费者为了今后旅游度假的需要而购买的酒店或度假地房产在未来几年甚至更长时间内的每年某时间段的房屋使用权。一般的分时度假地都处于环境宜人的城市或景区，非常有利于老年人的养老，老年旅游者购买了它一定时段的使用权以后就可以享受优质的养老生活。

针对以健康为核心需求的老年旅游者可开发温泉疗养型养老旅游产品，温泉中含有丰富的矿物质，对老年人常有的风湿性关节炎、类风湿性关节炎、慢性支气管炎、动脉硬化、老年原发性高血压病等疾病具有一定的疗效，而且还有保健、美容、护肤的功效，如著名的汤岗子康复理疗中心（鞍山汤岗子医院），利用泉水、矿泥及中西式疗法60余种治疗手段，对风湿、腰椎间盘突出、强直性脊柱炎、心脑血管后遗症有显著疗效。

3.3 重点开发物美价廉型养老旅游产品

虽然我国已经出现了购买力较高的老年旅游者群体，但从整个老年旅游市场来看，具备很强支付能力的人群所占比例并不大。另外，我国老年消费者大多经历过低生产力水平、低消费水平的阶段，习惯了俭朴的生活方式，养成了精打细算、反对铺张的消费习惯。所以说，重点开发物美价廉型养老旅游产品，可以迅速为市场所接受，刺激市场的进一步成熟。

农家乐养老旅游产品具有广阔的市场前景。农家乐一般都位于环境优美的自然景区，这些地方空气清新、环境宜人，且经济实惠，对大多数老年旅游者具有吸引力。如：可针

对老人渴望长寿的愿望，在一些著名的长寿村开发农家乐养老旅游产品，让老年人融入当地的生活，感受当地的人文风情。

另外，开发价廉物美型养老旅游产品还可充分利用老年福利院。我国的福利院大都是政府出资修建的，配套设施较齐全，老年旅游者能以较低的价格入住，花较少的钱就可以感受异地优美的自然风光，在旅游中养老，在养老中旅游。对于经济拮据但又想在宜人的环境中养老、旅游的老年旅游者来说，老年福利院旅游产品是可行的。

总之，我国的养老旅游市场是具有较大开发潜力的市场，其开发在我国刚刚起步，存在较大的市场空间，这对旅游行业来说，不仅是一个机遇，更是一种挑战。我们应充分认识我国老年旅游市场的现状，加大开发力度，针对老年市场的特殊性及老年人的消费特征开发丰富的养老旅游产品，满足各层次的老年旅游者的需求，这样才能在激烈的竞争中谋求更广阔的发展空间。

参考文献：

[1] 中华人民共和国国家旅游局．中国旅游业发展“十五”计划和2015年、2020年远景目标纲要［M］．北京：中国旅游出版社，2001.

[2] 李松柏．我国旅游养老的现状、问题及对策研究［J］．特区经济，2007（7）：159-161.

[3] 周刚．养老旅游开发初步研究［J］．桂林旅游高等专科学校学报（教学案例，试卷，课件，教案），2006（5）：554-558.

[4] 郭世先，葛本伟，陈辉．温泉与健康［J］．国外医学医学地理分册（教学案例，试卷，课件，教案），2006（6）：92.

资料来源：应届毕业生求职网。http：//www. yjbys. com/

【课堂训练】

（1）科技论文有哪些作用？

（2）科技论文具有科学性、创造性，你怎样理解？

【实训平台】

★问题诊断

下面是一篇毕业论文的摘要部分，仔细阅读，看有哪些不合适的地方。

各位读者，你们好！我叫黄莹，是2012级酒店管理3班的学生，我的论文题目是《餐饮行业服务理念对企业经营的重要影响》。论文是在王宏宇导师的悉心指点下完成的，在这里我向我的导师表示深深的谢意，并对三年来我有机会聆听教诲的各位老师表示由衷的敬意。下面我将本论文设计的目的和主要内容做一详尽的说明和阐述。

★思维训练

（1）参考文献对于论文撰写的作用可有可无，你认为这种说法正确吗？

（2）在毕业论文撰写前都需要做哪些准备？

（3）有人认为，毕业论文一定是未经公开发表的成果，你同意这种说法吗？

★情景模拟

某学校2015届学生马上就要毕业了，老师安排同学们结合兴趣爱好或特有专长，在所学专业的范围内选择题目及科目类别，确定导师，在导师的指导下拟写毕业论文。导师就要求每一位学生拟写一份毕业论文提纲。

【写作训练】

根据你的专业，试着拟写一篇毕业论文的提纲。

任务 8.2 实习报告

【目标要求】

知识目标

(1) 掌握实习报告的含义和用途；

(2) 明确实习报告的特点和分类；

(3) 知晓实习报告的适用范围。

能力目标

掌握实习报告的基本写法和要求。

素质要求

培养撰写实习报告的能力。

【案例分析】

实 习 报 告

2017 级××专业×班　赵××

一、实习目的

通过顶岗实习可以培养学生吃苦耐劳的精神，锻炼学生承受挫折的心理素质，以利于良好职业道德的养成；增加学生对社会的全面了解，丰富学生社会实际经验，提高学生综合素质；通过和企业接触与社会的交流，改变学生就业观念，培养学生创业精神和创业意识。

二、实习单位及岗位介绍

××光电有限公司成立于 2008 年 3 月 8 日，首期投资 3000 万元人民币，公司坐落于××市新站区。该公司主要从事背光源的设计、开发、制造。产品覆盖平板电脑、笔记本电脑以及显示器。

我在该公司的岗位是管理部协调员，这一岗位主要做以下工作。

(1) 参与机电一体化技术岗位的日常工作，统计记录维修单，参与公司制定部门机电一体化技术岗位发展规划和月度工作计划。

(2) 协助师傅科学管理各个设备仪器仪表，记录压力表、温度表等设备的示数，使其能够正常运行。不定期跟师傅学习岗位业务知识，不断提高业务水平和工作能力。

(3) 在休闲时，跟同事一起洽谈，努力与同事建立良好关系，尽可能多地组织娱乐节目并加以拍摄某一画面。如踢球活动、射气球、呼啦圈比赛等。

三、实习总结感悟

“在大学里学的不是知识而是一种叫自学的能力。”当我真正走上工作岗位时才深刻地体会到这句话的含义。短短的实习工作即将结束了，留给我的则是在漫长的人生路上用之不尽的财富，感谢领导和老师给我许多难得而宝贵的学习机会。

通过实习，我自己看到了自己的闪光点，学会了怎样和别人沟通，也学会了体贴和团结同事，正是在这样的工作中我才真正说是提升了自己，实现了自己的价值。更重要的是，我学会并懂得了体谅人、爱护人、尊重人，“我为人人，人人为我”的实际意义。

在实习工作的待人接物中处处也体现着我们的文明度，有些虽说是小节，但若没有真正意识并做到是很难取得别人信任的。我对自己的工作特别的满意，我会通过自己的努力，让公司更多的人认可我，我不会让曾经教会我工作的师傅们失望，更不会让自己失去信心。

通过实际的工作，切身接触社会才懂得生活的艰辛，更懂得珍惜的重要，一分一厘都来之不易，最重要的还是懂得了学习的重要性，只有不断学习才能不断进步。

【评析】

这是一篇顶岗实习报告。文中交代了实习目的、实习单位和实习岗位，总结了实习的体会和认识。不足之处在于对实习的工作过程描述太少，甚至没有说明实习的时间，只谈感受是不够的，而且也没有谈及对所学专业的看法，这些内容在规范的实习报告中都是要有的。更多的实习报告要有封皮，对实习的主要信息要予以说明。

【知识提要】

8.2.1　实习报告的含义

所谓实习报告，就是把实习过程、结果以及体会用书面文字写出来的材料，不少人在实习后都会写一份毕业实习报告总结。

8.2.2　实习报告的资料收集

从开始实习的那天起就要注意广泛收集资料，并以各种形式记录下来（如写工作日记等）。丰富的资料是写好实习报告的基础。主要收集如下资料。

（1）在社会实践工作中党的路线方针政策是如何在工作中贯彻执行的。比如单位组织学习，内容是什么、什么学习方式、学习后的效果如何，对自己和同志们的思想是否有所提高。

（2）专业知识在工作中如何灵活运用的。比如法律专业，注意法官或法律工作者在执法过程中是如何灵活运用法律条款，深入了解优秀法官如何运用法律以外的手段解决民事纠纷，提高结案率的；秘书专业的学生可以直接将秘书实务、应用写作等科目中的问题带到实践中去，在实践中寻求理论与实践的结合点，等等。

（3）观察周围同事是如何处理问题、解决矛盾的。实习是观察体验社会生活，将学习到的理论转化为实践技能的过程，所以既要体验还要观察。从同事、前辈的言行中去学习，观察别人的成绩和缺点，以此作为自己行为的参照。观察别人来启发自己也是实习的一种收获。

（4）实习单位的工作作风如何。单位的工作作风对你将来开展工作、发展自己、提高自己有什么启发；某些同事的工作作风、办事效率哪些值得你学习，哪些要引以为戒，对工作、对事业会有怎样的影响。

（5）实习单位的部门职能发挥如何。对不同职能部门的工作作风、履行职能的情况有什么看法和认识。

8.2.3 实习报告的写法

根据本专业特点，可以全面地写。如法律专业，去法院实习，获得的是作为一个法律工作者应该具有的全面素质材料，这时，可以将所实习的全部内容，包括法律工作者的政治素质要求、业务素质要求、法律条文的运用、法官的个人魅力在法庭上的效果、法官的语言表达能力等写进实习报告。文秘专业，作为一个办公室文员，实习中可能工作性质内容涉及所学大部分骨干课程。也可以根据实习的内容确定某一局部的工作，就一个专题作为重点描述对象。如文秘中的档案管理，单位对工作人员的要求有什么，自己学的哪些知识在工作中运用上了，你运用的方式方法是否符合工作需要，效果如何；同事是怎么对待档案管理工作的，他们有什么值得你学习的地方。

8.2.4 实习报告书写格式及结构安排

（1）封面。写明系别、专业、班级、姓名、指导教师、实习报告题目等。

（2）摘要。作为实习报告部分的第一页，为中文摘要，字数一般为150字，是实习报告的中心思想。

（3）目录。应是实习报告的提纲，也是实习报告组成部分的小标题。

（4）正文。是实习报告的核心。写作内容可根据实习内容和性质而不同。

1）实习目的或研究目的。介绍实习目的和意义，选题的发展情况及背景简介、方案论证，或实习单位的发展情况及实习要求等。

2）实习任务、时间、地点。

3）实习企业概况。

4）实习内容。实习的具体内容、实习中资料的收集与总结。

5）实习结果。

6）实习总结或体会。也是实习感想，是对实习的体会和最终的、总体的结论，不是正文中各段小结的简单重复。

7）参考文献。是实习过程中查阅过的，对实习过程和实习报告有直接作用或有影响的书籍与论文。

8.2.5 实习报告的写作要求

（1）报告必须写自己的实习经历，可参考别人的资料，但不能抄袭，一旦发现一律作为零分处理。

（2）如有引用或从别处摘录的内容要表明出处。参考文献的标注方法一律采用文后注释，具体格式为：引文标题、作者、出处（刊物名称）、页码、发表日期或出版者、出版时间和版次。

（3）文章开头有内容摘要和主题词。

（4）语言要求简练，符合公务文书的要求。不要过多地说“我”如何如何，在第一段介绍了自己的实习时间、地点和分配到的任务后，下面的文字尽量少出现人称，不用人称。字数要在 3000 字以上。

（5）去单位实习之前一定要先跟指导老师联系，相互留下联系方式。实习一段时间后，首先要提交的是报告的大纲，字数最好能在 800 字左右，主要是交代自己要写的报告的主要构架内容，由指导老师指导后再开始写作，具体交稿时间要与指导老师联系，最好在实习结束前 10 天将草稿交给指导老师批改。老师认为合格后，再誊抄在学院统一印制的实习报告本上。

（6）实习结束回到学院后准备集中交流实习情况。

【规范例文】

【例文 8-2】

实习报告

2017 级××专业×班　孙××

毕业实习是每个大学生必须拥有的一段经历，它使我们在实践中了解社会，让我们学到了很多在课堂上学不到的知识，让我们在实践中体会理论，运用理论，受益匪浅，同时打开了视野，增长了见识，使我们认识到将所学的知识具体应用到工作中去的重要性。

一、实习说明

实习时间：2019 年 3 月 1 日至 2019 年 6 月 1 日

实习地点：××××××

实习公司：××××××

实习目的：一方面，了解企业管理的先进方式和现代化管理方法，提高调查研究、搜集资料、整理资料的能力，提高理论与实际相结合的能力；另一方面，深切体会人力资源管理的重要性和管理的程序，提高协同合作及组织工作的能力，培养独立分析问题和解决实际问题的能力。

二、公司简介

××××××公司是于 2002 年 1 月 16 日经省政府有关部门批准改制成立的一家民营股份制企业。下辖 3 个港区、12 家装卸分公司、9 家子公司。拥有经营场地 28 万平方米，各类运输车辆 500 辆、机械设备 480 台（套）。公司主要承担港口、车站、大中型厂矿的长短途运输业务，集江海联运、机械制造、公交出租、仓储代理、教育培训、港口服务、汽车维修和房地产开发等于一体。

三、实习内容和方法

在公司实习期间，我从事的是办公室文员工作，主要负责：接听、转接电话；接待来访人员；负责总经理办公室的清洁卫生；做好会议纪要；负责公司公文、信件、邮件、报纸杂志的分送等工作。

在做以上的工作的时候，我采用了看、问、学等方式，初步了解了公司文秘工作中的具体业务知识，拓展了所学的专业知识。在实习结束后，无论是理论基础方面，还是实际工作能力方面，我都有了很大的提升，为以后正式参加工作奠定了坚实的基础。

四、实习基本情况

2019 年 3 月 1 日这一天我开始了我的实习经历。我怀着一颗激动而紧张的心踏入了××××××公司，刚进入办公室的那一刻，我觉得我正在走进另一个领域，在这里我即将度过两个多月的时间，更会在这里认识更多的同事和朋友，学到更多的知识。

五、办公室文员职责简介

我从事的是办公室文员的工作，主要负责以下一些工作：接听、转接电话；接待来访人员；负责经理办公室的清洁卫生；做好会议纪要；负责公司公文、信件、邮件、报纸杂志的分送；负责传真件的收发工作；做好公司宣传专栏的组稿；管理好员工人事档案材料，建立、完善员工人事档案的管理；统计每月考勤并交财务做账，留底；管理办公各种财产，合理使用并提高财产的使用效率，提倡节俭；接受其他临时工作。

六、实习过程

在我实习的过程中，既有收获的喜悦，也有一些遗憾。也许是实习日子短和我并非文秘专业的关系，对文秘的一些工作的认识仅仅停留在表面，只是在看人做，听人讲如何做，未能够亲身感受、具体处理一些工作，所以未能领会其精髓。但是通过实习，加深了我对文秘基本知识的理解，丰富了我的实际管理知识，使我对日常文秘管理工作有了一定的感性和理性认识。认识到要做好日常企业文秘管理工作，既要注重管理理论知识的学习，更重要的是要把实践与理论两者紧密相结合。

七、实习的体会、收获

经过两个多月的实习，我明显地感觉到了自己的进步，无论是理论知识还是实际工作能力，无论是学习能力还是为人方面，进步和提升很快很多。

任何工作任何岗位都应该认真细致，尤其是工作单位的人事部更需要有严谨的工作态度。讲究分工合作，分工合理，工作程序详细具体，讲究条理。在与同事的相处与交流中，与公司其他兄弟部门的协调非常重要。应正确地对待自己的人生观和价值观，为员工树立标杆，为员工做出榜样。

短短的两个多月过去了，我的实习经历也随即结束。总结实习的体会收获良多，理论的确很重要，但是我们一定要在实际当中去运用。只有理论和实际相结合的时候才能发挥最大功效。而我在实习中，有时候明显发觉自己理论掌握不够，对现实把握不准，创新能力也很有限，这只能说明我各方面都迫切需要改进。因此，在以后的学习和工作中我会更加努力。同时我也相信我的人生正在翻开新的一页！

【课堂训练】

（1）什么是实习报告？

（2）实习报告怎样写？

【实训平台】

★问题诊断

下面是实习报告前言中的一段话，请仔细阅读，看有什么不妥之处？

上半年，根据学校的要求，我们来到一家中型国有企业进行顶岗实习，学校是想让我在这段时间增加实际动手能力，让我们能搞定专业理论知识和实践操作之间的关系，明晰我们的认识，同时也让我能亲临工作环境，熟悉工作中一些必要的业务技能，尤其是怎样处理复杂的人际关系，所以我认为这一次顶岗实习对我们来说非常必要和及时。

★思维训练

(1) 实习报告可以以实习小组的名义撰写吗？

(2) 实习报告和实验报告一样吗？

★情景模拟

袁晓敏是学习电子商务专业的某大学 2017 级学生，根据学校安排到成都某商务公司实习，负责网络营销业务。实习期间工作表现出色，业绩突出，受到公司领导的赞赏。实习期满，学校要求撰写实习报告，你能帮她拟写一篇吗？

【写作训练】

根据所学专业拟写一篇实习报告。

参 考 文 献

[1] 朱悦雄. 新应用文写作 [M]. 广州：广东高等教育出版社，2000.
[2] 张德实. 应用写作 [M]. 北京：高等教育出版社，2001.
[3] 梁有福. 应用写作 [M]. 北京：中国农业出版社，2002.
[4] 翁敏华，高晓梅. 商务应用文 [M]. 大连：东北财经大学出版社，2003.
[5] 竹潜民. 应用写作案例实训教程 [M]. 杭州：浙江大学出版社，2004.
[6] 胡欣. 写作学基础 [M]. 武汉：武汉大学出版社，2005.
[7] 孙秀秋，吴锡山. 应用写作教程 [M]. 北京：中国人民大学出版社，2006.
[8] 张瑾. 应用写作 [M]. 西安：西安交通大学出版社，2007.
[9] 张芹玲. 应用文写作教程 [M]. 北京：高等教育出版社，2009.
[10] 夏晓鸣. 应用文写作 [M]. 上海：复旦大学出版社，2011.
[11] 何建民，何应文. 应用文写作 [M]. 北京：中国电力出版社，2012.
[12] 郝立新. 经济应用文写作 [M]. 北京：清华大学出版社，2014.